반전으로 본 동아시아

사상 · 운동 · 문화적 실천

이 저서는 2005년 정부의 재원으로 한국학술진흥재단의 지원을
받아 수행된 연구임 (KRF-2005-079-AS0004)

반전으로 본 동아시아

사상·운동·문화적 실천

박진수·정문상 외

혜안

책을 펴내며

이 책은 2005년 9월 1일부터 2006년 8월 31일까지 1년 동안 한국학
술진흥재단 기초학문육성지원사업의 연구비 지원에 의해 「20세기 동
아시아와 '반전(反戰)'─사상, 운동, 문화적 실천」이라는 제목으로 진행
된 공동연구의 산물이다. 공동연구 후 약 2년 동안 각 연구자의 개별
원고 내용을 수정, 보완하면서 수합된 원고를 단행본 체제에 맞추는
노력을 기울여 왔다. 따라서 본서는 공동연구 기간을 포함하여 약 3년
에 걸친 노력의 결실인 셈이다.

우리의 공동연구는 21세기에 들어 한국은 물론 전세계적으로 확산
된 반전평화의 외침에 대한 남다른 관심에서 비롯되었다. 두루 알려져
있듯이 2001년에 발생한 9·11테러는 미국 주도의 대(對)이라크 전쟁
을 촉발시켰지만 동시에 그러한 전쟁에 반대하는 반전운동을 활성화
시킨 계기이기도 했다. 탈냉전시기에 접어들면서 소강상태에 빠져들었
던 반전운동은, 9·11테러 이후 대테러전쟁을 명분으로 미국이 주도한
아프가니스탄과 이라크 공격에 대한 대응으로 다시금 거세지기 시작
했다. 반전운동은 1990년대 중반부터 꾸준히 성장해 온 반(反)세계화운
동의 흐름과 결합되면서 구미뿐만 아니라 아시아 각국의 시민사회에
서 광범위하게 전개되었다. 한국도 예외는 아니었다. '참여정부'의 이
라크 파병 결정을 전후하여 각 시민사회단체들은 각종 시위와 집회를

통해 반전의 목소리를 높이며 파병 반대와 그 철회를 정부 당국에 강력히 촉구하고 나섰던 것이다.

비록 이들 반전운동은 미국이 주도한 이라크 전쟁을 억제하거나 '참여정부'의 파병 결정을 철회시키지는 못했지만, 뉴욕 타임즈가 반전운동을 지목하여 '제2의 슈퍼 파워'라고 명명한 바 있듯이 21세기 국내외 정세의 흐름에 무시할 수 없는 세력으로 등장한 것만은 분명해 보였다. 우리의 공동연구는 21세기에 들어서는 길목에서 '반전을 통한 평화 실현'이라는 과제가 전지구적으로 확산되고 있다는 사실과 반전운동을 매개로 일국적, 지역적, 세계적 차원의 각종 시민사회의 연대가 모색되고 있다는 점에 주목했다. 미국의 패권주의에 의한 세계화와 대테러전 쟁에 대해 비판의 날을 세움으로써 반전평화에 대한 인식이 그 어느 때보다 널리 확산되고 있으며, 이 과정에서 계급과 민족, 그리고 국가의 경계를 넘어선 다양한 차원의 시민사회의 연대가 모색되고 있는 데에 주목한 것이었다.

특히 동아시아 지역에서 반전운동이 활발하게 전개되고 있는 현상이 갖는 의의는 각별해 보였다. 한·중·일 3국은 서세동점(西勢東漸)의 위기감 속에서 근대국민국가의 건설이라는 시대적, 역사적 과제의 달성을 위해 '역사의 시간'과 숨가쁜 경쟁을 해 왔다. 뿐만 아니라 냉전체제가 구축되면서 극단적 이데올로기 대립의 소용돌이에 휩싸이는 질곡의 역사를 경험하기도 했다. 동아시아 지역의 이러한 역사적 경험에 비추어 볼 때, 우리는 20세기 동아시아지역의 대립과 갈등, 그리고 전쟁의 경험을 비판적으로 성찰하는 것은 '화해와 협력'의 미래를 구축하기 위한 새로운 지적 자산을 찾는 데에 도움을 줄 것이라 생각했다. 과거 국민국가 건설과정에서 외부로부터의 잦은 침략과 이에 대한 끊임없는 저항, 그리고 냉전 이념의 갈등까지를 경험해야 했던 한국의 처지에서 보면 이와 같은 반전운동이 갖는 의미는 한층 중요하게 다가

왔다.

반전운동이 일회적인 문제제기에 그치지 않고 한국뿐만 아니라 동아시아의 발전적 미래를 전망하는 데 유용한 자산으로 기능하도록 하기 위해서는, 우리는 무엇보다도 과거의 반전운동 경험을 면밀하게 검토할 필요가 있다는 데 의견을 같이 했다. 지난 세기 동안 동아시아인에게는 '전쟁반대, 평화체제 구축'의 시도와 노력이 있었다면 어떤 것이고 어떻게 평가될 수 있을까 하는 문제의식이었다. 그간 우리 학계에서 관심을 가져오지 못한 반전평화운동의 경험을 새롭게 발굴하여 검토하고 이를 기반으로 동아시아의 발전적 미래를 위해 계승할 역사적 자산은 어떤 것인지 그리고 경계해야 할 오점은 무엇인지 등을 진지하게 되묻는 기회를 가져보는 것은 학술적인 측면에서나 현실적 측면에서 매우 의미 있는 일이라 여겼던 것이다.

우리의 이상과 같은 문제의식은 한국학술진흥재단으로부터 연구비를 지원받으면서 공동연구의 형태로 구체화시킬 수 있었다. 학문적 역량이 출중한 연구자들과 함께 한국, 중국, 일본 그리고 역사와 문학 텍스트에 대한 다각적 분석을 통해 동아시아 지역의 반전사상과 운동에 대한 종합적인 연구를 진행할 수 있었다. 우리 공동연구팀은 박진수를 연구책임자로 하고 박난영, 김승욱, 정문상, 최성실, 표세만, 박종린 등으로 구성되었다. 공동연구를 진행하는 과정에서 박양신 선생이 새로운 공동연구원으로 참가하게 되었다. 총 8명으로 구성된 우리 공동연구팀은 한국, 중국, 일본의 역사와 문화 등 각 분야에서 탁월한 성과를 내온 쟁쟁한 연구자들로서 공동연구 기간 내내 훌륭한 팀워크를 발휘해 주었다. 이렇게 깔끔하고 멋진 단행본을 출간하게 된 것은 모두 공동연구원 선생님들의 학문에 대한 열정과 아낌없는 노고 덕택이었다.

이 책을 출간하는 이 자리에서 감사할 일이 있어 특별히 부기하고자 한다. 1년간의 공동연구를 진행하는 과정에서 경원대학교 이길여 총장

8

님과 윤원중 연구처장님 및 연구처 여러 선생님들의 전폭적인 지원이 있었음을 밝히며 감사의 말씀을 전한다. 그리고 여러 가지로 어려운 현실에서도 고집스럽게 인문학술서 발행에 전념하고 계신 도서출판 혜안의 오일주 사장님께도 마음으로부터 깊은 감사를 드리며, 이 책의 기획 단계부터 번거로운 편집 작업에 걸쳐 수고를 아끼지 않으신 김태규 씨를 비롯한 편집진께도 감사를 드린다.

2008년 7월
박진수 · 정문상

차 례

제 2 부 운동으로서의 반전 · 145

총론

동아시아의 반전과 근대국가
일본 프롤레타리아문학의 반전 의식과
고바야시 다키지(小林多喜二)

박 진 수

Ⅰ. 머리말

전쟁이란 한 국가(또는 집단)가 다양한 정치적 목적을 달성하기 위해 무력을 동원하여 다른 국가(또는 집단)와 충돌하는 행위 또는 그러한 상태를 말한다.[1] 이러한 집단적 충돌은 인간간의 분쟁이 존재하기 시작한 아주 오랜 옛날부터 있었을 것임에 틀림없다. 그리고 보면 전쟁은 인류의 오랜 역사와 함께 진행되어온 가장 원시적이고 폭력적인

---

1) 프로이센 태생의 장군 카알 폰 클라우제비츠(Carl von Clausewitz, 1780~1831)는 전쟁에 관한 불멸의 고전으로 알려진 그의 저작 『전쟁론(*Vom Kriege*)』(1832)에서 '전쟁이란 대규모의 결투에 지나지 않는다.……따라서 전쟁은 나의 의지를 실현하기 위해 적에게 굴복을 강요하는 폭력행위다'라고 했다(카알 폰 클라우제비츠, 김만수 역, 『전쟁론』 제1권(서울 : 갈무리, 2005), 46쪽). 또 제2차 세계대전시 영국 육군의 영웅 버나드 로 몽고메리(Bernard Law Montgomery, 1887~1976)는 『전쟁의 역사(*A History of Warfare*)』(1968)에서 '합의를 도출할 다른 방법이 없을 때 항상 중재자 역할을 한 것은 다름 아닌 전쟁이었다.……전쟁이 내린 판결은 정의보다 힘에 기초한 것이었다'고 하고, 전쟁을 '경쟁 관계에 있는 정치 집단 간의 장기 무장 충돌'이라 정의했다(버나드 로 몽고메리, 승영조 역, 『전쟁의 역사』(서울 : 책세상, 2004), 46~47쪽).

문제 해결의 수단이라고 할 수 있다.

물리적인 폭력을 통해 전개되는 전쟁은 언제나 인명의 살상과 참혹함을 수반한다. 전쟁에 의한 불행과 희생을 없애고 평화를 추구하려는 열망은 자기와 타인의 생명을 서로 존중하여 좀 더 안전하게 살아가려는 인간의 자연스러운 욕구로부터 출발하는 것이다. 이러한 '전쟁반대'의 경향 역시 전쟁의 역사와 함께 당초부터 존재했을 것이다.

역사상 이러한 '전쟁반대'의 경향이 당시의 사회상과 맞물리면서 전개되어온 양상은 크게 고대·근대·현대의 3단계를 거쳐 변화해 온 것으로 생각할 수 있다. 첫 번째 단계는 철기문명의 출현으로 무력에 의한 지배와 충돌이 일상화되는 가운데 수많은 인명의 살상이 행해지던 때이다.[2] 대략 기원전 500년 무렵부터 서기 100년까지의 시기에 해당되며 이때 세계 각지에서 용서와 자비, 욕망의 절제, 경건함과 사랑을 실천할 것을 주장하는 종교가 탄생했다. 단편적이고 조직적이지 않은 형태로나마 전쟁이 없는 상태를 지향하는 반전(反戰)적 경향이 최초로 생겨난 것은 이 무렵부터이다.[3]

두 번째 단계는 19세기 후반부터 20세기 전반에 걸친 제국주의 전쟁의 시대이다. 이 시기에 자연과학의 발달을 기반으로 대량살상용 무기가 개발되고 전쟁 기술이 비약적으로 발전했으며 국가권력에 의한 민간인의 통제와 '총력전'의 개념이 등장한바, 전쟁은 이제 전염병보다 무섭게 삶을 위협하는 재앙이 되었다. 전쟁의 형태와 사람들의 전쟁관이 달라진 것도 이때부터이다.[4] 그 결과 비로소 '전쟁반대'의 '경향'이

---

2) 청동기의 야금술이 발명된 것은 기원전 3500년 경의 메소포타미아, 철기의 야금술이 발명된 것은 기원전 1700년 경의 힛타이트인데 이것이 점차 넓은 지역으로 확산되는데에 1000년 이상이 걸렸다(金采洙, 『影響과 內發』(서울 : 태진출판사, 1994), 98~111쪽, 286~288쪽[연표]).

3) 고대 그리스 철학자나 헤브라이의 예언가들, 중국 전국시대 묵자(墨子, B.C. 450~390)의 비공설(非攻說) 등이 그 예라 하겠다.

관념적 차원을 넘어 하나의 실천적 '운동'으로서 자리 잡고 조직화·
대중화 되었다.

　세 번째 단계는 20세기 중반부터 시작된 핵무기의 시대이다. 그 이
전과는 차원이 다른 가공할 무기의 등장과 이를 보유한 초강대국의 출
현으로 인해 반전운동은 완전히 새로운 국면에 접어들었다. 인류를 절
멸시킬 수도 있는 엄청난 파괴력의 잠재적 사용가능성 앞에서 인간은
문명 자체에 대한 자기반성적 성찰과 민족과 국가를 넘어서 인류와 환
경과의 관계를 다시 설정해야 하는 난제를 떠안게 되었다.

　이 책은 이러한 3단계 중 주로 두 번째 단계에 해당하는 근대 시기
에 대한 연구이다. 이 시기에 주목하는 이유는 '전쟁반대'의 경향이 명
확한 개념으로 정립되어 구체화되었고 핵보유 시대인 오늘날까지도
유효한 반전운동의 '원형'을 여기서 발견할 수 있기 때문이다. 서구에
서 형성된 반전운동이 19세기 말과 20세기 초 열강의 식민지 침탈이라
는 자장 안에서 동아시아 지역에 어떻게 받아들여졌는가? 또 근대국가
와 아나키즘 및 사회주의의 팽팽한 긴장 속에서 반전의 문화적 실천을
위해 사람들은 어떠한 고민을 했는가? 아직까지 지구의 일각에서 끊임
없이 벌어지고 있는 전쟁에 대해 인류는 미래에 대한 어떠한 전망을
가질 수 있는가? 하는 문제의식에서부터 출발하고자 한다.

　이 시기의 반전운동은 반제국주의적·반국가적·계급적 혁명운동의
형태를 띠면서 유럽에서나 동아시아에서나 대체로 사회주의자들에 의

---

　4) 18세기까지는 홍수 등의 자연재해나 콜레라, 페스트로 대변되는 질병이 인류
　　에게 있어서 전쟁보다 무서운 사건이었다. 이러한 상황이 변화하여 전쟁이
　　갖는 의미가 대단히 커진 것은 19세기 이후이다. 과학기술의 발달은 한편으
　　로 자연재해나 질병에 인간이 대응해 갈 힘을 주었지만 다른 한편으로 전쟁
　　의 파괴력을 증대시켜 전쟁에 의한 피해의 확대를 초래했다(木畑洋一, 『20世
　　紀の戦争とは何であったか』, 講座 戦争と現代2(東京 : 大月書店, 2004), 15
　　쪽).

해 주도되었다. 동아시아에서는 유일한 제국주의 국가였던 일본의 사
회주의자들이 국가권력의 탄압이 극심한 만큼 이와 맞서 첨예하게 대
립하면서 치열하게 반전운동을 선도해갔다. 이 글에서는 일본 프롤레
타리아문학의 대표작가 고바야시 다키지(小林多喜二, 1903~1933, 이
하 '다키지'로도 표기)의 경우를 통해 당시 동아시아 반전론의 일면을
파악해보기로 한다.

　논의는 크게 세 부분으로 나뉘어 전개될 것이다. 먼저 근대 이후 반
전의 개념, 사상, 운동의 흐름을 자본주의의 확산 및 제국주의의 전개
과정과 관련하여 서구와 동아시아를 비교·횡단하며 정리한다. 다음으
로 일본 프롤레타리아문학과 국제적인 반전운동과의 관계에 관해 기
술한다. 특히 고바야시 다키지와 그에게 많은 영향을 준 프랑스의 반
전 작가 앙리 바르뷔스(Henri Barbusse, 1873~1935, 이하 '바르뷔스'로도
표기)와의 내적 관련 양상에 주목한다. 그 다음으로 다키지의 전쟁에
대한 생각과 '반전문학론' 등을 그의 텍스트에 대한 분석을 통해 살펴
본다.

II. '반전'의 개념과 반전운동의 흐름

1. '반전'이라는 용어

　동아시아의 한자어 '반전(反戰)'은 문자 그대로 '전쟁에 반대'한다는
의미로 영어의 anti-war, 프랑스어의 anti-guerre에 해당하는 어휘이다. 메
이지 시대의 일본에서는 '전쟁을 하지 않음' 혹은 '전쟁반대'의 의미로
'부전(不戰)' '비전(非戰)'이라는 용어가 사용되기도 했다. 이러한 용어
들은 경우에 따라 '평화(平和)' 또는 '화평(和平)'과 비슷한 의미로 사
용되기도 한다.5)

이러한 어휘들의 쓰임새를 좀더 역사적인 과정의 맥락에서 살펴볼
필요가 있다. 중국 고전에 보이는 '평화'는 '싸움이 없고 세상이 안온
함'을 뜻하며 '화평' 또한 이와 비슷한 뜻으로서 마음의 평온함을 뜻하
는 말이었다.[6] '평화'가 peace의 번역어로서 등장하는 것은 영국의 법
학자 알바니 홈블랑크(Albany Homeblanc)의 저서 *How we are Governed*를
번역한 스즈키 다다카즈(鈴木唯一, 1845~1909)의 『영정여하(英政如
何)』(1868)에서부터였다. 이렇게 peace의 번역어로서 '평화'가 널리 쓰
이자 pacifism의 번역어로 보이는 '평화주의'와 peace movement 또는
movement of peace의 번역어로 보이는 '평화운동'과 같은 어휘도 등장
하게 되었다. '평화주의'는 1883년 야노 류케이(矢野龍溪, 1851~1931)
의 『경국미담(経國美談)』(1883~84)에 처음으로 나타나며 '평화운동'은

---

5) 영어 peace의 번역어에 해당하는 '평화'는 단순히 '전쟁반대'를 의미하는 '반전'
에 비해 매우 포괄적인 개념이며 반전운동이 궁극적으로 추구해야 할 이상적
목표 내지 개인적 신념에 기반을 둔 당위론적 과제로 받아들여지는 경우가
많다. 그러한 만큼 다소 구체성이 결여되고 실천적 측면에 있어서의 모호함
과 비현실적인 뉘앙스를 갖고 있다고 할 수 있다. 그 때문에 평화운동 및 평
화주의의 '평화'와 반전운동 및 반전사상의 '반전'은 그 수식어로서의 의미를
경우에 따라 엄격하게 구별하기도 한다. 이를테면 '평화운동'의 원천인 '평화
주의'는 '평화'를 이상으로 하여 일체의 전쟁을 악(惡)으로 보고 배격하는 입
장이며 주장이다. '평화주의자'는 분쟁의 해결에 있어서 일체의 폭력적 수단
을 동원하는 것에 대해 반대하며 방법론의 면에 있어서조차 '평화'라는 이상
을 언젠가는 반드시 실현할 수 있다는 혹은 실현해야 한다는 생각을 갖고 있
는 사람이다. 이에 반해 '반전주의자'는 '평화주의자'가 철저하게 부정하는 물
리력을 모든 경우에 반드시 부정하지는 않는다. 예를 들면 '반전주의자'는 국
가 방위력의 존재 자체를 전면 부정한다기보다 특정한 전쟁에 대한 반대를
주장한다. 그러나 이것은 어감(語感)에서 비롯된 어의(語義)의 형식적 구분에
불과하며 실제로는 시대나 지역에 따라 각기 다양한 함의를 갖고 있어서 일
의적인 해석이 곤란하다.
6) 『春秋』, "仁人之所以多壽者, 外無貪而內淸淨, 心平和而不失中正(繁露, 循天
之道)" ; 『礼記』, "耳目聰明, 血氣和平(樂記編)".

다케우치 유로(武內猷郎) 편, 『슈친신분고지텐(袖珍新聞語辭典)』(191
9)[7]에 보인다.

 이에 비해 '부전(不戰)'이라는 용어는 '싸우지 않음'을 뜻하는 말로
서 국가 정책에 저항적 의미를 갖는 '전쟁반대'와는 약간 다른 소극적
인 뉘앙스를 갖는다. 1928년 8월 파리에서 미국, 영국, 프랑스, 이탈리
아, 일본 등 15개국이 분쟁 해결의 수단으로서의 전쟁을 포기할 것을
협약한 '파리부전조약'과 같은 용례가 있다. 메이지 시대부터 패전 시
기까지는 일반적으로'비전(非戰)'이 anti-war를 의미하는 용어로 사용되
었고 이러한 내용을 담은 담론 체계를 '비전론(非戰論)'이라 했다.[8]

 1920년대 후반 사회주의운동이 활발해지면서 기독교 등 인도주의적
입장의 전쟁반대를 기존에 널리 사용되던 '비전'으로 한정하고 자본주
의체제에서 전쟁의 원인을 찾는 계급투쟁적 입장의 전쟁반대를 '반전'
으로 구별해서 부르기 시작한 것으로 보인다. 1930년을 전후해서 나타
난 '반전' '반전사상' '반전운동'은 제2차 세계대전 종결 후 냉전 시기에
현대의 대량학살을 수반한 전쟁 참화의 직간접적 체험과 이에 대한 강
박적 기억을 바탕으로 '전쟁반대'를 직접적으로 표현한 용어로서 일반
화 되었다고 할 수 있다.

 정리하자면 동아시아에서 근대적 의미의 '전쟁반대'와 '평화수호'의
개념이 성립된 것은 대략 19세기 후반의 일본에서부터였고 그것은 '평
화' '화평' '평화주의' '평화운동' 등으로 표현되면서 중국과 한국에도
받아들여졌다.[9] 한편 특정한 제국주의 전쟁을 반대하는 입장을 구체적

---

 7) 지금으로 말하자면 '간편한 시사용어사전' 정도의 뜻.
 8) 『改正增補和英語林集成』(1886) ; 白柳秀湖, 「幸德秋水兄を送る」(1905) ;『日
    本國語大辭典』(東京 : 小學館) 참조.
 9) 현재 일본어와 한국어에서는 peace를 의미하는 말로 '평화'를 쓰고 있으며 중
    국어에서는 같은 뜻이지만 '평화'보다는 '화평'을 많이 쓰고 있다.

으로 표현하는 경우에는 '비전' '비전론'으로 표현되었다. 그러다가 '반전'과 '반전운동'이 '전쟁반대'를 의미하는 용어로서 통용되는 것은 한참 후인 1920년대 말 1930년대 초였던 것으로 추정된다.[10]

중요한 것은 동아시아의 근대사를 통해 볼 때 '비전' 및 '반전'과 '평화'라는 표현의 이러한 복잡다기성에도 불구하고 전쟁의 존재와 가능성에 대해 이의를 제기하고 전쟁반대를 실천하는 입장을 지녀온 점에서 이들 용어는 공통성을 갖는다는 사실이다. 그렇기 때문에 본고에서는 '전쟁반대'의 실천 과정을 전체적으로 바라보고 전쟁에 대해 이의를 제기하는 다양한 형태의 사상과 운동을 문맥에 따라 '비전' '반전' 혹은 '평화' '반전평화'로 적절히 사용하기로 한다. 다만 이 모두를 포괄하는 편의적 개념으로는 무리가 없는 범위에서 '반전'을 사용하기로 하겠다.

2. 제2인터내셔널의 선언과 반전운동의 흐름

근대의 반전운동은 자본주의가 제국주의의 단계에 진입하여 열강이 식민지의 분할과 세계시장의 장악, 세력 범위의 확장을 위해 격렬하게 싸운 19세기 후반부터 20세기 초에 시작되었다. 제국주의 전쟁에 의한 인적·물적 파괴는 그 이전 단계의 전쟁과는 비교할 수 없을 만큼 질적으로나 양적으로나 엄청난 것이었다. 특히 전쟁에 의해 희생을 강요당하는 것은 주로 노동자, 농민 등 대중들이고 전쟁으로 인한 이익을 얻는 쪽은 독점자본가들이었다. 자본가들은 중립국을 통해 적국에까지

---

10) 『最新百科社會語辭典』(1932) ;『新語新知識』(1934) ;『日本國語大辭典』(東京 : 小學館) 참조. 현재 러일전쟁 개전 직전의 상황을 설명하는 일본의 교과서적 기술에서 '비전'은 기독교 등 인도주의적 입장의 전쟁반대를, '반전'은 사회주의의 계급투쟁적 입장의 전쟁반대를 가리키는 말로 사용된다(加藤陽子, 『戰爭の論理』(東京 : 勁草書房, 2005), 164~165쪽 참조). 그러나 사실은 당시 양측 입장에서 모두 '비전'이라는 용어를 사용했다.

무기를 팔아 막대한 이익을 챙겼다. 한 쪽에서는 피를 흘리고 다른 한 쪽에서는 돈을 세고 있는 현실을 자각한 사회주의자와 노동자 계급이 국제적인 반전운동을 일으킨 것은 어쩌면 당연한 귀결이었다.

최초의 조직적인 반전운동은 프랑스대혁명 100주년을 기념하여 파리에서 1889년 7월 14일에 성립된 노동자 계급의 국제적 연대인 제2인터내셔널11)의 제2회 대회(1891년 8월 브뤼셀)에서 '국제전쟁반대'를 결의한 때로 볼 수 있다. 여기서 사회주의자들은 제국주의 열강의 식민지 지배를 비판하고 식민지를 둘러싼 열강의 대립이 세계전쟁을 야기할 위험성을 경고했다. 이 대회에 동아시아인으로서는 당시 파리에 체재 중이던 메이지 시대 일본의 저널리스트 사카이 유자부로(酒井雄三郎, 1860~1900)가 참석한 것으로 알려져 있다.

계속하여 국제적인 반전운동은 이 제2인터내셔널을 중심으로 전개되었다. 1904년 8월 암스테르담에서 열린 제6회 대회에서는 당시 진행 중이던 러일전쟁(1904~05)을 의제로 다루었는데, 해외 망명 중이던 가타야마 센(片山潛, 1859~1933)이 참석하여 러시아의 게오르기 발렌치노비치 플레하노프(Георгий Валентинович Плеханов, 1856~1918)와 단상에서 악수하여 주목을 받았다. 교전 중이던 양국의 대표가 국제적 결속을 어필한 것이었다. 이때 이후 계속해서 제국주의와 전쟁반대는 인터내셔널 대회의 단골 의제가 되었다.

1907년 8월 슈투트가르트에서 열린 제7회 대회에서는 러시아 대표 블라지미르 일리치 레닌(Владимир Ильич Ленин, 1870~1924, 이후 '레

---

11) 사회주의 인터내셔널(Socialist International)이라고도 함. 22개국 395명이 참가함. 19세기의 마지막 10년부터 제1차 세계대전 초까지 유럽 노동운동의 이데올로기·정책·방법에 큰 영향을 끼친 사회주의 정당과 노동조합들의 동맹. 제1인터내셔널은 1864년 9월 28일 런던의 세인트 마틴 홀에서 '국제노동자연합(International Working Men's Association)이라는 명칭으로 창립되었다.

닌'만으로도 표기)과 폴란드 대표 로자 룩셈부르크(Róża Luksemburg, 1871~1919) 등에 의해 장문의 '세계전쟁반대선언'이 채택되었다. 그 내용은 "① 사회주의자는 의회에서 군비축소와 상비군 철폐를 위해 노력할 것, ② 관계국의 노동 계급은 전쟁의 저지를 위해 전력을 기울일 것, ③ 전쟁 발발시 노동자 계급은 전쟁의 신속한 종결을 위해 간섭함과 동시에 전쟁에 의해 야기된 위기를 이용하여 자본주의의 철폐를 위해 전력을 다해 싸울 것"을 결의한 것이었다.

이어 1910년 코펜하겐 대회와 1912년 11월 바젤 대회에서도 이러한 선언은 반복적으로 확인되었다. 그러나 유럽의 평화운동이 정점에 달했을 무렵 전쟁은 사회주의자들에게 매복공격처럼 다가왔다.[12] 각국 노동자 계급의 국제적 연대를 통한 반전선언도 1914년 제1차 세계대전의 발발과 함께 사회주의 세력의 다수가 민족주의의 입장에서 참전을 지지함으로써 실제적인 영향력을 발휘하지 못한 채 제2인터내셔널 자체가 붕괴되었다.

동아시아에서의 반전운동은 청일전쟁(1894)과 러일전쟁 무렵부터 일본에서 일어나기 시작했다. 후발 제국주의국가 일본은 구미제국주의 열강과 어깨를 나란히 하기 위해 중국과 조선 등 주변 국가를 식민지로 획득하여 무력을 통해 지배해 갔다. 그 과정에서 일본의 침략전쟁에 반대하는 운동이 일본 내부에서 전개되었다. 러일전쟁 시 비전론을 주장한 그리스도교도인 우치무라 간조(內村鑑三, 1861~1930)와 사회주의자 고토쿠 슈스이(幸德秋水, 1871~1911), 사카이 도시히코(堺利彦, 1871~1933), 가타야마 센 등이 대표적이다.

특히 고토쿠 슈스이는 주간 『헤이민신분(平民新聞)』(1903. 11~1905. 1)을 창간하여 비전론을 전개한 초기 반전운동의 핵심적 인물이다. 그

---

12) 제프 일리, 『THE LEFT 1848~2000 미완의 기획, 유럽 좌파의 역사』(서울 : 뿌리와 이파리, 2008), 241쪽 참조.

는 "비전(非戰)을 관철할 수 있다면 일본이라는 한 나라가 망해도 상관 없다"고 하는 철저한 반전운동을 전개했다. 그러나 대역사건(大逆事件, 1910)에 의한 그의 사형이 보여주듯 천황제 권력은 일체의 사회주의운동과 반전운동에 대해 강권통치에 의한 탄압으로 일관했다.

한편 제1차 세계대전 중 유럽 사회주의 정당에서 반전운동을 실천한 것은 로자 룩셈부르크와 칼 리프크네히트(Karl Liebknecht, 1871~1919), 프란츠 메링(Franz Mehring, 1846~1919), 클라라 체트킨(Clara Zetkin, 1857~1933) 등 독일사회민주당 좌파로서 스파르타쿠스단(Spartakusbund)을 결성한 그룹뿐이었다. 이들은 주로 스위스와 이탈리아 사회주의자들의 제청으로 1915년 9월 5일 스위스의 챔머발트에서 열린 국제사회주의자 회의에 러시아의 볼셰비키 등과 함께 참석하여 반전국제회의를 열었다. 유럽 11개국으로부터 38명의 사회주의운동 대표자들이 참가한 이 대회는 제국주의 전쟁을 내전으로 전환시킬 것을 주장하는 레닌이 이끄는 좌파와, 세계대전으로 붕괴된 제2인터내셔널의 부활을 촉구하는 우파의 분열과 대립으로 4일 만에 종결되었다. 마지막 날 칼 카우츠키(Karl Kautsky, 1854~1938)가 제안한 '전쟁의 즉시 종결, 전쟁을 지지한 지도자에 대한 비난, 배상 없는 강화의 체결'을 선언하면서 막을 내렸다.13)

3. 혁명과 실천으로서의 반전운동

전쟁이 끝날 무렵 세계 최초의 사회주의 국가 소련이 성립되었다. 제1차 세계대전은 사상 최초로 참전한 각국의 모든 민족을 끌어들인 총력전의 양상을 띠었고 수많은 인명 피해와 생활의 궁핍을 초래했다. '평화와 빵'을 요구하면서 수행된 러시아혁명(1917)은 계급혁명으로서

---

13) 樺山紘一 외 편, 『世界全史』(東京 : 講談社, 1994), 1022쪽 참조.

의 성격과 함께 '평화의 적＝제국주의'에 대한 적극적인 투쟁을 의미했
으며, 그런 점에서 '노동자 계급의 형제적 연대'에 기초한 일종의 대중
적 반전운동이었다.

영국, 프랑스, 미국, 일본 등 자본주의 열강들은 이러한 변화를 달가
워하지 않았고 혁명이 자국에 파급될 것을 두려워하여 1918년부터 러
시아에 대한 무력간섭을 꾀했다. 그러나 반혁명군의 괴멸과 영국, 프랑
스 등 각국 내에서 러시아혁명에 대한 간섭을 반대하는 운동이 일어나
1920년에 각국의 군대는 철수하지 않을 수 없었다.

소련의 성립과 더불어 세계 자본주의는 위기 상태로 접어들어 곳곳
에서 사회적 불안과 경제적 혼란이 야기되었으며 독일을 비롯한 각국
에서 혁명의 분위기가 만들어졌다. 궁지에 몰린 독점자본주의는 폭력
적 수단을 통해 이러한 분위기를 일소하려 했으며 이탈리아와 독일에
는 이른바 파시즘적 독재정치가 출현했다. 이렇게 파시즘의 물결이 유
럽을 휩쓸자 또다시 세계는 침략 전쟁의 위험에 노출되었다.

소련 성립 직후 세계 노동자 계급의 국제적 결집체인 제3인터내셔
널[14]이 조직되었는데, 그 제6회 대회(1928년 모스크바)는 파시즘과 전
쟁에 대한 반대투쟁을 위해 노동자 계급은 어떻게 싸울 것인지를 토의
하고 결정했다. 1919년에 발생한 한국의 3·1운동과 중국의 5·4운동
역시 직접적으로는 식민지 지배에 대한 반대와 민족의 독립을 요구한
것이지만 그 바탕에는 반전평화의 주장을 깔고 있었다.

1929년 3월에는 프랑스의 반전론자였던 앙리 바르뷔스와 로맹 롤랑

---

14) 정식 명칭은 공산주의 인터내셔널이라는 의미의 '코무니스치체스키 인테르나
   치오날(Коммунистический Интернационал)'이며 '코민테른(Коминтерн)'으로 약
   칭됨. 제2인터내셔널의 붕괴 후 러시아혁명을 성공시킨 레닌이 1919년 3월
   모스크바에서 설립. 혁명적 정당만으로 구성해 각국에서의 자본주의 타도, 계
   급 철폐, 프롤레타리아 독재 실현, 국제소비에트공화국의 수립을 목적으로
   함.

24

(Romain Rolland, 1866~1944) 등의 주창으로 반파시즘 국제대회가 베를린에서 개최되었다. 또 1932년 8월 암스테르담에서 문학자들의 제청으로 29개국 2,200명이 모인 가운데 국제반전대회가 열렸다. 1936년에는 각국의 작가들이 파리에서 반파시즘 문화옹호 국제작가대회를 개최했다.

제2차 세계대전이 발발하자 독일의 지식인·그리스도교도·사회주의자·공산주의자 등이 반전·반파시즘 운동을 했고, 프랑스를 비롯한 독일의 점령지역에서도 독일군에 대한 과감한 저항운동이 일어났다. 아시아에서도 일본의 침략전쟁에 저항하는 다양한 운동이 피점령국 내에서 광범위하게 전개되었다.

제2차 세계대전은 제1차 세계대전과는 비교도 할 수 없을 정도의 참화를 가져왔다.15) 원자폭탄의 등장으로 순식간에 수십만 명이 목숨을 잃는 사태까지 발생했다.16) 전쟁의 성격을 근본적으로 바꾼 핵무기의

15) 제1차 세계대전 시의 사망자 수는 군인과 민간인 각각 900만명, 합해서 1,800만명이었다. 이에 비해 제2차 세계대전의 경우는 군인 1,700만명, 민간인 3,400만명, 합해서 약 5,100만명이 목숨을 잃었다(木畑洋一, 앞의 책, 3쪽 참조). 또 1931년 만주사변으로부터 1937년 중일전쟁, 그리고 1941년의 태평양전쟁으로 이어지는 일본이 수행한 전쟁 즉 '15년 전쟁' 기간 일본인 사망자 수만 하더라도 310만명이다(小熊英二, 『日本という国』(東京 : 理論社, 2006), 80쪽 참조).
16) 1945년 8월 6일 연합군인 미군에 의해 일본 히로시마(廣島) 시에 세계 최초의 핵무기 공격이 실시되었다. 당일 오전 8시 15분 17초, 미 육군 제509 혼성 항공단 소속 B29 에노라 게이호가 히로시마 상공 9,600m에서 우라늄형 폭탄 '리틀 보이'를 투하한 것이었다. 낙하산을 단 이 인류 최초의 원자폭탄은 시 중심부인 사이쿠마치(細工町, 현 오테마치[大手町])에 있는 시마(島) 병원 570m 상공에서 작열하여 거대한 불덩어리로 변했다. 열선, 충격파, 폭풍, 그리고 방사능이 지상을 뒤덮고 일순간에 히로시마 시의 60%가 완전히 파괴되어 폭발의 중심부로부터 반경 500m 내에 있던 사람의 90%가 즉사했다. 또한 히로시마 시청의 발표에 따르면 원폭후유증 등으로 1950년대까지 약 24만 7,000명이 목숨을 잃었다. 3일 후인 9일 오전 11시 2분에는 나가사키(長崎) 시

출현은 반전운동의 초점을 반핵운동에 맞추도록 만들었다. 특히 1981
년 '강한 미국'의 부활을 내세운 레이건 정권의 탄생과 함께 미·소간
의 새로운 긴장이 고조되자 1982년 6월 유엔군축특별총회에 때맞추어
100만 명의 시민이 핵무기 철폐를 외치며 반핵 데모에 나선 것이 그
대표적인 예이다.17)

　핵무장의 가속화는 강대국들을 중심으로 세계적인 규모에서 진행되
어 갔다. 냉전체제 하의 미·소 양국의 대립은 핵전쟁이 전면적인 세
계전쟁으로 확산될지 모른다는 불안을 낳았고 이러한 묵시적 공포는
거꾸로 핵보유가 대규모 전쟁을 억지한다는 역설적인 상황을 빚었다.
그 대립은 이데올로기적 양상을 심화시키는 결과가 되어 양측이 각각
스스로를 평화세력이라 자처하고 상대편을 평화의 적으로 규정하면서
점점 더 복잡한 이데올로기 대립과 헤게모니 싸움의 양상이 벌어진 것
이다. 이 속에서 평화를 바라는 민중의 염원은 희석되어 버리고 평화
를 실현하기보다는 정체불명의 이념만이 존재하는 혼탁한 상황이 연
출될 수밖에 없었다.

　그러한 가운데 한국전쟁과 베트남전쟁 및 중동전쟁에 대한 반전운
동도 일어났는데 특히 미국의 개입으로 발생한 베트남전쟁에 대해서
는 1960년대부터 1975년까지 세계적인 반전운동이 전개되었다. 1990년
8월 이라크의 쿠웨이트 침공과 이에 따른 1991년 1월의 다국적군에 의

　의 플루토늄형 원자폭탄 '화트먼'이 투하되었다. 이로 인해 나가사키 시는 전
　체의 36%가 파괴되고 12월까지 약 8만 명이 사망했다(樺山紘一 외 편, 앞의
　책, 1022쪽 참조).
17) 1981년 본에서 30만 명, 로마에서 50만 명, 런던에서 25만 명, 브뤼셀에서 20
　만 명이 집회에 참가, 핵무기 철폐를 주장하는 시민운동이 일어났다. 1982년
　3월에는 일본 히로시마에서 19만 명, 5월에는 도쿄에서 40만 명이 집회를 가
　졌다. 6월 뉴욕 집회는 미·소 신냉전 대결구도에 대한 세계 시민의 반발의
　집대성이라 할 수 있다(樺山紘一 외 편, 위의 책, 1105쪽 참조).

한 이라크 공격으로 걸프전이 발발하면서 하이테크 무기에 의한 공습이 현대 전쟁의 양상을 또 한 단계 변모시켰다. 같은 해 4월 유엔안전보장이사회의 정전결의를 통해 종전은 이루어졌지만 미국과 이라크의 앙금은 사라지지 않았다. 21세기에 들어서도 벽두부터 알카에다의 9·11테러(2001)와 함께 미국의 즉각적인 보복 조치인 아프가니스탄 침공, 그리고 이어지는 이라크 침공(2003) 등 현재까지 비극적인 전쟁은 끊이질 않고 있고 그에 따라 꾸준히 반전운동 또한 전개되고 있다.

III. 고바야시 다키지의 반전 의식

1. 고바야시 다키지의 삶과 문학

앞서 말한대로 근대 시기의 반전운동은 유럽에서나 동아시아에서나 주로 사회주의자들에 의해 주도되었다. 자본주의는 경쟁을 통해 동기를 유발하여 시장에서의 이윤을 확보하고 그 이윤에서 오는 부(富)를 극대화함으로써 인간이 행복할 수 있다고 생각하는 이념이다. 이에 반해 사회주의는 사회를 이루는 '나'와 '남'이 같이 조화롭게 이익을 나누어 살아가는 것을 이상으로 하는 이념이다. 제국주의 단계에서 국가를 단위로 한 전쟁은 결국 권력자나 독점자본가들의 이익에 부합하는 것일 뿐 사회주의자나 노동자 계급의 입장에서는 오로지 생명과 생활을 위협하는 위험한 상황일 뿐이었다. 그러한 상황에서 그들은 '나'와 '우리'의 생명을 지키기 위해 '반전'을 부르짖을 수밖에 없었다.

자본주의와 사회주의, 또 양자의 대립, 이러한 것들은 사실은 인류사의 어느 한 단계의 산물일 수밖에 없다. 20세기의 역사는 두 이념의 양극단을 가는 것이 더 이상 지혜롭지도 가능하지도 않다는 것을 보여주었다. 자본주의는 '나' 혼자 잘 살고 주변이 못 살 때에는 '나'도 더 이상 행복할 수 없다는 것을 깨달아 복지의 개념을 도입했다. 사회주의는 '우리'가 어느 정도는 잘 살아야 '나'와 '너'도 조화로울 수 있다는 것을 알게 되어 효율의 면에서 동기부여가 될 수 있는 시장 개념을 도입했다. 이제 양자가 대립하던 시대는 지나갔다. 그러나 돌이켜보면 19세기 말 20세기 초의 단계에서 반전과 평화를 이야기하던 사회주의자들은 목숨을 걸고 양심과 정의를 지키려 했고, 하루하루를 치열하게 살았던 사람들이다.

고바야시 다키지는 바로 그러한 사람들 중의 한 전형이다. 그는 1903년 10월 13일 아키타켄(秋田県)에서 빈농의 아들로 출생하여 1907년 홋카이도(北海道)의 소도시 오타루(小樽)로 이주하여 성장했다. 1910년 시오미다이(潮見台) 소학교, 1916년에 오타루 상업학교, 1921년에는 오타루 고등상업학교(이하 '오타루고상'으로도 표기)에 입학, 1924년 졸업하기까지 그는 줄곧 오타루에서 성장했다. 오타루 상업학교 시절부터 시가 나오야(志賀直哉, 1883~1971)의 문학적 영향을 받아 인도주의적인 소설을 잡지에 투고하기도 했다. 오타루고상을 졸업함과 동시에 그는 홋카이도척식(拓殖)은행에 취직하여 은행원으로서 근무한다. 당시의 은행 근무는 상당히 안정된 직장으로 주변의 선망의 대상이 되었다.

그러던 그가 1926년 무렵부터 사회주의 사상을 접하고 노동운동에 관여하게 된다. 1927년에는 오타루 항만 운수 노동자들의 파업을 응원하고 노농예술가동맹 및 전위예술가동맹에 가입, 사회주의연구회에 출석하면서 1928년 2월에는 처음으로 실시되는 보통선거에서 일본공산당의 후보를 지지하기도 했다. 같은 해 3월 15일에는 3·15사건[18]을

18) 1928년 3월 15일 새벽에 일어난 전국적인 공산당 대검거사건, 일본 정부는 일본 전역의 1도(道) 3부(府) 27현(県)에 걸쳐 공산당, 노동당, 평의회, 무산청년동맹의 관계자 및 지지자들에 대해 치안유지법 위반혐의로 일제히 검거를 실

28

그린 『1928・3・15』(一九二八・三・一五)를 잡지 『전기(戰旗)』에 발표
하여 세상의 주목을 받았다. 1929년에는 일본 프롤레타리아문학의 대
표작이라 할 수 있는 『게공선(蟹工船)』[19]을 발표하여 프롤레타리아문
학 작가로서의 지위를 확립한다.

　　이 해에 뒤이은 작품 『부재지주(不在地主)』(1929)가 문제가 되어 은

　　시했다(遠山茂樹 외, 『昭和史』(東京 : 岩波書店), 1959). 전국적으로 "검거된
　　용의자 총수는 1568명"(内務省警保局, 「昭和3年における社會運動の狀況」,
　　『昭和史事典』) 그 중 송검이 약 700명, 피기소지자가 488명에 달했다. 또 경
　　찰은 활동개시와 동시에 이 사건에 관한 일체의 보도를 금했다. 취조가 일단
　　락되고 일부 보도가 허용된 것은 4월 10일의 일이었다(昭和史研究会, 『昭和
　　史事典』(東京 : 講談社, 1984), "3・15사건" 항목).

19) 『게공선』은 캄차카 근해에서 가혹한 노동조건에 시달리면서 일을 하던 게 잡
　　이 원양가공어선 노동자들이 계급적 자각을 통해 단결하여 선상 반란을 일으
　　키는 과정을 다룬 중편소설. 1930년대부터 중국어, 러시아어, 독일어, 체코어,
　　영어, 스페인어 등 세계 각국어로 번역 소개되어 널리 알려진 작품이다. 한국
　　어 번역도 민주화운동이 한창이던 1987년 부산의 '친구'라는 출판사에서 무명
　　번역가 '이귀원'('1961년 경남 충무에서 태어남/ 부산대학교 사학과 졸업'이라
　　고만 소개됨)의 번역으로 「1928년 3월 15일」(1928・3・15), 「게공선」, 「당활동
　　가」(당생활자)의 3편이 한 권으로 엮어져 출판된 적이 있다. 전체의 제목은
　　『게공선』으로 되어 있는데 원제목 '가니코센'(蟹工船)'을 절묘하게 한국어로
　　옮긴 것으로 평가된다. '당활동가'라는 제목 역시 한국어의 문맥에 맞는 적절
　　한 번역이라 하겠다. 이후 1999년 '보고사'에서 '이진후'의 번역도 '게공선'이
　　라는 제목으로 출간된바 1987년 최초 번역의 영향으로 생각된다. 최근 일본
　　에서 『게공선』은 평소 해마다 2000부 정도였던 판매부수가 2008년 들어 3월
　　부터 6월 사이에만 35만부를 기록했다. 특히 독자층이 주로 20대 후반부터 30
　　대에 이르는 청년층이라는 점이 놀라움을 더해주고 있다. 5월부터 7월 사이
　　에 일본의 국영・민영 TV는 연일 이러한 현상을 특집으로 취급하여 심층보
　　도를 꾸몄다. 사회주의 관련 서적의 판매가 침체의 늪을 벗어나지 못하던
　　1990년대 이후 매우 특이한 상황이라 할 수 있다. 이러한 배경에는 거품경제
　　의 붕괴 이후 1994년부터 2005년 사이의 소위 '잃어버린 10년'의 로스제네(ロ
　　スゼネ, 로스트 제너레이션의 준말) 현상, 즉 '취직빙하기 시대'에 비정규직을
　　양산하게 된 청년실업 상황과 격차사회(格差社會, 즉 양극화 현상) 및 워킹
　　푸어(working poor) 현상이 관련되어 있다고 보는 견해가 지배적이다.

행에서 해고를 당하면서 그의 사회주의운동 및 작품 활동은 더욱 본격
화된다. 수배와 구금이 거듭되는 가혹한 탄압 상황을 견디면서 『공장
세포(工場細胞)』(1930), 『오르그(オルグ)』(1931), 『독방(独房)』(1931), 『누
마지리무라(沼尻村)』(1932), 『당 활동가(党生活者)』(1933, 사후출간) 등
소설과 평론을 집필하고 발표한다. 1931년에 일본공산당에 입당한 이
후 지하활동을 하다가 1933년 2월 20일 도쿄의 아카사카(赤坂)에서 검
거되어 조사를 받던 중 쓰키지(築地)경찰서 특별고등경찰의 고문으로
사망한다.[20] 그의 죽음이 곧 일본 프롤레타리아문학운동 붕괴의 전조
로 인식될 정도로 그의 존재는 커다란 것이었다.

2. 앙리 바르뷔스와 고바야시 다키지

고바야시 다키지는 은행에 근무를 시작한 지 3년째가 되던 1926년
부터 사회주의운동에 관여하게 되고 1928년부터 본격적인 작품 활동
을 하지만 사회주의와 반전운동 자체에 관심을 갖게 된 것은 이미 학
창시절부터였다. 오타루고상을 졸업하고 홋카이도척식은행에 취직한
1924년 4월 졸업 전부터 동기생들과 준비해오던 동인잡지를 발간한다.
그것이 바로 『클라르테(クラルテ)』 창간호이다. '클라르테'란 프랑스어
의 clarté 즉 '빛, 광명'을 뜻하는 말로서 앙리 바르뷔스의 소설 『클라르

---

20) 고바야시 다키지의 체포는 이미 치안당국의 계획적 기도에 의한 것이었으며,
그의 죽음 직후 경찰은 '심장마비에 의한 사망'으로 발표하며 부검을 허락하
지 않았다(ドナルド・キン, 『日本文学の歷史12』, 德岡孝夫訳(東京 : 中央公
論社, 1996), 68쪽 참조). '심장마비사'라는 것은 경찰이 다키지의 죽음의 직접
적 원인인 '고문'을 은폐하기 위한 절묘한 어휘선택이었던 것으로 보인다. 어
떠한 원인이든 모든 사람은 결국 '심장'이 '마비'되어 죽기 때문이다(朴眞秀
「いま『蟹工船』を韓国で読む-グローバリゼーションを超えて」, 白樺文学館
多喜二ライブラリー編, 『生誕100年記念小林多喜二国際シンポジウムPartⅡ
報告集』(東京 : 東銀座出版社, 2004), 110쪽 참조).

테(*Clarté*)』(1919)에서 따 온 것이다.

일본문학사상 프롤레타리아문학은 고마키 오우미(小牧近江, 1894~1978), 가네코 요분(金子洋文, 1893~1985) 등에 의해 1921년 창간된 『씨 뿌리는 사람(種蒔く人)』[21]으로부터 시작된다. 이는 국제적 반전 조직인 '클라르테(Clarté)'의 지도자 바르뷔스의 영향 하에 창간되어 1924년 『문예전선(文藝戰線)』으로 계승된다. 고바야시 다키지는 『씨 뿌리는 사람』과 『문예전선』으로부터 많은 것을 배웠지만 바르뷔스의 영향을 가장 크게 받아 『클라르테』라는 동인잡지를 창간한 것이다.[22]

바르뷔스는 프랑스의 저널리스트이자 시인, 소설가이다. 초기에 전 기 상징파의 영향 하에서 『우는 여자들(*Pleureuses*)』(1895)로 출발하여 고 독한 영혼의 몽상과 비애를 노래했다. 뒤이은 소설 『애원하는 사람들 (*Les Suppliants*)』(1903)을 발표하여 진리를 포장하는 것은 인간 각자의 마 음이라는 것을 실증하려 했다. 이때까지 자신의 내면으로 향해져 있던 시선은 『지옥(*L'Enfer*)』(1908)에서 인간 사회의 추악한 현실로 향한다. 주 인공은 하숙집 벽의 구멍을 통해 옆방에서 일어나는 여러 가지 사건을 훔쳐보고 인간의 적나라한 모습에 절망한다. 『지옥』에 대한 세간의 칭 찬과 비난은 그를 일약 유명하게 만들었다.

41세의 병약한 몸으로 제1차 세계대전에 종군한 그는 부상을 입고 후송당한 후 전쟁문학의 걸작 『불(*Le Feu*)』(1916)로 공쿠르상(Prix Goncourt)을 수상한다. 이 작품에서 그는 전선에서 싸우는 병사들의 고

---

21) 고마키 오우미가 프랑스에 체재하던 중 바르뷔스가 이끄는 반전운동에 참가 하게 되는데 그 운동의 씨앗을 일본에 뿌린다는 의미로 아리시마 다케오(有 島武郎, 1878~1923)의 재정적 지원을 받아 창간함. 슬로건은 '행동과 비판'이 었으며 러시아혁명의지지, 군국주의 반대, 국제주의 등을 기조로 했다. 관동 대지진(1923년) 이후 폐간되었는데 종간호에서는 재난 당시 조선인과 사회주 의자들이 학살된 사건에 대해 강한 어조로 항의하기도 했다.
22) 松澤信祐, 『小林多喜二の文學』(東京 : 光陽出版社, 2003), 99쪽 참조.

통을 묘사하고 애국심을 부정한다. 비슷한 소재를 다룬 소설『클라르테』(1918)는 전쟁의 비참한 경험으로부터 광명을 찾아가는 주인공을 통해 제국주의를 고발하고 착취계급의 타도와 전쟁으로 내몰린 대중의 노예근성의 근절을 주장했다.

이와 동시에 같은 이름의 잡지『클라르테(Clarté)』를 발간(1919)하여 실천적 반전평화운동을 펼쳐 나갔다. 로맹 롤랑, 아나톨 프랑스(Anatole France, 1844~1924), 조르쥬 뒤아멜(Georges Duhamel, 1884~1966), 허버트 조지 웰즈(Herbert George Wells, 1866~1946), 슈테판 츠바이크(Stefan Zweig, 1881~1942) 등의 협력을 얻어 평화와 인간해방을 지향하는 사상의 인터내셔널로서의 '그룹 클라르테(Groupe Clarté)'를 창설(1919)하고 '클라르테 운동'을 일으켰다. 1923년 공산당에 입당한 이후 모스크바에서 객사할 때까지, 잡지『코뮌(Commune)』의 편집자로서, 각종 국제회의의 발기인으로서, 지식인에 의한 반파시즘운동의 실천가로서 열정적인 활동을 전개했다.

다키지가 바르뷔스의 존재를 처음 알게 된 것은 오타루고상에서였을 것이라 추정된다. 그가 재학하던 시기 일본에는 서구의 혁신적인 사상이 들어와 많은 영향을 주고 있었다. 오타루고상은 그 이전부터 자유주의 사상이 유행했고, '상업학'과 '상업실천' 과목을 담당하던 다카마쓰 쓰토무(高松勤) 교수가 혁신 사상의 지도적 역할을 했을 것으로 보인다.[23] 또 경제학 관련 교사들의 대부분이 당시 유입되고 있던 맑스 경제학의 직간접적 영향 하에 있었고, 노동운동이 고조되던 사회 분위기와 맞물려 학생들 사이에서도 좌익 경향이 유행했다. 교사들이 모두 젊어서 발랄한 교풍이 만들어졌으며, 교육 내용은 전체적으로 상업실습이라기보다 사회사상연구에 가까웠다. 문학과 어학에 대한 편중

---

23) 倉田稔,『小林多喜二伝』(東京 : 論創社, 2003), 124쪽 참조.

적 경향도 존재했는데 예를 들면 도서관의 경우 경제학뿐만 아니라 근대 유럽 문학작품의 원서와 번역 및 당시 일본의 소설류가 거의 갖추어져 있었다.[24] 이러한 학내 분위기 속에서 자연스럽게 '앙리 바르뷔스'의 이름을 접했을 것으로 생각된다.

1926년 10월 9일의 일기에서 다키지는 바르뷔스의『지옥』을 읽고 감명을 받았으나, 오역 때문인지 잘 이해가 가지 않는다고 하고 그 부분을 열거하고 있다.[25] 또 10월 10일자 일기에는 다음과 같이 적고 있다.

바르뷔스의 것은『지옥』과『클라르테』밖에 읽지 않았다. 나는 이 두 명저를 반복하고 또 반복해서 읽음으로써 점점 그 예술적 기법과 그 리얼리스틱한 사상에 스스로가 계발됨을 느낀다. 기교는 일본의 단카 (短歌)처럼 견실하고 안정되어 있다. 사물에 대한 시각이 매우 객관적 이다. 세밀하고, 내가「쥬드와 알료샤」에도 썼듯이 그 태도가 스트린트 베르크와 같은 경우보다 한 단계 더 액티브한 면이 있어서 좋다고 생 각한다.[26] (텍스트 번역은 필자, 이하 같음)

다키지는 이와 같이 바르뷔스를 '반복하고 또 반복해서 읽'었다고 이야기 할 만큼 탐독했다. 다키지는 오타루고상에서 영어 외에 프랑스어를 제2외국어로 선택해 공부했고 외국인 교사의 지도하에 프랑스어 연극 활동에도 참가했다.[27] 그러나 원서를 줄줄 읽을 정도의 실력을 갖추지는 못했던 것으로 보인다. 다키지가 실제로 바르뷔스의 작품을 읽은 것은 주로 번역을 통해서였고 그 시기는 오타루고상 재학 때부터

---

24) 위의 책, 146쪽 참조.
25) 小林多喜二,『定本小林多喜二全集』第13卷(이하 '텍스트 제○권'으로 표기) (東京 : 新日本出版社, 1969), 46~47쪽 참조.
26) 텍스트 제13권, 54쪽.
27) 倉田稔, 앞의 책, 153, 230~231쪽 참조.

졸업 후 1926년 사이였던 것 같다.[28]

3. 고바야시 다키지와 '클라르테'의 정신

동인들이 모여서 잡지의 제목을 처음에는 『단층(斷層)』으로 정했다
가 좀 더 멋진 것이 없을까 고민하던 중 다키지가 당시에 자신이 읽고
있던 바르뷔스의 작품 제목을 떠올렸다고 한다.[29] 당시 다키지는 바르
뷔스에 매우 심취해 있었던 것으로 보이며 인간해방과 반전평화의 사
상적 감화가 그로 하여금 동인잡지 『클라르테』를 발간하게 했던 것이
다. 1924년 4월 창간되어 같은 해 7월과 9월에 제2집과 제3집을 내고
1925년 2월에 제4집을 간행했으나 1926년에 3월에 제5집을 냄으로써
종간되었다. 아마도 1925년에 공포된 치안유지법에 의한 탄압 가능성
과 경제적 곤궁이 이유였을 것이다.[30]

바르뷔스는 그의 소설 『클라르테』에서 인류의 역사는 황제와 지배
자가 민중에게 얼마나 가혹한 삶을 강요하는지를 고발하고 있다. 황제
가 강행하는 전쟁의 암흑과 같은 비참한 상황 속에서 이를 자각하게
된 사람들은 반전평화의 클라르테(빛)를 지향하게 된다. 그러기 위해서
는 평화의 이념과 인터내셔널리즘이 중요하며 그 이상이 곧 '진리'이
다. 소설의 마지막 부분에는 '진리로부터 눈을 떼지 말라'고 맺고 있다.
다키지는 이런 바르뷔스 사상의 실천적 태도에 크게 공감하여 '문학'
을 수단으로 사회의 '클라르테(빛·광명)'가 되고자 했다. 창간호의 속

---

28) 1926년 9월 15일의 일기에 "앞으로 앙리 바르뷔스의 세계적 명작 「클라르테」
　　를 읽으려 한다. 전에 읽었지만"이라고 적혀 있다(텍스트 13권, 35쪽).
29) 위의 책, 287쪽 참조.
30) 李修京, 「若くして死にたる多喜二と尹東柱」, 『今中国によみがえる小林多喜
　　二の文学 - 中国小林多喜二国際シンポジウム論文集』(東京 : 東銀座出版社,
　　2006), 193쪽.

표지에 이와 같은 바르뷔스의 말을 그대로 싣고 문학활동의 결의를 다졌다.[31)]

여기서 다키지가 바르뷔스의 소설 『클라르테』를 어떻게 받아들였는지를 좀 더 살펴볼 필요가 있다. 1926년 9월 26일과 10월 10일의 일기에 자신이 읽고 난 감상을 길게 적고 있다. 다음은 그 일부이다. 괄호 및 괄호 안의 내용은 모두 다키지의 원본을 그대로 옮긴 것이다.

9월 26일

『클라르테』의 전반부(307쪽까지 - 원문)를 읽었다. 점점 주인공의 사물을 보는 시각이 변화(필연적으로 - 원문)해가는 대목까지이다. (중략) 전쟁과 정의. 전쟁을 통해 큰돈을 버는 사람들. 이러한 여러 가지에 맞닥뜨리면서 주인공은 점점 당혹스러웠다. (중략) 이상으로 「클라르테」의 전반부는 끝났다. 평범한 월급쟁이로부터 동란이 일어나 잔혹한 전장에 끌려가고 전장에서 쓰러진다. 여기서부터 "필연적으로" 새로운 "반성이 시작되고" 새로운 자신을 발견하기에 이르는 프로세스이다. 위대한 소설이다.[32)]

10월 10일

『클라르테』 308쪽부터.

이 "나락의 밑바닥에서 나는 외쳤다"는, 마침내 눈을 뜨기 시작한 인간의 외침이다.

"단결이라는 것의 위력 및 모든 사람을 위한 도덕. 나는 서로 죽이고 있는 그들의 차이를 찾아보았다. 하지만 나는 그들과 닮았다는 점을 발견할 수 있을 뿐이다. 나는 이러한 인간의 유사성으로부터 달아날 수가 없다." 이 사상은 클라르테 1권의 주요한 사상적 흐름이다. 여기서부터 세계주의의 맹아가 존재하는 것이다. (중략) 평화로울 때에는

---

31) 위의 책, 192쪽 ; 松澤信祐, 앞의 책, 99쪽 참조.
32) 텍스트 제13권, 41쪽, 43~45쪽.

노동으로 고생하고, 전시에는 총알받이가 되어 죽고, 살아서 돌아가면 다시 노예. 그러나 "어쩔 수 없지 뭐"하는 것이 그들의 현재 상황이다. (중략) 우리들은 어릴 적부터 군인이라는 존재의 아름다움을 표현하고 들어왔다. 시인, 음악가들은 모두 그것을 찬양해왔다. 이에 작자는 반성 없는 부르주아 예술가들에게 일격을 가한다. 선전 삐라와 같이 전쟁은 사람들을 정신없게 만드는 알콜인 것이다. 모든 것이 제 정신이 아니다. (중략) 결국 이 세상은 전쟁 준비 때문에 모든 것이 없어져 버릴 것이다. 그리고 지구가 멸망하는 것은 과학상의 이유로부터가 아니라 이 전쟁이 가져다주는 '자살'에서 그 커다란 원인을 제공받을 것이다. 이 세상은 정복자와 피정복자밖에 없다.[33]

인용이 다소 길어졌지만 위의 일기는 많은 것을 시사한다. 1926년 당시의 다키지는 아직 '사회주의적 계급의식'에 철저한 상태는 아니었다. 그러나 바르뷔스의 소설 『클라르테』의 반복적인 읽기를 통해서 그는 제국주의 전쟁의 본질을 근원적으로 돌아보게 되었다. 전쟁은 단순히 국가나 민족 간의 이익을 다투는 분쟁이 아니라 자본가와 노동자, 권력자와 민중의 지배와 피지배 관계 속에서 구조적으로 파악되어야 하는 집단적 살인 행위라는 것을 깨닫게 되었다. 따라서 소설 『클라르테』는 다키지에게 있어서 하나의 계급적 자각의 과정을 부여한 중요한 계기였던 것이다.

---

33) 텍스트 제13권, 48~49쪽. 여기서 '자살'이란 바르뷔스가 전쟁을 일종의 '집단 자살'로 표현한 것을 그대로 받아들인 것으로 생각된다.

36

Ⅳ. 고바야시 다키지와 반전문학

1. 작품 『게공선』의 특징

고바야시 다키지는 실제 자신의 작품에서 반전사상을 어떻게 표현하고 있는가? 그의 작품 중 반전평화 사상과 직접적으로 관련된 작품으로는 『누마지리무라』와 『당 활동가』를 들 수 있다. 둘 다 만주사변 발발 이후 일본 제국주의의 중국침략이 노골화되던 1932년에 그 자신이 문자 그대로 '당 활동가'로서 지하활동을 하면서 집필한 작품이다. 『누마지리무라』는 실업자가 되어 도쿄로부터 고향인 홋카이도로 돌아온 두 청년의 대립을 축으로 만주사변 발발 전후의 농촌 현실을 그려내고 있다. 『당 활동가』는 도쿄 고한다(五反田)에 있는 방독면, 낙하산, 비행기의 선체 등을 제작하는 군수공장 구라다(倉田)공업사 노동자들의 임시공 해고철회투쟁을 지원하는 한 지하 활동가를 주인공으로 한 치열한 삶의 단면들을 그리고 있는 작품이다.

여기서는 다키지가 프롤레타리아문학 작가로서 활동을 하기 시작한 무렵에 발표한 그의 대표작 『게공선』을 분석함으로써 그의 반전의식을 간접적으로 살펴 보기로 한다. 그 이유는 『게공선』 자체가 일본 프롤레타리아문학을 대표하는 걸작으로 인정받고 있었고 가장 많은 독자를 확보하고 있었던 바 계급적 관점에서의 반전에 대한 인식이 어떠한 식으로든 투영되어 있을 것이기 때문이다. 또 집필 시의 다키지는 아직 당 활동가로서의 지하활동을 시작하기 전의 상황이었으며 이후 전개되는 정치적 노선 상의 편향이 상대적으로 덜한 상태였을 것이다. 그러므로 일본 프롤레타리아문학 전체 혹은 동아시아 사회주의 문학 전체를 대변할 수 있는 전쟁문학관 혹은 반전문학관을 추출해 내기에 적합한 작품으로 생각되는 것이다. 그렇다면 우선 『게공선』은 어떠한 작품인가?

다키지는 처녀작『1928 · 3 · 15』를,『전기』1928년 11월호와 12월호
에 실은 수개월 후, 같은 잡지의 1929년 5월호와 6월호에『게공선』을
게재했다. 집필 시기는 1928년 10월 28일부터 1929년 3월 30일까지로
추정된다. 구라하라 고레히토(藏原惟人, 1902~1991)의 지도이론이 집
필 동기로서 작용했고, 마에다코 히로이치로(前田河広一郎, 1888~
1957)의『삼등선객(三等船客)』(1921)과 하야마 요시키(葉山嘉樹, 1894
~1945)의『바다에 사는 사람들(海に生くる人々)』(1926) 등 선행 작품
의 영향이 보인다. 또, 세르게이 미하일로비치 에이젠슈타인(Сергей Ми
хайлович Эйзенштейн, 1898~1948)의 영화『전함 포춈킨(Броненосец «П
отёмкин»)』(1925)으로부터의 영향도 지적된다.

'게공선'이란 '게 어업의 모선'으로서 바다에 떠올라 있는 '이동식 게
통조림 공장'을 말한다. 이 작품은 1926년의 치치부마루(秩父丸) 조난
사건과 하쿠아이마루(博愛丸) 및 에이코마루(英光丸)에서 일어난 어부
·잡부 학대사건으로부터 소재를 취하고 있는데, 다키지 자신의 장기
간에 걸친 자료 수집과 면밀한 조사를 바탕으로 하고 있다. 후반부가
실린『전기』6월호는 발매금지가 되었으나,『게공선』은『1928 · 3 · 15』
이상의 반향을 얻었다.

『게공선』의 작중세계에는 북빙양의 원양 어업에서 막대한 이익을
올리고 있는 게공선을 무대로 노동자들이 극심한 혹사와 착취로부터
계급의식을 자각해가는 과정이 그려져 있다. 노동자들은 스스로의 생
명을 지키기 위해서 단결해 일어서지만 실패하고, 후일 결국은 성공하
여 다양한 노동층으로 파고 들어간다는 스토리이다. 작중세계의 공간
은 주로 홋카이도의 하코다테(函館)항과 핫코마루(博光丸=게공선) 선
상의 노동 현장과 노동자의 숙소이며, 시간적으로는 1926년 5월부터
10월까지이다.

38

　작품 전체는 10개의 장으로 구성되어 있고 거기에 부기(附記)가 덧붙여져 있다. 제1장에서는 각지로부터 온 노동자들이 출항을 기다린다. 제2장은 출항 직후 폭풍우 속에서의 괴로운 노동과 다른 게공선의 침몰을 그대로 방관하는 악랄한 '아사카와(淺川) 감독'이 그려지고 있다. 제3장은 감독의 잡부에 대한 가혹행위와 행방불명이 된 가와사키선(川崎舟, 근해 어업에 사용되던 어선)이 소련에 표착하여 적화 교육을 받고 온다는 이야기이다. 제4장은 터무니없는 노동조건 아래에서 괴로워하는 노동자들이 그들의 숙소 '똥통(糞壺)'에 모여 게공선 및 다른 노동 현장에서 사람으로서 견딜 수 없는 혹독한 가혹행위에 대해 서로 이야기한다.

　제5장에서는 그 사이의 가혹행위와 착취에 반발하는 노동자들의 사보타지, 제6장은 제국 군대의 구축함 이야기, 제7장은 가와사키선의 사고와 각기병에 걸린 어부의 죽음 및 장례식이 그려져 있다. 제8장에서는 사보타지를 통해 단결해 가는 노동자들, 제9장은 감독과의 긴장 관계 속에서 고양되어가는 노동자 의식을 다루고 있다. 제10장에서는 전면적인 스트라이크가 발생하여 폭동화의 조짐까지 보이는데, 감독과의 교섭은 결렬되고 구축함은 주도자를 체포함으로써 파업이 실패한다. 이것을 통해 노동자들은 '우리들에게는 우리들밖에 아군이 없다'는 것을 자각한다. 부기에서는 한번 더 일어난 파업이 성공하고 그 조직 경험에 근거해 노동자들은 이후에 각 노동 현장으로 잠입한다는 것을 후일담으로 전한다.

　이와 같이 제1장으로부터 제4장은 작품 전체의 배경적 상황 설명에 해당하며, 제5장으로부터 제7장은 노동자들의 불만이 서서히 행동화하는 과정, 제8장으로부터 끝까지는 작품의 핵심적 사건인 스트라이크를 취급하고 있다. 작품으로서의 『게공선』의 특징으로는 주인공 같은 개인은 존재하지 않는다는 사실이다. 실제로 가장 자주 등장하는 주어는

'모두(皆)' 혹은 '우리들(俺達)'로서 즉 노동자 집단을 가리키는 말이다. 개인은 전체의 움직임 속에서 그려지며 노동자 '집단' 전체가 곧 주인공에 해당된다. 작중 세계의 시점 또한 어느 특정 개인에게 설정되어 있지 않다. '집단의 눈'으로부터 '집단의 움직임'을 파악하고 있다는 것이 표현 형식에 있어서의 큰 특징이라 하겠다.

2. 『게공선』과 국가폭력에 대한 저항

게공선 위에서 노동자들이 스트라이크를 일으킨 직접적인 이유는 '아사카와 감독'의 가혹행위이다. 노동자들에게 있어서 그들이 받는 가혹행위는 생명에 대한 위협 그 자체였다. 몇몇 예를 들어보자.

① 감독은 잡부를 셔츠 한 장만 남기고 발가벗긴 후 두 개 중 한 쪽 변소에 쳐넣고 밖에서 자물쇠를 잠가버렸다. 처음에 모두는 변소에 가기를 싫어했다. 옆에서 울부짖는 소리를 도저히 듣고 있을 수 없었다. 이틀째 날은 그 목소리가 쉬어서 히이히이 하는 소리가 났다. 그리고는 그 목메인 소리가 뜸해졌다. 그 날 마지막 무렵에 일을 끝낸 어부가 걱정이 되어 곧장 변소가 있는 곳에 갔는데 문 안에서 두드리는 소리도 나지 않았다. 이쪽에서 신호를 보내도 반응이 없었다.--늦게서야 밑을 가리고 한 쪽 손을 기댄 채 휴지통에 머리를 박고 엎드려 쓰러져 있던 미야구치(宮口)가 나왔다. 입술 색이 파란 잉크를 칠해 놓은 것처럼 사색이 되어 있었다.[34]

② 감독은 실은 오늘 아침 본부로부터 10리 정도 떨어진 곳에 난파 당한 ××마루로부터 '돌풍' 경계보를 전해받았다. 그것은 만약 가와사키선이 나가 있으면 서둘러서 불러들이도록 하라고까지 덧붙인 내용이

---

34) 텍스트 제4권, 24~25쪽.

었다. 그 때 "그런 일에 일일이 좌우되어서야 이 캄차카까지 굳이 와서 일 같은 거 할 수 있나"ㅡㅡ그렇게 아사카와가 말했다는 사실이 무선계로부터 새어나갔다.

그것을 맨처음에 들은 어부는 무선계가 아사카와라도 되는 양 소리를 질렀다. "인간의 생명을 뭘로 보는 거야!"

"인간의 생명?"

"그래."

"헌데, 아사카와는 너희들을 첨부터 인간이라고 생각 안 해."

뭔가 말하려 한 어부는 말문이 막혀버렸다. 그는 얼굴이 시뻘겋게 되었다. 그리고 모두가 있는 곳으로 뛰어 들어온 것이다.[35]

③ 전부터 꼼짝없이 누워만 있던 각기병에 걸린 어부가 죽어버렸다. 스물 일곱 살이었다. 도쿄 닛포리(日暮里)의 직업소개소에서 온 사람으로 같이 온 동료가 열 명 가량 있었다.

(중략)

전날 밤 불경을 외웠던 어부에게 다시 불경을 외게 하고는 네 명 외에 서너 명이 거들어 마대자루에 시체를 넣었다. 마대자루는 새것도 많았지만 감독은 곧장 바다에 던져질텐데 새 걸 쓰는 건 사치라며 들질 않았다.[36]

①은 어린 잡부가 잠시 행방불명되었다가 붙잡혀 나와서 감독에게 실컷 얻어맞고 변소에 이틀 동안 갇혀 지낸 후 나온 장면이다. ②는 역시 감독이 돌풍 경계보로 나가 있는 어부들의 생명이 위험함에도 불구하고 가와사키선을 불러들이지 않고 계속 일을 시키고자 하는 내용이다. ③은 각기병을 앓던 한 어부가 죽은 후 그 시체를 처리하는 과정이다. 가혹행위와 인격모독, 생명경시 등이 위험한 작업과 함께 선상 노

35) 텍스트 제4권, 27쪽.
36) 텍스트 제4권, 65~67쪽.

동조건 속에서 이루어지는 모습을 생생하게 표현하고 있다.

이렇게 생명이 위협 받는 조건을 견디다 못해 노동자들은 일치단결하여 스트라이크를 일으키고 '아사카와 감독'에게 린치를 가한다. 노동자들이 승리감에 도취되어 있을 무렵 멀리서부터 제국 군대의 구축함이 나타난다. 사람들은 만세를 부르며 환영했다. 구축함은 일본 국민의 편이므로 자신들을 악랄한 감독으로부터 그리고 가혹한 노동 조건으로부터 구해줄 것으로 생각했던 것이다. 그러나 배 위에 빠른 동작으로 올라오는 것을 보니 해병들은 한결같이 착검을 하고 있었다. 그리고는 주동한 노동자들은 체포했고 스트라이크는 너무도 간단하게 끝나버렸다.

『게공선』은 초기 자본주의의 확장·침투 과정에서 자본가와 그 앞잡이가 얼마나 야만적인 방법으로 노동자를 착취했는지를 잘 보여주고 있는 소설이다. 그러나 서술의 초점은 자본가의 야만스러운 방법에 있는 것이라기보다 자본가의 행동에 대해 노동자는 어떻게 반응했는가에 있다.[37] 그렇다면『게공선』은 그들의 반응양식을 통해 무엇을 이야기하려 하는 것인가? 이에 대한 해답은 다음에 인용된 부분에서 찾을 수 있다.『게공선』의 마지막에 가까운 부분이다.

"우리들에게는 우리들밖에 아군이 없는거야. 이제야 알았어."
"제국 군함? 굉장한 건 줄 알았는데 부자들의 앞잡이 아냐. 국민의 편? 웃기고 있네, 엿이나 먹어라!"
(중략)
연례적으로 어기가 끝나갈 무렵에 게 통조림 '헌상품'을 만들게 되어 있었다. 하지만 '불경스럽게도' 언제나 따로 목욕제계하고 만들 수도

---

37) 김채수,『일본 사회주의운동과 사회주의문학』(서울 : 고려대학교출판부, 1997), 296~297쪽 참조.

없었다.

　(중략)……하지만 이번은 좀 달랐다.

　"우리들의 진짜 피와 살을 짜내서 만드는 거야. 홍, 꽤나 맛 있겠지,
먹고나서 복통이라도 안 일으키면 다행이지."

　모두들 그런 기분으로 만들었다.

　"돌멩이라도 넣어둬! 알게 뭐야!"38)

　이 부분은 출판 당시 검열을 통해 심한 복자(伏字)로 처리되었던 부
분이다. 특히 천황에게 올리는 헌상품 게 통조림에 '돌멩이라도 넣어
둬' 하는 대목은 전전의 일본에서는 도저히 있을 수 없는 위험하고도
도발적인 대화이다. 그와 동시에 소설『게공선』의 백미가 바로 이 부
분이기도 하다.

　『게공선』의 주인공인 노동자 집단이 저항의 과정을 통해 얻은 것은
그들이 싸워야 할 적의 정체는 무엇인가? 또 그들 스스로는 무엇인가?
하는 점을 자각했다는 것이다. 그들의 적은 '아사카와 감독'과 같은 앞
잡이가 아니고 그 배후에 있는 독점자본가라는 것이다. 독점자본가는
금력으로 제국 군대를 조종하고 정치가와 결탁하여 자본의 축적을 위
해 전쟁도 불사하는 존재들이다. 그래서 노동자들의 아군은 노동자들
자신이라는 것과 적과 싸우기 위해서는 스스로 단결하는 방법밖에 없
다는 것이다.39)

　독점자본가와 제국 군대 및 권력가・정치가들의 정점에 천황이 있
었다. 노동자와 민중의 생명을 위협하는 국가와 국가권력의 상하 구조
와 먹이사슬 구조를 제대로 파악한 것이다. 끝으로 작자는 유명한 맨
마지막 부분에서 "이 한 편은, '식민지에 있어서 자본주의 침략사'의 1

---

38) 텍스트 제4권, 86~87쪽.
39) 위의 책, 297쪽 참조.

페이지이다”라고 쓰고 있다. 홋카이도는 일본 내부의 식민지였고 게공선을 비롯한 북빙양 어업과 노동자들에 대한 착취가 바로 식민지 개척의 역사였다는 것이다. 『게공선』은 다름 아닌 국가폭력에의 반항이었다. 그러한 점에서 가혹한 노동과 생명에의 위협이라는 일상적 전쟁에의 고발이며 문제제기였다고 볼 수 있을 것이다.

3. 『전쟁과 문학』의 반전문학론

고바야시 다키지는 반전과 반전문학 자체에 관해 어떠한 생각을 갖고 있었는가? 그는 1932년 3월 8일부터 10일에 걸쳐서 『도쿄 아사히신문(東京朝日新聞)』에 『전쟁과 문학』이라는 평론을 연재한다. 이 글은 당시의 ‘반전문학’에 관한 그의 생각을 담은 것이다. 이때는 이미 대표적인 일본 프롤레타리아문학의 작가로서 그리고 일본공산당원으로서의 지하활동을 활발히 전개하고 있을 무렵이었다. 따라서 동인잡지 『클라르테』 발간 당시나 1926년의 시점과는 비교할 수 없을 정도로 계급의식 면에서 투철한 점이 엿보인다. 그만큼 편향성이 짙다고도 할 수 있다. 그러나 여기에 드러난 ‘작가는 전쟁을 어떻게 그려가야 할 것인가’ 등의 물음은 바로 일본 프롤레타리아문학의 반전 의식을 그대로 투영한 것이라고 보아도 무방할 것이다.

글 자체는 크게 소제목이 달린 세 부분으로 나뉘어져 있다. ‘1. 레마르크의 반동성 2. 전쟁에 대한 이해 3. 남은 문제에 관하여’가 그것이다. 여기서 다키지는 부르주아들이 그 비참함만을 이유로 전쟁에 반대하는 것에 대해 통렬한 비판을 가한다. 그는 이러한 인도주의적 입장은 안이하고 몽상주의적인 평화론일 뿐만 아니라 지배자의 ‘정책을 교묘하게 합리화’하는 것임을 분명히 했다. 그 하나의 예를 들고 있는데 그것이 에리히 마리아 레마르크(Erich Maria Remarque, 1898~1970, 이하

44

'레마르크'만으로도 표기)의 『서부전선 이상 없다(*Im Westen nichts Neues*)』
(1929)이다.

> 인도주의자 등은 우선 무엇보다도 이 전쟁의 본질에 대해서는 눈을
> 감고 거기서 단지 전율과 잔인함과 빈곤과 고뇌를 추출해서 전쟁일반
> 에 대해 반대한다.……따라서 그것은 프롤레타리아가 무기를 들고 일
> 어설 때에 필연적으로 반동적 역할을 수행하며……그 일련의 비전론
> (非戰論)은 거꾸로 부르주아지의 정책을 교묘하게 합리화하는 것일 뿐
> 이다.40)

다키지는 레마르크가 '전쟁 문제의 본질을 인간의 성격이나 생활에
미치는 참을 수 없는 잔학함의 문제로 치환'시키고 단지 '전쟁으로부터
받은 인간성에 대한 타격'에만 주목하는 것으로 보았다. 그래서 그것은
마치 '전쟁 그 자체에만 책임이 있는 것처럼' 호도하여 '프롤레타리아
를 속이는' 것이며 독일의 부르주아지에게 있어서 이 이상 입맛에 맞
는 방어막의 논리가 없다는 점을 지적한다.

레마르크처럼 전쟁문학이 사회의 경제적·정치적=계급적 생활로부
터 동떨어진 '전장의 묘사'로만 일관하고 있는 경우와는 대조적으로 아
담 샤러(Adam Scharrer, 1889~1948)의 『조국이 없는 동무들(*Vaterlandslose
Gesellen-das erste Kriegsbuch eines Arbeiters*)』(1929)을 대안으로 제시한다. 이 작
품은 주인공이 노동자인 만큼 일상생활(공장에서의 생활)과 밀접하게 결
합되어 그려지고 있는 점을 그 이유로 든다. 실제 노동자인 작자는 레마
르크가 간과한 세계전쟁의 본질을 명확하게 간파하고 있다는 것이다. 그
이유를 대략적으로 정리하면 다음과 같다.

다키지는 레닌을 인용하며 "전쟁은 자본주의의 불가피한 한 단계이

---

40) 텍스트 제10권, 173~174쪽.

고 평화와 마찬가지로 자본주의적 존재의 정상적인 한 형태인바, 전쟁은 다만 다른 (실제로는 폭력적인) 수단에 의한 정책의 연속에 다름 아니다"고 전제하고 노동자의 일상생활에 기반을 둔 올바른 인식을 강조했다. 즉 전쟁의 본질이 진보적인 것인지 반동적인 것인지는 오로지 노동자의 관점에서만 판별 가능하다는 것이다. 물론 전쟁은 국민적 불행이지만 어떤 전쟁이든 역사적 의미로부터 떨어뜨려서 관찰할 수 없다는 점도 덧붙였다. 전쟁은 희생자의 수에 의해서가 아니라 정치적 결과에 따라서, 그리고 전쟁으로 쓰러져 고통 받는 개인의 이해관계가 아니라 고양된 계급의 이해관계에서 보아야만 한다는 것이다. "만약 어떤 전쟁이 프롤레타리아의 계급적 이해(발달과 해방)에 있어서 진보적인 것이라면 우리는 그 전쟁의 선두에 서야 한다"고까지 말하며 전쟁 일반을 부정하는 소부르주아의 인도주의적 오류에 빠지지 말 것을 작가들에게 주문했다.[41]

그렇다고 해서 전쟁이 갖고 있는 전율과 비참함과 잔학성을 그려서는 안 된다는 것이 아님도 강조했다. 그러되 제대로 된 '반전작품'[42]이 되기 위해서는 프롤레타리아 계급의 고양된 관점이 필요하다는 것이었다. 그래서 미하일 알렉산드로비치 숄로호프(Михаил Александрович Шолохов, 1905~1984)의 『고요한 돈강(Тихий Дон)』(1928~1940)[43]의 경우 전쟁터의 조직적 집단적 반전 활동이 매우 생생하게 그려져 있다는 점을 든다. 그리고 이들 제국주의 전쟁이 어떠한 경로를 거쳐 프롤레타

---

41) 텍스트 제10권, 175~176쪽 참조.
42) 다키지는 여기서 '비전'과 '반전'을 구별하여 사용한다. '비전'은 부르주아적 인도주의 입장에서의 전쟁반대의 경우에, '반전'은 프롤레타리아의 사회주의적 계급혁명의 관점에서 실천해 가는 전쟁반대의 경우로 나누고 있다.
43) 이 당시 『고요한 돈강』 전편이 모두 출간되지도 않은 상황이었고 '~생생히 그려져 있다고 한다'는 전문(傳聞)의 형태로 기술되어 있어서 다키지 자신이 직접 읽지는 않은 것으로 보인다.

46

리아 혁명전쟁으로 전환되는지를 잘 보여주는 진정한 반전문학 작품
으로 설명하고 있다.[44]

이렇게 볼 때 이 당시의 다키지는 반전사상과 반전운동 및 반전문학
에 대해 어디까지나 계급적 관점에서 접근하고 있음을 알 수 있다. 전
쟁의 참상을 강조하는 레마르크의 작품과 같은 것은 소부르주아의 인
도주의적 입장으로 쓰여져 제국주의 전쟁의 본질을 호도하는 것으로
보았으며 자신의 입장과는 다르다는 것으로 확실한 선을 긋고 있다.

이상과 같이 다키지는 바르뷔스의 영향을 받아 전쟁의 본질을 구조
적으로 파악하는 관점을 얻었으며, 소설 게공선을 통해 인간의 생명보
다 돈을 중시하는 계급 사회의 처참한 모습을 구체적으로 표현했다.
그 이후 본격적인 공산당 활동을 거쳐 프롤레타리아의 계급적 관점에
서 전쟁과 전쟁문학을 사고했다. 그에게 있어서 반전은 노동자 계급과
같은 사회적 약자들이 전쟁 상황이나 가혹한 노동 속에서 자신들의 생
명을 유지하기 위한 최소한의 노력이었다. 또 반전문학은 이러한 상황
을 계급적 관점에서 그릴 때만이 전쟁을 일으키는 지배 구조의 핵심을
그려낼 수 있다고 생각했던 것이다.

V. 맺음말

근대 이후의 반전 및 반전운동, 그리고 반전문학은 유럽에서 시작되
어 동아시아로 파급되었다. 유럽과 동아시아의 사회주의자들을 비롯한
많은 반전운동가들이 파악한 전쟁의 본질은 국가의 이름으로 행해지
는 무자비한 폭력의 구조가 낳은 생명 파괴의 행위에 다름아니라는 것
이다. 그렇기 때문에 인간은 전쟁을 반대하고 전쟁을 수행하고자 하는

---

44) 텍스트 제10권, 177~178쪽 참조.

모든 세력에 대해 반기를 들 수밖에 없는 것이다.

19세기 말 20세기 초에 서세동점 즉 구미 열강에 의한 동아시아의 침탈이 이루어짐으로써 동아시아가 그들로부터 받아들인 것은 크게 세 가지이다. 하나는 근대국가의 체제이고 또 하나는 자본주의, 그리고 나머지 하나는 사회진화론이다. 각각 정치·경제·문화의 각 분야에서 오늘날 우리 동아시아인들의 삶의 양식을 지배하는 원리이자 시스템이 되었다. 그러나 또 한 가지가 더 있다면 그것은 이러한 지배원리를 반성하는 반(反)지배의 논리로서 반근대, 반국가, 반전의 사상이다. 사실 이러한 반지배의 사상은 제국주의 국가 내부에서 자생적으로 배태되었다.

그런데 적어도 반전 및 반전 사상과 운동은 앞으로 동아시아 지역이 선도해 갈 수밖에 없을 것이다. 그것은 동아시아야말로 근대적 지배원리와 여기서 비롯된 20세기 전쟁의 가장 큰 피해자였기 때문이다. 근대화에 일찍 눈떠 제국주의를 모방하고 실행했던 일본은 일본대로, 식민지 내지 반식민지 상태에서 물질적 고통과 정신적 굴종을 겪었던 중국과 한국은 이들대로 사실은 모두가 피해자였다. 동아시아의 모든 나라가 지난 세기에 처참한 전쟁을 겪었다. 세계에서 유일하게 핵전쟁의 피해를 직접적으로 받은 곳도 동아시아이다. 지금도 핵전쟁의 위협에서 자유롭지 못하다.

이 책은 이러한 현실을 극복할 실천적 대안을 모색하기 위한 시도의 일환이다. 미래에 대한 적절한 대안은 과거로부터 나온다. 인류가 스스로를 재앙에 빠뜨리지 않기 위해 20세기의 역사에서 배우자는 것이다. 우리는 우리와 후손들이 자유롭고 평화롭게 살아갈 공존과 공영의 미래를 위해 더 많은 고민을 해야 할 것이다. 이 책이 21세기를 살아갈 인류를 위해 지구촌의 구성원 모두가 받아들일 수 있는 새로운 반전평화 이론을 구성할 학술적 바탕이 된다면 더 이상 바랄 것이 없겠다.

참고문헌

1. 자료
小林多喜二,『定本小林多喜二全集』全15卷(東京 : 新日本出版社, 1968~69).

2. 연구서
金采洙,『影響과 內發』(서울 : 태진출판사, 1994).
김채수,『일본 사회주의운동과 사회주의문학』(서울 : 고려대학교출판부, 1997).
버나드 로 몽고메리, 승영조 역,『전쟁의 역사』(서울 : 책세상, 2004).
제프 일리,『THE LEFT 1848~2000 미완의 기획, 유럽 좌파의 역사』(서울 : 뿌리와 이파리, 2008).
카알 폰 클라우제비츠, 김만수 역,『전쟁론』제1권(서울 : 갈무리, 2005).
加藤陽子,『戰爭の論理』(東京 : 勁草書房, 2005).
ドナルド・キン, 德岡孝夫 訳,『日本文学の歴史12』(東京 : 中央公論社, 1996).
木畑洋一,『20世紀の戦争とは何であったか』講座 戦争と現代2(東京 : 大月書店, 2004).
小熊英二,『日本という国』(東京 : 理論社, 2006).
昭和史研究会,『昭和史事典』(東京 : 講談社, 1984).
松澤信祐,『小林多喜二の文学』(東京 : 光陽出版社, 2003).
遠山茂樹 외,『昭和史』(東京 : 岩波書店, 1959).
倉田稔,『小林多喜二伝』(東京 : 論創社, 2003).
樺山紘一 외 편,『世界全史』(東京 : 講談社, 1994).

3. 연구논문
朴眞秀,「いま『蟹工船』を韓国で読む-グローバリゼーションを超えて」, 白樺文学館多喜二ライブラリー編,『生誕100年記念小林多喜二国際シンポジウムPartⅡ報告集』(東京 : 東銀座出版社, 2004).
李修京,「若くして死にたる多喜二と尹東柱」,『今中国によみがえる小林多喜二の文学-中国小林多喜二国際シンポジウム論文集』(東京 : 東銀座出版社, 2006).

제1부

사상과제로서의 반전

신채호와 바진(巴金)의 아나키즘과 반전사상[*]

박 난 영

I. 머리말

　동아시아의 20세기는 국민국가 건설의 시대였고 국민국가의 건설은 전쟁과 밀접한 관련을 갖는다. 일본이 서구 자본주의 열강의 침략이라는 위기에 직면하여 중국과 한국 등 주변국에 대한 침략전쟁과 지배라는 수단을 통해 국민국가를 건설하고 확장하려 했다면, 중국과 한국은 그러한 일본의 침략에 대한 저항 전쟁을 치루는 과정에서 국민국가를 탄생시켰다. 국민국가의 이데올로기인 민족주의도 이와 동일한 맥락에서 이해될 수 있다. 즉 일본의 민족주의가 서구 제국주의가 가해온 압박을 계기로 성장한 것처럼 일본의 침략행위는 중국과 한국 등과 같은 주변국들의 민족주의를 불러일으켰던 것이다.

　근대에 이르러 국가의 권력이 어느 시기보다도 강대해짐에 따라 모든 권력에 저항하며 세계의 모든 인간이 자유롭고 평등하게 살아가는 세상의 건설을 꿈꾸는 아나키즘은 한중일 동아시아 삼국의 지식인들에게 새로운 사회 건설을 위한 매력적인 이데올로기로 수용된다. 본고에서는 아나키즘이 20세기 전반 식민지 혹은 반식민지 상태였던 한국

---

　* 이 논문은 『中國現代文學』 第38號(2006. 9.)에 발표한 것으로 단행본 체제에 맞추어 일부를 수정한 것이다.

과 중국의 대표적인 지식인이라 할 신채호와 바진(巴金)에게 수용되는
과정에서 당시의 시대적 흐름인 민족주의와 맞물리며 어떠한 양상으
로 표출되는지를 살펴보겠다. 신채호는 1880년생, 바진은 1904년생이
기에 출생시기로 보면 이들은 거의 한 세대의 차이가 난다. 그럼에도
불구하고 이들이 아나키즘을 수용한 시기가 1920년 무렵이고, 1910년
조선의 멸망 이후 중국에서 머물며 독립운동의 방략을 모색한 신채호
가 교류한 아나키스트들과 바진이 교류한 아나키스트의 사상과 행적
이 상당 부분 겹쳐지기 때문이다.

　바진은 1919년 15세라는 나이에 크로포트킨의 「소년에게 고함」을
읽고 모든 사람이 자유롭고 평등하게 살아가는 이상세계의 건설을 인
생 목표로 삼게 되고 이후 전 세계 아나키스트들과의 교류를 통해 이
상의 실현을 꿈꾸는 반면, 신채호는 40세라는 장년의 나이인 1920년대
초 아나키즘을 수용한 이후 동방무정부의자 연맹사건으로 체포되어
복역 중 생을 마감한다. 본고에서는 아나키즘의 어떠한 매력이 이들을
그렇게 강하게 흡입시켰는지를 살펴보고 아울러 그들이 당시 아나키
즘에 대해 품고 있었던 공통적 사상과 더불어 그 차별성을 식별해 보
고자 한다.

　신채호는 한민족의 독립이라는 절대 절명의 과제 앞에서 아나키즘
을 실천의 한 방략으로서 간주했음에 비해, 바진은 세계의 아나키즘
이론을 중국에 소개하고 아나키즘 이상의 실현 방법에 더욱 관심을 기
울였기 때문에 신채호는 아나키즘과 민족주의의 관계에, 바진은 아나
키즘 이론과 작품에 나타난 국제주의 방면에 중점을 두어 살펴보겠다.

　신채호의 경우에는 「조선혁명선언」, 「동방무정부주의 연맹선언」,
「낭객의 신년만필」 등의 논설과 「용과 용의 대격전」 등의 단편소설을
중심 분석대상으로 삼고자 한다. 바진의 경우에는 1920년대에서 30년
대까지 발표된 아나키즘에 관련된 글과 중일전쟁을 다룬 항전삼부작

소설『불[火]』등이 주요 분석대상이다.

Ⅱ. 아나키즘의 수용과 활동

1. 신채호

1) 아나키즘의 수용

신채호[1]는 충청도의 가난한 선비 집안에서 태어나 어릴 때부터 한학을 공부했다. 청년이 되어 성균관에 들어간 그는 1905년에 박사가 되었고, 자강론자의 입장에서『황성신문』과『대한매일신보』를 중심으로 구국운동을 벌였다. 그러나 1910년 결국 조선이 멸망하자, 중국과 러시아를 떠돌며 한인 독립운동에 참여했다. 1915년에는 베이징에서 신규식과 신한청년회를 만들고 박은식, 문일평 등과 함께 박달학원을 설립하기도 했다. 널리 알려진 바와 같이 이 시기의 신채호는 애국계몽운동을 통해 국권회복을 추구했다. 그의 애국계몽운동은 민중 계몽을 통해 부강한 독립 국가를 건설하는 것으로, 이런 민족주의는 유럽의 근대적인 정치체제를 지향하는 것이기도 했다.

먼저 신채호가 아나키즘을 수용하게 되는 사회적 배경을 살펴보자. 민중운동으로서 3·1운동이 일어나기 전까지 신채호는 민중을 계몽의 대상으로 생각했다. 그는 시민적 민족주의자의 시기에 국민주권론에 입각한 입헌공화국의 건설을 이상으로 하여 국민이 나라와 권력의

---

1) 신일철은 신채호의 생애를 1) 언론활동기(1905~1910), 2) 해외망명 민족운동 및 한국고대사 연구기(1910~1925), 3) 1925년 이후의 무정부주의 사상기로 구분하고 있다(신일철,『신채호의 역사사상연구』(서울 : 고려대 출판부, 1980), 59쪽). 그러나, 이호룡은 신채호의 아나키즘 수용 시기를 1920년 이전, 3·1운동 이후로 삼고 있다.

주인이라는 사상을 갖고는 있었으나 국민은 아직 계몽되지 않아서 더욱 계발되어야 할 대상으로 생각했다. 이는 당시 독립운동가들이 공통으로 가지고 있던 생각이기도 하다.

1910년 한일합방 이후 한국의 독립운동은 좌절 속에서 허덕이고 있었으며, 소기의 성과를 거두지 못했다. 이러한 상황에서 일어난 3·1운동의 폭발은 민족 내부의 파괴할 수 없는 거대한 독립역량을 확고히 정립하고 비약시켜 내외에 독립의 쟁취를 스스로 보장하였다. 신채호는 어떤 독립운동가 집단도 해내지 못한 일을 민중이 자발적으로 직접 봉기하여 대규모의 독립운동을 전개한 것을 보고 민중의 커다란 힘을 절실히 깨달았다. 그는 민중운동으로서의 3·1운동에 충격을 받고 이 운동의 본질이 민중직접봉기임을 발견함으로써 민중직접혁명을 주장하는 아나키즘 사상에 기울어질 경험적 소인(素因)을 갖게 되었다고 할 수 있다.

또한 3·1운동 직후 상하이(上海)에서 잡지『신대한』을 창간하여 이승만의 위임통치안 제출 사실, 독립운동 방략으로서의 외교론, 임시정부의 독립운동 노선의 불철저한 전투성 등을 격렬히 비판하고 공격했다. 당시 독립군의 독립전쟁을 최고의 독립운동 방략으로 생각했던 신채호는 군사 통일에 많은 노력을 기울였으나 이는 실패로 끝나게 된다.[2]

---

2) 이외에도 독립전쟁 전략에 회의를 갖게 하는 두 가지 사건이 발생한다. 첫째, 1921년 6월에 일어난 흑하사변의 발생이다. 1920년 청산리 전투 이후 다수의 독립군 부대들은 자발적으로 통합하여 대한독립군단을 조직하고 소만 국경 부근에 있는 자유시 이만에 들어가서 소비에트 적군과 상호원조협정을 맺게 된다. 그러나 갑자기 무장해제하라는 소련군의 통보를 받고 이에 불응하자 소련군과 충돌하게 된다. 이에 소련군은 독립군을 이중으로 포위하고 유리한 지형을 선점하여 각종 대포로 공격해왔으므로 이 전투에서 독립군은 막대한 희생을 내고 무장해제 당한다. 이 사건으로 독립군의 역량은 큰 타격을 입게

1923년 1월 70여 독립운동 단체의 124명 대표들이 상하이에 모여 역사적인 국민대표회의가 개최되었다. 이 회의에서 대표들은 대통령 불신임안을 가결시키고 상하이 임시정부를 인정하고 개조할 것인가, 완전히 부정하고 노령에 새 임시정부를 창조할 것인가로 대립하게 된다. 창조파는 단독으로 새 행정부를 조직하여 김규식을 정부수반으로 선출했다. 이에 분개한 개조파는 창조파의 새 임시정부를 격렬하게 규탄하여 국민대표회의는 완전히 분열되고 만다.

국민대표회의에서 무장투쟁을 방침으로 한 강력한 새 임시정부가 창조되어 독립군 단체의 군사활동의 통일을 열망했던 신채호는 크게 낙담한다. 게다가 국민대표회의에서 고려공산당이 상하이파와 이르쿠츠크파로 분열되어, 상하이파는 창조파를 주도하고 이르쿠츠크파는 개조파를 주도하면서 독립운동전선을 분열로 이끄는 것을 보고 더욱 실망하였다. 거기에다 소련군의 독립군 학살과 소련 정부가 창조파의 새 임시정부 활동을 불인정한 조치에도 불구하고, 소련의 국제공산당 지시에 따라 움직이는 공산주의자들의 독립운동을 보고 이를 사대주의적인 것이라 비판한다. 이처럼 민족주의 독립운동 노선과 공산주의 독립운동 노선 모두에 크게 실망한 신채호는 결국 제3의 독립운동 노선으로서 무정부주의 독립운동 노선에 관심을 갖게 된다.

사상적 측면에서 보면, 구한말부터 아나키즘을 포함한 사회주의에

된다. 둘째, 1925년 체결된 일제와 만주군벌사이의 소위 미쓰야(三矢) 협정의 결과이다. 만주 펑톈(奉天)에 파견된 조선총독부 경무부장 미쓰야가 펑톈성 경무부장과 맺은 이 협정은 중일 양국이 합동으로 한국인의 독립운동을 방지하도록 하고 중국 관헌이 한국인 독립운동자들을 체포하여 일본 관헌에게 인도한다는 것이었다. 이는 일제의 압력에 만주군벌이 굴복하여 맺은 협정으로 그 결과 종래 위법이 아니었던 한국인의 독립운동이 이제 만주에서도 위법이 되어버려 다수의 독립운동자들이 체포되었다(신용하,『신채호의 사회사상연구』(서울 : 한길사, 1984), 276~277쪽).

접하게 된 신채호는 러시아 혁명 이후 대동사상과 결합된 사회개조, 세계개조론을 제창하였고, 3·1운동 이후 대동사상의 사상적 기반 위에서 민중의 사상임을 표방하던 아나키즘을 자신의 사상으로 받아들인 것으로 보인다.[3]

　1920년대 이전 신채호의 민족주의 사상에는 제국주의와 민족주의를 대립관계로 인식하며, 제국주의자의 침략에 대항해 민족주의자의 저항을 정당화하는 논리가 어느 정도 마련되어 있었다.[4] 이러한 그의 민족주의가 아나키즘에 쉽게 다가가도록 만든 한 가지 계기가 된 듯하다. 신채호가 자강에서 혁명으로 전화한 것은 민족에서 민중의 존재를 발견하는 과정과 어우러진 것이었다.

　신채호는 3·1운동의 결과 상하이에 임시정부가 수립되자 여기에 참여했다. 그는 임정에서 개량적인 민족주의 노선에 만족하지 못하고 무력항쟁을 주장하는 과격파의 일원이 되었다. 당시 그는 이승만과 안창호가 주장한 외교론이나 준비론과 같은 온건노선을 비판하고 임시정부의 전면개조를 주장했지만 새로운 이론적 대안을 제시하지 못하고 사상적으로 방황하고 있었다. 여기서 사상의 방황이란 그의 자강론에 내재된 자기모순을 의미한다. 즉 생존경쟁과 약육강식의 국제사회에서 강자만이 살아남고 약자는 도태된다는 자강론의 발상은 조선의 부강을 위해 민중의 자각을 요구하는 데 유용하지만, 다른 한편으로는 강자인 일본이 약자인 조선을 지배하는 것을 정당화하는 논리이기도 했다. 이런 자강론의 모순을 넘어서는 데 아나키즘은 매우 매력적인

---

　3) 이호룡, 『한국인의 아나키즘 수용과 전개』(서울대 국사학과 박사학위논문, 2000), 177쪽.

　4) 신채호, 「帝國主義와 民族主義」(『大韓每日申報』 1909. 5., 28), 『단재신채호전집』 하권(서울 : 형설출판사, 1975), 108쪽. 단재는 영토와 국경을 확장하는 주의를 제국주의, 타민족의 간섭을 받지 않는 주의를 민족주의라 규정했다.

대안을 제시한 듯하다. 아나키즘의 반강권 논리는 종족주의의 틀을 넘어서 약소민족의 국제연대를 통해 반제국주의를 주장한다는 점에서 자강론보다 더욱 매력적이었다.

신채호의 아나키즘 수용에 관한 사상적 배경에 대해 신용하는 "민족주의와 제국주의를 사회진화론에 의거해 모두 하나의 경쟁의 원리로서 해석한 것은 그의 제국주의에 대한 이론적 비판능력에 대해 근본적인 한계를 설정하는 것이었다. 왜냐하면 제국주의를 국제간의 민족경쟁에서 적자, 강자, 우자, 승자로 보는 것은 우승열패 약육강식의 사회진화론의 원리에 의거할 때에는 강권을 묵시적으로 인정하게 되며 또한 제국주의와의 외경에서 패배한 민족의 도태를 공례로서 묵시적으로 인정하게 되는 요소를 내포하고 있기 때문이다"5)라고 설명한다. 따라서 신용하는 신채호가 아나키즘의 상호부조론을 수용하여 사회진화의 원동력은 경쟁이 아니라 상호부조라고 설명함으로써 민족주의의 내부 모순을 극복하고 강권주의와 제국주의를 철저하게 비판할 수 있었다고 본다.

이와는 달리 김성국은 자강론적 사회진화론과 아나키즘적 상호부조론의 대립관계에 의문을 제기한다. 그는 신채호가 시민적 자강적 민족주의로부터 저항적 혁명적 민족주의를 거쳐 아나키즘에 이른 것은 사회진화론에 입각한 민족주의론의 내부 모순을 해결하기 위한 것이라기보다는 정규적인 무장독립투쟁의 출구가 봉쇄되던 당대의 현실적 조건의 변화에 대응하는 사회진화론과 민족주의의 자기성숙과정이라고 판단한다.6) 즉 식민지 지배체제가 강화되면서 봉건적 사회 내부의 위기에 대응하는 시민적 민족주의보다는 제국주의의 침략에 따른 외

5) 신용하, 『신채호의 사회사상연구』, 286쪽.
6) 김성국, 「아나키스트 신채호의 시론적 재인식」, 자유사회운동연구회, 『아나키즘 연구』 창간호(1995. 7), 44~45쪽.

부적 위기에 대응하기 위한 저항적 민족주의의 색채가 강화되는데, 그
과정에서 아나키즘을 수용했다는 것이다. 그는 신채호가 민족주의를
포기한 것이 아니라 더욱 적극적으로 발전시켰다고 본다.

　3·1운동 과정에서 민중의 폭발적인 힘이 드러나자, 신채호는 민중
을 민족해방운동의 주체로 인식하고, 당시 민중해방을 표방하던 아나
키즘을 자신의 사상으로 수용하게 된 것이다. 신채호의 아나키즘 수용
은 암살활동을 주요 수단으로 삼는 민족해방운동 방법론과 대동사상
(大同思想)의 사상적 기반 위에서 이루어졌는데, 상호부조론이 사회진
화론의 생존경쟁론을 극복하는 데 가장 적합한 논리였다는 점이 크게
작용한 것으로 보인다.

2) 아나키즘 활동

　신채호는 중국 아나키스트들과 교류하면서 크로포트킨, 고토쿠 슈스
이(幸德秋水), 류스푸(劉師復)의 저작을 두루 섭렵한다. 특히 크로포트
킨의 「청년에게 고함」, 고토쿠 슈스이의 「기독말살론」, 중국의 『신스
지(新世紀)』나 『민성(民聲)』의 여러 논설들은 그에게 깊은 인상을 남겼
다. 그러던 중 1922년 겨울 의열단 단원이자 아나키스트인 유자명[7])에

---

7) 유자명(유흥식, 1894~1985)은 충북 음성인으로서 수원농림학교에서 수학하고
　3·1운동에 참가한 후 바로 북경으로 망명하여 주로 북경대학의 우즈휘(吳稚
　暉), 리스쩡(李石曾) 등의 영향을 받고, 아나키스트가 되었다. 그는 3·1운동
　직후에는 상하이 임시정부 수립에 참가했으며 그 후 의열단의 독립운동에 동
　조하여 1921년 의열단에 가입하고, 의열단의 가장 탁월한 이론가로서 활동하
　고 있었다. "당시 조선에서는 공산주의 단체가 조직되고 상하이에서도 현정
　근, 윤자영, 조덕진 등이 공산주의단체를 조직하여 의열단의 폭력운동에 대해
　비판하는 글을 발표했다. 이러한 상황에서 의열단은 자신의 주장을 발표할
　필요를 느껴 베이핑(北平)에 있는 신채호 선생을 상하이에 청하여 의열단의
　항일선언문인 「조선혁명선언」을 작성케 했다"고 유자명은 이 선언문의 집필
　과정을 설명한다(유자명, 『나의 회억』, 요령인민출판사, 76~77쪽).

게서 의열단 단장 김원봉을 소개받고 그의 요청에 따라 다음 해 1월
「조선혁명선언」을 발표하게 된다. 이 선언문은 일본 제국주의에 대항
하는 선언문 가운데 가장 과격하고 급진적인 것으로, 그 핵심은 일제
의 현 체제를 파괴하고 조선의 새 체제를 건설하자는 것이다. 이를 요
약하면 다음과 같다.

  1) 이족 통치를 파괴해 고유적 조선을 건설한다.
  2) 특권계급을 파괴해 자유적 조선 민중을 건설한다.
  3) 경제적 약탈제도를 파괴해 민중적 경제제도를 건설한다.
  4) 사회적 불균형을 파괴해 민중전체의 행복을 위한 제도를 건설한다.
  5) 노예적 문화사상을 파괴해 민중문화를 건설한다.[8]

　공산주의자들은 테러에 반대하는 코민테른의 방침에 따라 의열단의
테러활동을 "암살과 파괴를 독립운동의 유일한 방법으로 하여, 적 괴
수를 암살하고, 적의 시설을 파괴하여 강도 일본을 축출하고자 하는
개인적 공포주의 만능론으로 규정하고, 현재 한국의 운동은 개인 또는
건물에 대한 테러가 아니라 정치상 경제상 기타 각 방면의 현상제도,
조직, 그 이민족의 통치권을 파괴하는 데 있다"[9]고 비판했다. 이에 대
해 파괴가 곧 건설이라는 바쿠닌의 원리를 채용하기는 했지만 모든 혁
명은 민중 속에서 시작되었다는 민중혁명론의 제창은 엘리트주의를
비판하고 평민주의를 주장함으로써 기존의 민족해방이론을 한 단계
끌어올린 것이다.
　원래 민중혁명의 방법으로서의 직접혁명은 대다수 사회구성원이 직

<hr/>

8) 신채호, 「조선혁명선언」(1923. 1), 단재신채호전집』 하권, 44~45쪽.
9) 청년동맹회의, 「선언」(1924. 10), 독립운동사편찬위원회편, 『독립운동사자료
　집』 9(1975), 723~724쪽(이호룡, 「신채호의 아나키즘」, 『역사학보』 177집, 86
　쪽에서 재인용).

접투쟁의 전면에 참여하는 것을 의미하지만 신채호는 폭력혁명이나 테러로 인식한 것 같다. 당시 활동영역이 중국이었기 때문에 민중을 혁명대열에 동원할 수 없었던 상황에서 직접혁명은 열혈 청년들의 개인적 테러행위가 될 수밖에 없었다. 따라서 신채호는 테러에 대하여 긍정적 입장을 보여준다.

　　우리 민중을 각성시켜 강도의 통치를 타도하고 우리 민족의 신생명을 개척하자면 십만의 군대를 양성하는 것이 한 발의 폭탄만 못하며 수천 장의 신문이나 잡지가 한 번의 폭동만 못할지니라.10)

이와 같이 과격한 직접혁명을 주장한 것은 이승만의 외교론이나 안창호의 준비론에 내재한 엘리트주의를 겨냥한 것이기도 했다. 즉 그의 이 선언은 직접행동의 방법을 채용해 의열단의 폭력투쟁을 이론화한 것이다. 비록 1924년 4월에 결성된 재중국 조선무정부주의자 연맹11)에는 참석하지 못했으나 그는 이미 모든 한인이 혁명운동에 참여하자는 이른바 민중직접혁명론을 제시하고 있는 것이다.

「조선혁명선언」에서 테러적 직접행동론이 체계화되면서 테러활동은 단지 복수적 감정에서 매국노나 일본제국주의자들을 처단하던 차원에서 벗어나 민족해방운동의 주요한 수단으로 자리 잡았다. 신채호의 테러적 직접행동론은 일제 강점기 한국인 아나키스트의 가장 주요한 투쟁방법론이 되었다. 이후 의열단의 활동분자들은 「조선혁명선언」을 항상 휴대하였다.12)

---

10) 신채호, 「조선혁명선언」, 앞의 책, 42쪽.
11) 무정부주의운동사편찬위원회편, 『한국아나키즘운동사』(서울 : 형설출판사, 1994년판), 285쪽.
12) 『韓國民族運動史料』 中國篇(국회도서관, 1976), 427쪽(이호룡, 앞의 논문, 87쪽에서 재인용).

1926년 여름 신채호는 동아시아 국가들의 국체를 변혁하여 모든 사
람이 자유롭게 잘 사는 사회의 건설을 목적으로 하는 무정부주의 동방
연맹 준비모임에 참가한다. 1927년 9월 조선, 중국, 일본, 타이완, 안남,
인도 등 6개국 대표 120여 명이 모여 무정부주의 동방연맹을 조직하게
되자 신채호는 이필현(이지영, 이삼영)과 함께 조선대표로 참가했다.
무정부주의 동방연맹은 이때 베이징 교외에 폭탄총기공장을 설치하고
독일인 기사를 초빙해서 폭탄과 총기를 제조하여 동방연맹에 가맹한
각국으로 보내어 운동을 전개하도록 하고 또한 선전기관을 설치하기
로 하여 총 예산을 25만원으로 책정하였다. 이 회의에서 각국 대표들
은 각각 자기 나라로 돌아가서 상호 연락하면서 목적을 달성하기로 선
서하고 본부를 상하이에 두기로 결정한 후 산회하였다.13) 신채호는 이
듬해인 1928년 4월 스스로 주동이 되어 한국인을 중심으로 한 무정부
주의 동방연맹 톈진(天津) 회의를 개최하였다.14) 신채호가 1928년에 쓴
「선언문」이 바로 이 회의의 선언문이다. 이 회의에서 신채호는 이 연
맹의 선전기관을 설립할 것과 일제 관공서를 폭파하기 위한 폭탄제조
서의 설치를 결의했다.

이 결의를 실천하기 위해 자금을 마련하려고 베이징 우편관리국 외
국위체계에 근무하는 타이완인 아나키스트 린빙원(林炳文)과 협의하여
외국 위체 200매를 인쇄하여 위조해서 6만 4천 원을 일본, 타이완, 조
선, 관동주 등의 중요한 32개소의 우편국에 유치위체로 발송한 후 이
자금을 찾아 쓰기로 했다. 신채호는 1928년 5월 8일 유병택이라는 가
명으로 책임액 1만 2천 원을 찾기 위해 타이완 지룽(基隆)항에 도착해
서 상륙하려다가 체포되어 복역하다 뤼순(旅順)감옥에서 옥사한다.

이 「선언문」에서 그는 「조선혁명선언」과 같이 파괴와 건설의 논리

---

13) 『조선일보』(1928. 12. 28).
14) 「제4회 공판」(『동아일보』 1929. 10. 7), 『단재신채호전집』 하권, 432쪽.

를 선전하고 아울러 동아시아 각국의 동시다발적인 혁명을 주장했다.
즉 1920년대의 세계는 자본주의 강도제국이 세계 무산대중을 생존하
기 어려울 만큼 착취하는 상태라며, 특히 자본주의 강도제국은 동방의
각 식민지 무산민중을 뼈까지 모두 착취하여 식민지 무산민중은 죽음
보다도 더 참혹한 생존을 하고 있다고 지적하였다.

   그는 소수는 다수에게 지는 것이 원칙인데 왜 최대다수의 민중이 최
소수인 지배계급에게 착취당하고 박멸당하는가 하는 문제를 제기하고
그 해답을 전적으로 아나키즘적 세계관에 의해 설명하고 있다. 즉, 지
배계급의 민중 지배는 역사적으로 오랜 기간에 걸쳐 형성되고 발달된
것이다. 원래는 민중이 자유롭고 평등한 사회에서 살았는데 소수의 사
람들이 민중을 속여 지배자의 지위를 얻어 가지고 민중을 조직적으로
영원히 약탈하려는 정치와 법률과˙윤리 등을 만들고 민중의 노예적 복
종을 가르치고 세뇌시켜 왔다.[15] 그러므로 이러한 노예의 상태에서 벗
어나는 길은 민중직접혁명밖에 없다는 것이다.

   신채호는 테러적 직접행동론을 민족해방운동의 방략으로 체계화함
으로써 아나키즘의 한국적 수용을 가능케 하였다. 당시 국제적 차원에
서의 아나키즘 운동은 테러리즘의 폐해를 지적하고 '테러행동에 의한
선전'을 폐기하였다. 그러나 한국인 아나키스트들은 1936년 민족전선
론을 제기하면서 아나키즘 본령에서 일탈하기 전까지 신채호의 민중
직접혁명론의 영향 하에서 테러적 직접행동론을 자신들의 주요한 민
족해방운동 방법론으로 채택하였다.

   2. 바진

   1) 아나키즘의 수용

---

15) 신채호, 「동방무정부주의 연맹 선언문」(『단재신채호전집』 하권, 48쪽).

중국의 아나키즘 운동은 첫째,『신스지』와『톈이바오(天義報)』를 중심으로 한 도입기(1903~1915), 둘째, 5·4 시기를 전후한 발전기(1915~1928), 셋째, 4·12 쿠데타 이후의 분화기(1928~1949)로 설명된다.[16]

5·4운동 시기를 전후하여 바진은 다른 여러 가지 계몽사상들과 함께 아나키즘을 접하게 된다. 5·4운동 전 해인 1918년 혹은 1921년경에 그는 세계어를 배우기 시작했다고 했는데,[17] 세계어가 중국에 전파된 것은 아나키즘과 관련이 있으며, 1920년 당시 쓰촨은 아나키즘 운동이 활발했던 지역이기 때문이다.

신채호가 장년에 아나키즘에 경도되어 아나키즘을 독립운동의 가장 치열한 방식으로 간주했음에 비해 15세의 바진은 아나키즘 이론의 천착과 선전에 몰두한다.

1920년 초 청두(成都)외국어전문학교에 들어가게 된 바진은 그 해 겨울 크로포트킨의『청년에게 고함』[18]을 읽게 된다. 이 책은 의사, 과학자, 법률가, 기술자, 교사, 예술가 등의 직책을 분석하여 그들이 종사하는 직업이 진정으로 민중에게 이롭게 되려면 민중 속으로 들어가서 민중의 희망을 이해하고 역량을 찾아야 하며, 진리, 정의, 평등을 위해

---

16) 高瑞泉主編,『中國近代社會思潮』(上海 : 華東師範大學出版社, 1996), 제9장 참조.

17) 巴金,「世界語」,『(香港) 大公報』(1980. 8. 24)에 게재됨.『隨想錄』(北京 : 三聯書店, 1987), 264쪽. 또한 아나키스트인 정페이강(鄭佩剛)의 회고에 따르면 바진은 열다섯 살 때부터 그와 편지로 사상을 교류했다는 기록이 있으나, 본고에서는 바진이 청두외국어전문학교에 들어간 1920년을 기점으로 삼았다(鄭佩剛,「無政府主義在中國的若干史實」, 葛懋春 等編,『無政府主義思想資料選』下冊(北京 : 北京大學出版社, 1984), 968쪽 참조. 이하『資料選』이라 약칭함).

18)「告青年」, 원제는「一個反抗者的話」(『克魯泡特金全集』第3卷 第6章). 캘리포니아 평사출판사(平社出版部)(1937) 및 상하이, 충칭 평밍서점(平明書店)(1938)에서 여러 차례 재판됨.『巴金譯文選集』(北京 : 人民文學出版社, 1997) 第10卷에 수록됨.

헌신할 것을 호소한다. 바진은 이 글에서 인류를 사랑하고 세계를 사랑하는 이상을 얻게 되며, 그러한 세계의 실현을 위한 행동을 갈망하게 된다.

1921년 2월, 바진은 『반웨(半月)』[19] 제14호에 실린 「스사(適社)의 취지와 대강」이란 글을 읽고 『반웨』 편집자에게 편지를 보내 반웨사(半月社)의 회원이 된다. 그는 편집에 참여하며 충칭(重慶)의 스사에 호응하는 단체인 쥔사(均社)를 조직한다. 바진이 아나키스트로 자처한 것은 이때부터다.[20] 「쥔사선언(均社宣言)」에서 그들은 평등주의를 강조하고, 평등의 실현에 방해가 된다고 여겨 사유재산, 정부 및 그 부속기관인 군경, 교회, 법률 등을 통렬하게 비판한다. 나아가 '각자 능력을 다하고 필요에 따라 취하며, 교육의 보급과 지력의 균등'이란 구호를 외친다.[21]

1921년 4월 『반웨』 17호에 바진은 「어떻게 자유롭고 평등한 사회를 건설할 것인가?」를 발표한다. 이는 사람들이 추구하는 언론, 출판, 결사, 집회 등의 자유, 그리고 법률상의 평등은 결코 진정한 자유와 평등이 아니라는 것이다. 그는 인민의 자유와 평등을 방해하는 근원은 바로 정부와 법률의 보호를 받은 자본가라 여겼다. 그러므로 아나키야말로 진정한 자유이며 자본계급이 없어야 비로소 진정한 평등이라 했다. 이러한 자유와 평등을 달성하기 위해서는 정부와 그 부속기관을 폐지하고 생산기관 및 그 생산품을 인민 전체에 속하게 해야 하며, 사람마

---

19) 아나키즘을 선전하기 위하여 쓰촨 청두의 학생들이 발행한 간행물로 1920년 8월 1일에 창간하여 1921년 7월 중순 창간 1주년 만에 24기를 내고 정간됨. 편집인은 위안스야오(袁詩堯), 우셴유(吳先憂), 장스이(張拾遺) 등이다(唐金海 主編, 『巴金年譜』, 成都 : 四川文藝出版社, 1989, 50쪽).

20) 「我的幼年」(『中流』第1卷 第1期, 1936. 9. 5), 『巴金全集』第13卷(北京 : 人民文學出版社), 10쪽.

21) 「均社宣言」(『半月』21號, 1921. 6. 1), 『資料選』下冊, 534~537쪽.

다 능력을 다하고 필요한 만큼 취하며 각자의 능력에 따라 일하고, 사람마다 평등한 교육을 받아야 한다고 주장했다.[22]

동년 9월 「애국주의와 중국인이 행복에 이르는 길」에서 "정부는 일종의 강제적 기관으로, 자본가를 도와 빈민을 박해하며, 법률로써 인간을 속박한다. 인간은 본래 서로 도우며 살아가야 하는데 이 제도는 오히려 인간을 경쟁하게 만든다. 또한 소수의 힘 있는 자가 권력과 지식을 동원하여 모든 재산을 사유재산으로 만들고, 금전으로 다른 사람의 노동력을 사서 그들을 위해 생산하게 하고, 생산된 물품은 노동자는 사용하지 못하며 자본가만 모든 향락을 누린다"[23]라며 정부와 사유재산, 종교를 타파해야 될 대상으로 간주하고 있다.

바진이 아나키즘과 접하게 되고 이를 신념으로 받아들인 1920년대 초기에는 사회주의라는 이름으로 일괄되는 진보적 사상은 미분화된 상태로 당시 중국의 지식청년에게 영향을 주었다. 그러나 중국 공산당 창립 전후의 아나키스트와 볼세비키의 합작과 결렬에서 상징되는 바와 같이 사회주의 진영은 이미 분화의 방향으로 나아가고 있었다.[24] 바진은 5·4 시기 사상운동의 일익을 담당했던 아나키즘의 세례를 받았으나 후에 그 영향을 벗어버린 여타 인물들과 달리 더욱 견고하게 자신의 신념을 쌓아가게 된다.

중국의 아나키스트는 계몽의 차원에서 아나키즘을 받아들인 리스쩡, 우즈휘 등의 제1세대, 5·4운동의 충격적 역량에 의해 아나키즘의 실현 가능성을 확신한 황링솽(黃凌霜), 취성바이(區聲白) 등의 제2세대, 여타 좌익사상과의 차별을 인식하고 자각적으로 아나키즘의 길을 선

---

22) 芾甘,「怎樣建設眞正自由平等的社會」,『巴金全集』第18卷, 1~2쪽.
23) 芾甘,「愛國主義與中國人到幸福的路」(『警群』第1號, 1921. 9. 1),『巴金全集』第18卷, 16~17쪽.
24) 李龍牧,『五四時期思想史論』(上海 : 復旦大學出版社, 1990), 192쪽.

택한 사상적 전위세대인 바진, 뤼젠보(盧劍波), 웨이휘린(衛惠林) 등의
제3세대로 구분된다.[25] 제3세대에 속하는 바진은 외국의 아나키즘 이
론의 번역 및 소개, 잡지 발간 등에 활발하게 참여한다.

2) 아나키즘 활동

1923년 5월 상하이[26]에 도착한 이후 1927년 초 상하이를 떠나 파리
에 가기까지의 4년 동안 바진은 중국의 정치, 문화의 중심지이며 1920
년대 아나키즘 운동이 가장 활발했던 지역인 상하이, 난징, 베이징 등
지를 다니며 국내외의 많은 동지를 만나게 된다.[27]

1925년 5·30운동이 발발한 후 중국의 아나키스트는 노동자 파업,
학생 시위 등 반제 운동에 휩쓸린다. 이러한 물결은 상하이에서 난징
까지 파급되었다. 동년 8월 바진은 덩멍셴(鄧夢仙)의 화광의원(華光醫
院)에서 병을 치료하던 중 많은 아나키즘 운동의 동지들을 만나게 되
며, 9월에 『민중(民衆)』 월간을 창간한다. 『민중』의 편집을 담당하며
집필한 「5·1운동사」에서 바진은 5·1운동의 기원인 1886년 시카고
아나키스트들의 8시간 노동을 위한 투쟁을 소개하고 있다. 그는 아나
키스트의 입장에서 5·1절의 의의를 설명하고, '여덟 시간의 노동, 여
덟 시간의 교육, 여덟 시간의 휴식'이라는 5·1운동의 구호를 '신을 폐

---

25) 坂井洋史, 「二十年代中國安那其主義運動與巴金」, 『猫頭鷹』 第1期(1983. 6)
 ; 山口守, 坂井洋史著, 『巴金的世界』(北京 : 東方出版社, 1996), 200~216쪽.
26) 상하이 난양중학(南洋中學)에 청강생으로 한 학기를 다닌 후 1924년 1월 난징
 에 가게 된 바진은 둥난대학(東南大學) 부속 중학에서 1년 반을 수학하고 졸
 업하게 된다.
27) 바진 스스로 가장 사랑하는 작품이라고 말한 『애정삼부작』은 바로 이 시기를
 배경으로 써진 것이다. 작자는 서문에서 이 작품에 등장하는 인물들은 바로
 자신의 친구를 모델로 한 것이라는 것을 일일이 밝히고 있다(巴金, 「『愛情的
 三部曲』 總序」(上海 : 良友圖書印刷公司, 1936. 4), 『巴金論創作』(上海 : 上
 海文藝出版社, 1983), 53~92쪽.

지하고, 주인을 타도하며, 만인의 자유를!'이라는 구호로 대체했다. 그
것은 소책자로 만들어져 상하이 공설운동장에서 열린 노동절 기념회
에 군중에게 배포되었다.[28]

　1926년 1월 바진은 유서(柳絮)[29]의 요청으로 '베이징고려청년사제
군'에게 보내는 편지를 쓴다. "자신은 크로포트킨주의를 위해 헌신하
고자 하는 사람으로 평생 자유, 평등, 정의, 인도를 위해 분투하고자 하
며 고려 민중의 자유와 평등을 위해 헌신하는 당신들의 독립운동을 있
는 힘을 다해 돕고자 한다. 원래 전 세계의 민중은 마땅히 서로 사랑하
며 연합해야 하고, 일본민중 역시 당신들을 동정하고 있으며 정부와 자
산계급이야말로 당신의 적이므로 일본민중과 연합하여 일본정부와 자
산계급을 타도해야 한다. 당신들이 고투하는 과정을 중국민중에게 알려
주어 중국민중을 각성하게 한 점에 대해서 감사한다"[30]는 내용이었다.

---

28) 이 책자는『민중』14 · 15기 합간 부록으로 나왔으며 1926년 4월 단행본으로
　　간행되었다. 1929년 5월『평딩(平等)』월간 제2권 제4 · 5기 합간으로 발표되
　　었다.『巴金全集』제18권, 80~98쪽에 수록됨.

29) 유서(1905~1980)는 유수인과 동일 인물이다. 원명 유기석, 필명 우죽(友竹),
　　가명 유평(劉平), 등여영(鄧茹英), 유우정(劉雨亭), 이계동(李啓東) 등 여러 개
　　의 이름을 사용했다. 황해도 금천군 출신으로 1911년(1912년?)에 중국 만주에
　　와 지린성(吉林省) 옌지(延吉)에서 공부했다. 1916년 중국 국적을 취득하고
　　1920년 관내로 들어와 난징 화중공학을 졸업한 후 민족주의 단체에 가입해
　　항일운동에 참가하였다. 베이징에 온 그는 일제의 한국 중국 침략을 반대하
　　며, 조선흑기단(민국대학의 흑기연맹)과 관련을 맺었으며, 루쉰(魯迅)과도 왕
　　래가 있었다. 1925년 8월 처음 바진을 알게 됨, 유서는 1926년 자오양대학(朝
　　陽大學) 경제과를 졸업한 후에도 아나키즘 활동에 적극적이었다. 항일 시기
　　언론계와 교육계에서 활동했으며, 해방 후인 1952년 장수(江蘇) 사범학원 역
　　사과 교수를 지냈다. 1955년 조선 국적을 회복했다(唐金海 等編,『巴金年譜』
　　(成都 : 四川文藝出版社, 1989), 94쪽).

30) 李芾甘,「一封公開的信」(『民國日報 · 覺悟』1926. 3. 27),『巴金全集』第18卷,
　　77~79쪽. 당시 일제의 식민지하에 있었으므로 조선이라는 국호를 쓰지 않고
　　고려라는 국호를 쓴 것 같다.

여기서 국가의 한계를 넘어서 세계의 민중이 연합하여 정부와 자산계급을 타도하기를 주장하는 아나키즘의 세계지향성을 엿볼 수 있다.

1927년 1월 아나키즘을 연구하기 위해 프랑스에 간 바진은 싸코·반제티 사건[31]에 부딪치게 된다. 바진이 프랑스에 도착한 1927년 1월, 이 사건은 고조에 달해 있었다. 그의 거주지 부근에는 도처에 '강연회' '구원회' '항의회' 등의 팜플렛이 붙어 있었고 신문에도 매일 그들의 소식이 실렸다. 그는 반제티의 자서전을 읽고 그의 구제활동에 참가하게 된다.

"나는 모든 사람들의 자유 속에서 나의 자유를 찾고, 모든 사람들의 행복 속에서 나의 행복을 구하고자 한다.⋯⋯

나는 모든 가정마다 머물 집이 있고, 모든 사람에게 먹을 빵이 있고 모든 사람이 교육을 받기를 바라며 모든 사람이 다 지혜를 발전시킬 수 있는 기회가 있길 바란다."[32]

바진은 싸코, 반제티 구제 활동에 뛰어드는 한편, 감옥에 있는 반제티에게 편지를 보낸다. 7월 10일이 되기 전에 그는 뜻밖에도 보스턴 감옥에서 날아온 반제티의 편지를 받게 된다. 반제티는 젊은 중국 동지

31) 이태리 노동자 싸코와 반제티는 미국 국적을 지닌 아나키스트로 경찰국이 한 이태리 동지를 모해했다 하여 대규모의 노동자 투쟁을 조직하고 있었다. 1920년 5월 미국정부는 살인 강도의 죄명을 씌워 그들에게 사형을 판결했다. 이 안건은 미국 노동운동에 대한 탄압이라 하여 온 세계의 민주진영을 격노케 했다. 로망롤랑, 배비트, 아인슈타인 등이 이 두 노동자를 구하기 위해 성명을 발표했으며 세계 각지의 아나키스트도 노동자 파업, 도시 폭파 등의 사건으로 항거했다. 두 당사자도 항소를 하여 이 사건은 7년여를 끌었다. 그러나 1927년 4월, 미국 매사츄세츠 법정은 여전히 두 사람에게 사형을 판결하고 동년 7월 10일 이를 집행했다.
32) 凡宰特著, 芾甘譯, 『一個無産階級的生涯底故事』(上海 : 自由書店, 1928. 5), 『巴金全集』第21卷, 227~228쪽.

에게 새로운 희망을 기탁하고 있다.

아나키즘을 위해 분투하는 것은 살아가는 가장 아름다운 방법이다.
아나키의 진정한 의의는 삶을 이해하고 해방시키는 것이며, 개인을 해
방하고 인간의 인간에 대한 억압과 약탈을 폐지하여 역사의 부정적인
결과를 소멸시키는 것이다.……낙담하지 말고 기뻐하라!……청년은 인
류의 희망이다.[33]

중국에 돌아온 후 바진은 버크만[34]의 『아나키 ABC』에 근거하여 『자
본주의에서 아나키즘에로』라는 소책자를 저술한다. 이 책은 기존 사회
제도인 자본주의 사회제도에 대한 비판, 아나키즘의 정의와 이상적 사
회 및 사회혁명의 구체적 방식을 다루고 있다.
  바진의 자본주의 제도에 대한 비판은 크로포트킨에게서 그 근원을

---

33) 凡宰特, 「凡宰特致本社黑浪同志信」, 『平等』 第1卷 第4期(1927. 10), 10쪽.
34) 버크만(Alexander Berkman, 1870~1936) : 러시아 출생, 그의 백부가 혁명 활동
    에 참가하여 시베리아에 유배당하자 혁명에 관심을 갖게 되고 혁명가가 됨.
    1888년 미국에 이주, 1892년 엠마 골드만의 협조로 당시 카네기 철강회사의
    이사장을 습격, 부상을 입혀 22년의 형을 받음. 1906년 석방된 후 엠마 골드
    만과 함께 잡지 『대지의 어머니』(1906~1917)를 편찬했다. 1차 세계대전 중
    엠마 골드만과 함께 '징병제 폐지연맹'을 조직하였으나 1917년 진압 당했다.
    1919년 러시아에 돌아갔으나 러시아 혁명에 실망하여 1925년 『볼셰비키의 신
    화』를 발표했다. 1921년 3월 아나키스트를 궤멸시킨 크론스타트 사건 후 러
    시아를 떠나 유럽각지를 유랑했다. 스페인전쟁 전후 1936년 6월 병에 걸려 수
    술을 받았으나 실패하자 권총 자살했다. 『러시아의 비극』, 『아나키스트의 옥
    중기』, 『아나키즘 ABC』등의 저작이 있다(樋口進, 「巴金和無政府主義」, 『西
    南學院大學學術研究所紀要』 第14期(1978, 10)에 게재. 張立慧等編, 『巴金研
    究在國外』(長沙 : 湖南文藝出版社, 1986), 271~272쪽). 버크만이 미국의 노동
    자들에게 아나키즘의 기본원리를 설명하기 위해 평이하게 쓴 이 책이 1차 세
    계대전 후 사회주의운동 경험을 총괄한 것이라 여겨 바진은 이에 근거하여
    아나키즘 원리를 중국에 소개하고자 했다.

찾을 수 있다. 크로포트킨은 정치·군사적 권력으로서의 국가 및 근대 정부의 사법과 교회 및 자본주의는 서로 보강하면서 발달해 왔으며, 요컨대 국가란 인민에 대한 지배 권력과 빈민의 착취를 보장하기 위하여 지주, 군부, 재판관 및 목사 간에 맺어진 상호보험회사 같은 것으로서 그것이야말로 국가의 기원이자 역사라는 것이다. 그러므로 경제조직의 새로운 형태에는 필연적으로 정치조직의 혁신이 수반되어야 하며, 경제와 정치의 양면의 변혁은 서로 병행되어야만 한다는 것이다.[35]

자본주의 제도에 대해서 뿐만 아니라 소련의 사회주의에 대해서도 바진은 비판적 견해를 지니고 있었다. 그는 러시아 혁명의 실패원인은 볼셰비키의 사상과 방법에 내재해 있다고 여겼다. 혁명은 민중의 창의력과 창조력을 필요로 하는데, 무산계급독재는 이를 압살하기 때문에 결국 실패할 수밖에 없다는 것이다. 아나키스트는 어떤 정당의 명령도 받지 않고 그들 자신의 조직으로 일을 결정, 관리하며 진정한 자유와 자발적 합작을 원하므로 스스로를 '자유공산주의자', 볼셰비키를 '강권공산주의자'라 부른다. 정치적인 면에서 볼셰비키의 목적은 정부의 전제와 억압을 폐지하고 민중을 해방시키는 것이지만 실제로 볼셰비키 정부에서 당내의 소수 이론은 억압되었으며 정부에 찬성하는 자만이 특권과 제한된 자유를 누릴 수 있게 되므로 이를 용인할 수 없다는 것이다.[36]

아나키즘의 구체적 혁명방식으로서는 생디칼리즘을 주장했다. 무산계급 정당의 지도를 배척하고 노동자 계급의 투쟁을 경제투쟁의 범위 내에 제한시켜서 경제적 투쟁으로 정치적 투쟁을 대체하는 것, 이는 20세기 이래 아나키즘의 주요 경향 즉 생디칼리즘의 기본적 특징이다.

---

35) 크로포트킨 저, 이을규 역, 『현대과학과 아나키즘』(서울 : 창문각, 1973), 127~129쪽.
36) 芇甘, 『從資本主義到安那其主義』(上海 : 自由書店, 1930), 157~168쪽.

그는 노동자는 아나키즘의 자유의 원리에 기초해서 조직되어야 하며, 전국의 각종 기업은 아래에서부터 위로 노동조합 조직을 건립해야 한다고 주장했다. 또한 사회혁명이 일단 성공하면 사유제가 소멸되어 공업이 발달한 국가는 능력에 따라 일하고 필요에 따라 분배하는 제도로 이행할 수 있으며, 공업이 낙후한 국가는 평균 분배를 실행할 수 있을 것이라고 생각했다. 또한 미래 사회의 공업의 발전은 분산으로 집중을 대체하여 소생산자의 결합으로 자급자족의 공유제 경제공동체를 건립함으로써 정치적 자유, 경제적 독립과 개인의 전면적 발전을 달성할 수 있으리라 여겼다.37)

중국 아나키스트의 주류는 크로포트킨의 무정부공산주의 학설을 신봉했다. 그들은 조직적인 노동조합을 수단으로 하고, 공산주의의 실현을 목표로 삼았으며, 노동조합을 이상사회의 기층단위로 간주했다. 민성사(民聲社), 민중사(民鐘社)와 민평사(民鋒社) 등이 이러한 주장에서는 모두 맥을 같이 한다.38) 바진의 사회혁명관 역시 이들의 주장과 일맥상통하며 중일전쟁 발발에 이르기까지 아나키즘의 선전을 위해 노력한다.

Ⅲ. 신채호의 아나키즘과 민족주의

베이징 망명 시절 발간된 한문 잡지 『천고(天鼓)』에 실린 「조선독립과 동양평화」에서 신채호는 조선의 독립이 동아시아의 평화에 미치는 영향과 의미에 대해 논하고 있다.

---

37) 위의 책, 제3부 참조. 바진의 아나키즘에 대해서는 졸저, 『혁명과 문학의 경계에 선 아나키스트 바진』(서울 : 한울아카데미, 2006) 참조.
38) 鐘寧羽等, 「訪問范天均先生的紀錄」, 葛懋春等編, 『資料選』 下卷, 1047쪽.

　　오늘날 동양의 평화를 말하고자 한다면 조선의 독립을 능가할 상책
이 없다. 조선이 독립하면 일본은 제멋대로 탐욕을 부리는 것을 그치
고 사방을 경영하는 데 그 힘을 수습함으로써 자신의 영토를 보존할
것이요, 러시아의 과격파는 역시 가난하고 약한 민족을 돕는다는 구실
을 빙자하기 어렵게 되어 마땅히 그 날개를 접고 적탑의 북쪽에 웅크
릴 것이며 중국 역시 한가한 틈을 얻어 십수년 동안 혁명으로 말미암
아 혼란스러웠던 국면을 정돈할 기회를 얻을 것이니 이것이 동양평화
의 요의(要義)이다.[39]

　이와 같이 신채호의 동양인식은 폐쇄적 배타주의로 귀결되지 않는
독특한 문제의식을 드러낸다. 즉 신채호의 민족주의는 아시아주의를
내부에서 허물어뜨리면서 제국주의에 저항하는 기제로 작용했다. 민족
주의와 제국주의의 아슬아슬한 균형을 넘어 한반도의 평화가 동아시
아 평화의 요체임을 논증한 신채호가 민중적 관점으로 귀결되었다는
사실은 오늘날 진보적 민족주의를 건설하는 데 있어서도 신중히 고민
해야 할 사항이다.[40]
　1928년 신채호는 「용과 용의 대격전」이라는 단편소설을 발표한다.
이 단편에서 그는 상제(上帝)가 거주하는 천궁의 세계는 지배계급 연
합으로, 민중이 거주하는 지상은 피지배의 공간으로 설정한다. 천상의
지배를 받는 지상의 세계 내부도 천상과 지상의 관계처럼 둘로 나뉘는
데, 그것이 서양의 강국과 동양의 식민지. 그런데 다시 강국과 식민
지도 각각 '부자와 귀한 자들' 즉 지배계급과 '굶주린 빈민들' 즉 피지
배계급으로 구성된다. 이 복잡한 분할 속에 두 민중은 서로 대립된다.
　그는 동방 각 식민지, 반식민지 민중의 무정부주의 혁명의 특수성을

---

39) 신채호, 「朝鮮獨立及東洋平和」, 『단재신채호전집』 별집, 252~253쪽.
40) 한기형, 「동아시아 담론과 민족주의」, 민족문학사학회, 『민족문학사연구』 17
　　권 1호(2000), 292~293쪽.

세계 무정부주의 혁명으로부터 일단 구분할 생각과 관련하여 민중을
제국주의 강국 민중과 식민지 민중으로 엄격하게 구분했다. 제국주의
강국 민중은 으레 애국심을 갖고 있으나 국가를 당연히 지배계급의 국
가로 오인하여 지배계급의 세력을 확장, 증진하는 것을 애국으로 잘못
믿어서 그 애국심이 위(僞)애국심이 되고 말며 보통 선거의 권리, 노동
임금의 증가, 위애국심의 장려 등으로 약소국의 민중을 정복하여 식민
지 민중을 압박하고 지배계급의 선봉이 되기도 한다는 것이다.[41]

식민지 민중은 온갖 착취를 다 당하면서도 생존 안녕을 보장해 준다
고 떠들면 속으며 자치 참정권을 준다고 하면 속는다고 비판한다. 여
기서 식민지 민중은 일반적으로는 전 세계의 식민지, 반식민지의 민중
을 가리킴과 동시에 특수적으로는 일제하의 조선민중을 가리킨다.

따라서 신채호는 당시 일본의 무산계급과 일제하 조선의 무산계급
의 연대를 주장하는 일부 좌익운동가들의 주장에 반대했다. 당시 일부
인사들은 일본의 무산계급과 조선의 무산계급은 매일반이니 운동을
민족 별로 나누지 말고 유무산별로 구분하자는 소위 일본 무산자와의
연대론을 주장했다. 신채호는 이러한 일본 무산자와의 연대론의 허구
성을 통렬하게 비판했다. 그는 "일본인이 아무리 무산자일지라도 그
뒤에 일본제국이 있어 위험이 있을까 보호하며 재해에 걸리면 보조하
며 자녀가 나면 교육으로 지식을 주도록 하여 조선의 유산자보다 호강
한 생활을 누리니 일본의 무산자가 조선의 유산자보다도 사회적 지위
가 더 높은 존재임을 잊지 말아야 할 뿐 아니라 조선에 이식하는 일본
무산자는 조선민중의 생활을 위협하는 식민의 선봉이 되기도 하므로
일본 무산자를 환영하는 것이 곧 식민의 선봉을 환영하는 것이 된
다"[42]고 지적하고 경고했다.

---

41) 신채호, 「용과 용의 대격전」, 김병민 편, 『신채호문학유고선집』(연길 : 연변대
  학출판사, 1994), 122쪽.

주목할 만한 것은 아나키즘 수용으로 인해 민족주의자의 시대와는 달리 각 민족 간의 연대를 주장하는 새로운 차원을 갖게 되었다고 할지라도 그는 전 세계 무산민중의 연대를 주장한 것이 아니라 제국주의 강국 민중은 별도로 하고 식민지, 반식민지의 민중, 특히 동방 각 식민지, 반식민지 무산민중의 연대를 주장했다는 사실이다.

특히 신채호는 일본 무산민중과 조선 무산민중의 동일시나 연대를 주장하기는커녕 당시의 그러한 주장들을 통렬하게 비판했으며 양자의 대립관계를 예리하게 관찰하고 강조했다. 이는 그가 관념적 무정부주의자가 아니었으며 독립 쟁취를 위하여 무정부주의 사상을 매우 실천적 구체적으로 모색했음을 나타내는 것이다. 그는 일본 무정부주의자들과 좌익운동가들의 일본 무산자와의 연대론의 관념성을 다음과 같이 비판했다.

　　오늘에 와서 주의를 부르고 강권을 반대하지만 기실은 정부가 민중으로 변할 뿐이며 집정대신이 일본 무산자로 변할 뿐이며 통감 이토 히로부미(伊藤博文), 군사령관 하세가와(長谷川)가 가타야마 센(片三潛), 사카이 도시히코(堺利彦)로 변할 뿐이니, 변하는 자는 그 명사뿐이오 그 정신은 의구하다.[43]

신채호의 무정부주의 독립사상이 제국주의 강국민중과 식민지 민중을 엄격히 구분하여 그 서로 다른 사회적 역할을 제시한 것은 그가 비록 무정부주의자로 전환했다 할지라도 그 전단계에서 전투적 민족주의 독립사상을 거쳤기 때문에 가능했던 것이라고 볼 수 있을 것이

42) 신채호, 「낭객의 신년만필」(『동아일보』 1925. 1. 12), 『단재신채호전집』 하권,
　　28~29쪽.
43) 위의 책, 29쪽.

다.[44]

아나키스트들은 국제주의를 분명히 옹호한다. 왜냐하면 민족주의나 국수주의를 또 하나의 권력을 생산하려는 시도로 바라보기 때문이다. 그들은 기본적으로 민족국가란 절대다수인 일반민중의 의지와 무관하게 일부 사회 엘리트의 이해를 위해 복무한다고 믿는다. 그럼에도 불구하고 적지 않은 아나키스트들은 민족해방투쟁이 유용하다고 믿고 있다. 민족해방 운동가들이 추구하는 민족의 독립이 기본적으로는 권위적이지만 제국주의 열강이 식민지를 억압하고 착취하는 것보다는 낫다고 생각하기 때문이다.

IV. 바진의 전쟁관과 국제주의

중일전쟁 발발 후 중국의 아나키스트들은 아나키즘을 실제에 어떻게 적용시킬 것인지에 대해 의견이 분분했다. 항전기 아나키즘 운동의 대표적 간행물인 『징저(驚蟄)』[45]의 출판은 현재 당면해 있는 가장 절

---

44) 최정수, 「단재신채호의 국제관」, 『한국학논집』 26호(한양대 한국학연구소, 1995), 565쪽. 기존 연구들은 단재의 민족주의를 2시기 내지는 3시기로 나누어 구명했다. 예컨대 최홍규, 진덕규, 신일철 등은 자강론적 민족주의, 저항적 (무장투쟁적) 민족주의, 무정부주의적 민족주의라고 하여 투쟁방법만이 시대에 따라 변해갔다고 주장했는가 하면, 이기백, 신용하등은 그의 사상 자체가 민족주의에서 무정부주의로 바뀌었다고 말하고 있다. 전자의 그룹의 경우는 그 논거로서 한국의 독립을 위해서는 어떤 사상도 그 수단으로서 이용할 수 있다는 즉 "조선을 위한 주의이지, 주의를 위한 조선이 어디 있느냐"는 단재의 지적을 제시했는가 하면, 반면 후자는 국가를 인정하는 민족주의와 이를 부정하는 무정부주의와는 구별되어야 한다는 점과 아울러 단재가 사회, 경제적 존재로서의 민중을 인식했다는 사실을 들고 있다. 전자의 경우가 전술의 변화로만 이해한 결과였던 데 반해, 후자의 경우는 단순한 전술의 변화가 아니라 사상적 변신이 수반되었다고 파악했던 것이다.

박한 관심사는 민족의 생존 문제라는데 인식을 같이 하고 있음을 보여
준다.46)

　『징저』의 편집인 중 한 명이었던 인리즈(尹立芝)는 항일 전쟁에 대
한 자신의 견해를 다음과 같이 표명하고 있다.

　　첫째, 일본의 중국에 대한 침략은 자본주의·제국주의 사회 발전의
　필연적 추세이다. 그러므로 우리는 중국 사회가 자본주의·제국주의의
　길로 나아가지 않도록 해야 한다. 우리의 항전은 세계 혁명을 위한 것
　이다.
　　둘째, 우리는 세계 혁명을 위해 전쟁한다. 즉 민족의 영웅을 제조해
　내서 대중을 노예화하고 억압하기 위해서 전쟁하는 것이 아니다. 또한
　일본 제국주의를 쫓아낸 후 중국의 마왕을 다시 등극하게 하여 대중으
　로 하여금 그에게 공납을 바치게 하기 위해서 전쟁하는 것도 아니
　다.47)

　중일전쟁이 발발한 직후 바진은 "나는 아나키스트다. 어떤 사람은
아나키스트는 전쟁에 반대하고 무력에 반대한다지만 이것이 꼭 옳은
것은 아니다. 강권에 반대하고 침략에 반항해서 일어난 것이라면, 민중
의 옹호를 받고 민중의 이익을 지키기 위한 전쟁이라면 아나키스트는
이에 대해 반대하지 않는다."48)라는 인식을 바탕으로 항전에 뛰어들었
다. 즉 항전을 통해 민중의 적극성, 혁명성을 발휘하게 하여 고인 물과

---

　45) 이 간행물은 청두에서 1937년 창간되어 1939년까지 3권이 출판되었으며 루젠
　　　보가 편집을 맡았다.
　46) 蔣俊,「盧劍波先生早年的無政府主義宣傳活動紀實」,『資料選』下冊, 1020쪽.
　47) 尹立芝,「以戰爭去反對戰爭」(『驚蟄』2卷 1期, 1938. 1),『資料選』下冊, 877
　　　~878쪽.
　48)「只有抗戰這一道路」(『中流』2卷 7號, 1937. 8. 5),『巴金全集』12卷(北京 : 人
　　　民大學出版社, 1989), 544쪽.

같은 정체된 중국사회를 변화시키고자 했다.

중일전쟁에 대한 자신의 입장을 천명하고 일본인의 각성을 촉구하기 위해 바진은 일본인 아나키스트, 친구 등에게 보내는 공개적 편지를 쓴다.

「일본 친구에게」는 일본의 평범한 지식인에게 쓴 편지이다. 이는 전화로 포위된 상하이에서 다케다 히로시(武田博)로 대표되는 연약한 일본의 지식인에게 보내는 바진의 외침으로, 평범한 일본인들이 침략전쟁에 대해 반대하지 않을 뿐만 아니라 맹목적으로 이를 지지하는 것에 대해 비판하고 각성을 촉구하고 있다.[49] 여기서 바진은 "무력만으로 한 민족을 정벌하는 것은 불가능하며, 단독적 민족의 번영은 영원할 수 없고, 영구히 지속될 수 있는 것은 인류의 번영이며, 이는 각 민족이 연합하여 노력함으로써만 실현될 수 있으며, 사랑과 호조의 기초 위에 건립되어야 한다."[50]고 주장했다. 이는 지식인에 대해 이상적 척도를 지니고 있는 바진이 일본의 지식인에게 거는 희망과 기대를 반영한 것이라 할 수 있다.

「야마카와 히토시(山川均) 선생에게」는 일본의 저명한 사회주의자 야마카와 히토시가 「지나군의 야만성(支那軍的鬼畜牲)」을 쓴 데 대한 통렬한 비판의 편지로서, "무력으로 만년의 패업을 유지한 민족은 없

---

49) 다케다 히로시는 한때 아나키즘을 신봉했던 일본인으로 1934년 일본 체제 시 바진은 그의 집에 묵었다. 그러나 중국어 교사로 재직하던 다케다 히로시는 바진이 이 편지를 쓸 당시 이미 화북에서 통역장교로 복무하고 있었으며 이에 대해 야마구치 미즈(山口水)는 현재 일본의 중국어교사들은 이러한 역사 앞에서 자신의 책임의 중대함을 깨닫고 전쟁 시기 일본의 지식인의 행위에 대해 반성적으로 사고할 것을 촉구하고 있다(山口水, 「巴金在橫濱」, 山口水 · 坂井洋史, 『巴金的世界』(北京 : 東方出版社, 1996), 105~106쪽).

50) 巴金, 「給日本友人(二)」(『烽火』 第12期, 1937. 11. 21, 187~188쪽), 『巴金全集』 12卷, 579~580쪽.

으며 인간을 도살하며 만세를 누리는 국민은 없다. 인류번영의 법칙은 위배될 수 없는 것으로 인류가 가장 중요하고 그 다음이 민족이다. 어떤 민족이든 인류를 포기한 채 단독으로 발전하는 것은 불가능한 일이다. 그러므로 우리는 전쟁을 증오하지만 결코 남의 약탈을 기꺼이 받아들일 수 있는 민족이 아니다. 자유와 생존이 위협을 받을 때 이를 방위하는 것은 인간의 최소한의 권리이며 만일 이마저 포기한다면 짐승이라 해야 할 것이다. 중국 인민은 엄청난 피를 흘린 다음 비로소 항일운동을 발동했으며, 이는 자발적 민중운동으로 어떤 것도 이를 막을 수 없다."[51]라고 일제의 침략에 대한 중국인의 항전은 역사적 정당성을 지니고 있음을 역설하고 있다.[52]

1938년 6월, 바진은 공개서한 「존경하는 벗에게」에서 아나키스트의 반강권(反强權)의 입장에서 일본의 중국 침략을 규탄하고 있다. "사리도 분별할 줄 모르는 어린이에게 손가락을 잘라 국군의 승리를 기원하는 혈서를 쓰게 하는 경박한 애국심을 통렬하게 비판하며 일본의 침략전쟁에 반대"[53]한 일본의 아나키스트 이시카와 산시로(石川三四郎)[54]

51) 「給山川均先生」(『烽火』 4, 5期, 1937. 9. 26, 10. 3), 『巴金全集』 12卷, 568~570쪽.
52) 야마카와 히토시가 일본의 『개조』에 발표한 「지나군의 야만성(支那軍의 鬼畜性)」을 둘러싸고 전쟁 종료 후 일본에서는 『중국』이라는 간행물에서 논쟁이 일었는데 이 글은 중국을 매도하기 위해서가 아니라 암암리에 일본정부를 비판하기 위해 쓰였다는 것이 다수의 의견이었다고 한다(新谷秀明, 「敬愛的友人」, 李存光編, 『世紀的良心』(上海 : 上海文藝出版社, 1996), 390쪽).
53) 新谷秀明, 「敬愛的友人」, 李存光編, 『世紀的良心』, 395쪽.
54) 이시카와 산시로(1876~1956) : 일본 가와사키(崎王)현 출생. 1901년 주오대학(中央大學)의 전신인 도쿄법학원 졸업. 1903년 고토쿠 슈스이(幸德秋水) 등의 헤이민샤(平民社)에 가입, 사회주의와 비전론(非戰論)을 선전, 1907년 일간지 『헤이민신분(平民新聞)』 창간, 문자옥으로 투옥됨. 1909년 『세계의 여성(世界婦女)』으로 인해 다시 투옥됨. 이때 아나키스트가 됨. 아나키스트를 박해한 고토쿠 사건 때 옥중에 있음으로 인해 화를 면하게 됨. 1920년 농민자치와 공

에게 보내는 이 편지에서 바진은 "동아 양대 민족의 해방은 당신들과 우리의 공동의 목표다. 군벌정객의 무리는 칼을 들이대도 진리를 알 수 없으며, 그들이 두려워하는 것은 단지 조직적 민중운동일 뿐이다. 이제 우리가 항전의 포성으로 문을 두드릴 때 당신들은 마땅히 이러한 운동을 일으켜야 한다."⁵⁵⁾라고 일본 지식인의 중국민중에 대한 협력을 촉구하고 있다.

중일전쟁이 전면전으로 확대된 이후 민간에 유행하던 각종 언설에 대해 바진은 견고한 태도로 비판하고 있다. 먼저 중국은 이 전쟁에서 지탱해낼 수 없을 것이라는 실패주의자에 대해 바진은 "전쟁이 인민을 힘들게 한다는 것은 물론 사실이며, 실패주의자는 이를 이론적 근거로 삼아 중국은 패배할 수밖에 없다고 주장하지만 어떤 상황에서는 전쟁을 하지 않는 것이 사람들을 힘들게 한다는 것을 그들은 알지 못한다. 아마 알면서도 개인의 이익을 중시하여 자신의 안일만을 위하며 다른 것은 상관치 않을지도 모른다. 그들은 일본이 무장해제 당하는 것은 감히 상상도 하지 못하며 그러므로 중국이 무장해제 하기를 원한다. 그러나 굴욕적 평화는 자유를 사랑하는 중국인으로서는 받아들일 수 없는 것이라며 우리가 생존하기 위해서 자유롭기 위해서는 항전이라는 문을 넘어서야 하며 어떤 길로 갈지는 그 후의 일이다."⁵⁶⁾라고 주장했다.

산주의 선전. 1927년 중국의 라오둥대학(勞動大學) 교수 잠시 역임. 동년 11월, 도쿄 교외 치토세무라(千歳村)에서 농민 생활 시작. 1929년 교가쿠샤(共學社) 설립. 1933년 중국여행 후 동양문화 연구. 1933년 베이핑에서 바진과 만나고 1935년 봄 바진이 치토세무라를 방문함. 전후 일본 아나키스트 연맹의 고문이 됨.

55) 巴金, 「給一個敬愛的友人(三)」, 『烽火』 18期(1938. 8. 21), 378~379쪽.
56) 巴金, 「失敗主義者」(『見聞』 第2期, 1938. 8. 12), 『巴金全集』 13卷, 238~239쪽.

또한 극단적 국가주의자들이 "일본인을 말살시켜 버리자", "도쿄까지 쳐들어가자", "조선을 다시 빼앗아 오자"라는 주장을 하는 등 이번 전쟁에서 승리한 후 일본을 정복하고 세계를 정복하자는 주장에 대해 이는 실패주의자의 견해와 마찬가지로 항전에 방해가 된다고 여겼다. 중국의 항전은 일본제국주의에 대해, 파시스트의 침략에 대해 자신의 생존을 도모하고 독립과 정의를 위한 전쟁이기 때문이다. 그러므로 중국은 항전을 하지 않으면 멸망할 것이고 일본은 침략전쟁을 계속한다면 멸망할 것이라 여겼다. 무력은 인류번영의 법칙을 정복할 수 없으며 도리어 그 법칙에 정복될 것이기 때문이다.

상하이를 침략한 일본인은 "하나도 남김없이 중국을 타도하자"라 했다. 그러나 우리는 침략자를 우리의 국경 밖으로 쫓아내기만 하면 된다. 또한 조선은 자유를 얻어야 하며 조선의 독립은 우리의 항전의 결과의 하나가 되어야 한다. 현재 조선의 형제들은 우리의 항전에 참가하고 있기 때문에 장래 우리도 그들이 자유를 얻는 것을 도와주어야 한다. 조선을 다시 중국의 보호에 두려고 생각하는 것은 극단적 국가주의자의 몽상이다. 극단적 국가주의자의 견해는 침략자나 다를 바 없기 때문에 우리는 그들의 관념을 바로잡아주어야 한다.[57]

즉 중국에 와서 싸우는 일본병사, 이 전쟁을 일으킨 일본의 통치자, 이 전쟁을 지지하는 일본 사회 각계의 지도자는 모두 우리의 적이지만 억압받고 있는 무수한 평화로운 노동자에게는 그들을 억압하는 통치자와 흑백을 가리도록 각성시켜야 한다. 즉 전쟁을 도발한 일본 통치자는 적이지만 일본 노동자는 중국인민의 형제이므로 극단적 국가주의자의 오류를 바로잡아 주어야 한다는 것이다.

57) 巴金, 「國家主義者」(『見聞』 第3期, 1938. 9. 5), 위의 책, 240~243쪽.

이와 같이 그는 굴욕을 참으며 구차하게 안일을 구하는 것도 빚이
고, 무력으로 패업을 쌓으려는 것도 빚이므로, 중국은 빚을 갚아야 자
유로워질 수 있으며, 일본은 전쟁을 계속하는 한 멸망으로 갈 수밖에
없다고 여겨 각 민족이 화목하게 공존할 수 있는 길은 무분별하게 자
신의 국가의 이익만을 극대화시키는 길이 아니라 각 국가와 민족이 자
유롭고 독립적인 삶을 영위하는 것이라 주장했다. 민족주의에 열광하
는 전쟁 시기에 냉정한 현실 인식을 보여주는 이러한 바진의 주장은
그의 국제주의 정신을 보여주는 것이라 하겠다.

중일전쟁 발발 후 바진은 파시즘의 죄악을 고발하고 스페인이 겪은
고난과 파시즘에 대한 투쟁을 소개한다.[58]

1937년 10월, 그는 뢰커의『스페인의 투쟁』[59]을 번역 출판하여 스페
인의 전제적 통치기구가 카톨릭 교회 및 이태리, 독일 등 침략세력과
결탁하여 인민을 억압한 음모와 죄악을 폭로했으며, 전제 독재에 반대
하고 자유와 문명의 기초를 위협하는 적에 반대하며, 인간성을 위협하
는 모든 적들과 투쟁한 스페인의 노동자 및 농민계급과 지식인의 영웅
적 투쟁을 국제노동운동의 선봉으로서 찬양했다.

1938년 4월에는 카스트로(Castelao)의『스페인의 피』를 출판했다. 바
진은 "자유를 사랑하여 폐허가 된 고향을 중건하고자 하는 사람은 가
리시아에만 있는 것이 아니라 스페인 각처, 세계 도처에 다 있으며 우
리나라에도 많이 있다. 그래서 이 그림을 자유를 사랑하는 나의 동포
에게 바쳐 스페인의 피 속에서 그들 자신의 피를 보게 하고자 한다."[60]

---

58) 스페인 인민의 파시즘에 대한 투쟁의 실패를 교훈삼기 위해 1937년 말에서
   1939년 초까지 그는 대여섯 종의 '스페인문제총서'와 스페인내전을 반영한 화
   보『스페인의 투쟁』,『스페인의 피』,『스페인의 일기』,『스페인』 등을 번역,
   출판했다.
59) 若克爾,『西班牙的鬪爭』(캘리포니아 : 平社出版社, 1937. 10),『巴金全集』17
   卷, 193쪽.

라고 이 화보의 번역의도를 밝히고 있다.

1938년 5월, 뤼디거(H. Rüdiger) 저,『한 스페인 전사의 죽음』의 역자
서문「전사 두루티」에서 바진은 아나키스트 두루티가 스페인 전쟁에
서 보여준 헌신적 전투 정신을 항전 시기의 중국인이 본받아야 할 것
이라고 이 책을 번역하게 된 심정을 피력하고 있다.

  스페인의 형세 발전은 나의 마음을 매우 강건하게 해 주었다. 이 조
  그만 책자를 편역한 것은 본 적이 없는 친구를 기념하기 위해서일 뿐
  아니라 그의 충실한 작업과 강개한 희생에 대해 감격과 존경을 표시하
  기 위해서다. 동시에 항전기에 어렵게 분투하는 동료들에게 스페인의
  고난과 위대한 스페인 혁명의 앞날이 고난 속에서 점점 성장해 가는
  것을 알려주기 위해서다.[61]

이와 같이 파시스트에 대한 스페인 아나키스트의 투쟁을 선전함으
로써 중국인의 항전을 격려했을 뿐 아니라 중국인이 어떻게 항전해야
하는지 그 방법을 제시하고자 했다. 바진은 논설을 통해 항전을 선전
했을 뿐 아니라 장편소설을 통해 항전의지를 북돋운다. 항전삼부작
『불』제1부는 1937년 가을의 상하이 전투를 배경으로 상하이가 함락되
기까지 청년들의 항일구국 운동을 묘사하고 있다.

------

60) 스페인 북부 가리시아(Galicia)성 출신인 카스트로는「전 세계에 흩어져 있는
  가리시아인에게」에서 "내가 비통함 속에서 창조해낸 이 스케치는 당신들을
  위한 것이다. 나는 당신들이 영원히 자유를 사랑하며 또한 당신들만이 우리
  의 파괴된 고향의 재건을 도울 수 있다는 것을 안다"라고 이 그림을 그리게
  된 목적을 밝혔다. 加斯特勞,『西班牙的血』(上海 : 平明書店, 1938) ;「『西班
  牙的血』序」,『巴金全集』17卷, 388쪽.
61) 巴金,「戰士杜魯底」,『烽火』14期(1938. 5. 11), 255~256쪽. 두루티에 대해
  H.M. 엔첸스베르거 저, 변상출 역,『어느 무정부주의자의 죽음』(서울 : 실천문
  학사, 1999)의 번역본이 있다.

작품의 주인공인 펑원수(馮文淑)와 주쑤전(朱素貞)은 청년구국단에
서 일한다. 그들은 항전을 선전하는 잡지를 발간하고 부상병을 간호하
며 군비로 쓰일 성금을 모집하고 전선에 가서 봉사할 인원을 모집하는
등 적극적으로 항일 운동에 참여한다. 이와 더불어 상하이의 지하운동
단체가 묘사되는데 이 단체에는 조선인 항일 운동가인 자성(子成)·명
성(鳴盛)·노구(老九) 등이 등장하며,[62] 작품의 또 하나의 주인공 류보
(劉波)가 이 단체의 활동에 참가함으로써 한·중 양 국민의 항일을 위
한 연합을 보여주고 있다. 민족 반역자에 대한 테러 활동에 명성 등과
함께 참가한 류보가 암살된 자의 모습을 보려고 서성이다 경찰의 추격
을 받게 되자, 자성은 경찰의 주의를 끌기 위해 총을 쏘고, 그가 경찰
의 공격으로 숨진 대신 류보는 위기를 모면한다. 류보는 이 사건 이후
계속 지하활동에 참가한다.

바진은 이 작품에 등장하는 조선인 항일 운동가에 대해 다음과 같이
설명하고 있다.

1925년 베이징에서 친구 선루츄(沈茹秋)의 소개로 조선인을 알게 되
었는데 그는 조선 애국지사의 일본 침략자에 대한 투쟁 이야기를 해
주었다. 나는 처음으로 조선인의 고난에 가득 찬, 영웅적인 투쟁을 이

---

62) 김재명의 「정화암선생 고투의 기록」,『월간정경문화』(1985. 12), 412쪽에 조선
인 아나키스트 정화암이 1936년부터 바진이 운영하는 문화생활 출판사에 드
나들었으며, 바진의 출판사가 수색당하자 안휘성 남부 상요 지방에 피신하여
유서, 유자명 등과 전시공작대를 조직하여 활동했다는 기록이 보인다.『불』
제1·2부에 나오는 조선인 항일 운동가와 전시공작대의 활동은 이들을 모델
로 한 것이 아닌가 생각된다. 또한 河岐洛,『奪還』(서울 : 형설출판사), 187쪽
에 정화암·유서·유자명 등이 이끄는 전시공작대는 고축동 군단의 제3전투
지역에서 한간제거공작·학병귀순공작 등의 활동을 전개했는데, 한간제거공
작에는 유자명의 제자인 리다학교(立達學校) 출신 중국인 청년 악국화·김언
등과 합작했다는 기록이 보인다.

해하게 되었으며 그들에게 경의를 품게 되었다.……그 후 나는 몇몇의
친구로부터 조선인의 유랑 생활과 항전 초기의 활동을 듣게 되었다.
이에 의거해『불』1부의 자성·노구·명성·영언(永言)이 스파이를 암
살하는 쾌거를 묘사했다.[63]

초기 작품인『멸망』에 등장하는 혁명가인 두다신(杜大心), 민(敏) 등
의 테러에 의한 혁명 방식에 대해 바진은 이론적으로는 테러리즘이 아
나키즘 혁명의 유효한 방식이 아니라고 여기면서도 그들의 희생정신
에 대해서는 높이 평가했다. 그러나『불』제1부에 등장하는 조선인 혁
명가에 대해서는 그들의 행동의 정당성에 대해 더욱 견고한 신념을 가
지고 있는 것 같다. 즉 두의 죽음을 거리의 구경꾼들은 구경삼아 바라
보고 여단장은 거액의 은전을 얻은 것으로 묘사되었지만,『불』제1부
에서 이들의 암살 활동 후 일본군은 유력한 앞잡이를 잃었으며 상하이
인의 마음은 정복될 수 없다는 것을 알았다고 결말을 장식하고 있다.
이는 일제의 침략에 대한 한·중 양 국민의 저항이 역사적 정당성을
지니고 있음을 인식한 데서 비롯된 것으로 여겨진다.
바진의 전쟁에 대한 태도는 "사회 혁명을 제외하고 절대로 전투에
참가해서는 안 된다"는 정통적 아나키스트의 관점과는 다르다. 그는
일본의 침략을 일반 국민과는 무관한 중·일 양국의 통치 계급의 전쟁
으로만 볼 수는 없었으며, 이는 당시 중국 아나키즘 운동의 주류와 맥
을 같이 하는 것이라 볼 수 있다. 바진은 일본의 침략에 저항하는 것이
모든 억압에 반항하는 아나키즘의 이상과 일치하는 것이라고 여겼다.
즉 자유와 호조에 바탕을 둔 이상 사회의 건립을 방해하는 일제의 침
략에 대한 반항으로서 열렬하게 항전을 부르짖게 되는 것이다. 그는
항전의 목적은 세계의 제국주의자를 멸망시키고, 모든 인간이 자유롭

---

63) 巴金,「關於『火』」,『創作回憶錄』(香港 : 三聯書店, 1981), 63쪽.

고 평등하며 능력에 따라 일하고 필요에 따라 취하는 이상적 사회의 건설을 위해서라고 생각했다. 즉 전쟁으로써 전쟁을 반대하며, 혁명적 전쟁으로써 전 세계의 평화와 인류의 행복을 보장하고자 했다.

V. 맺음말

근대에 이르러 국가 권력이 어느 시기보다도 강대해짐에 따라 모든 권력에 저항하며 세계의 모든 인간이 자유롭고 평등하게 살아가는 세상의 건설을 꿈꾸는 아나키즘은 한중일 동아시아 삼국의 지식인들에게 새로운 사회 건설을 위한 매력적인 이데올로기로 수용된다. 본고에서는 아나키즘이 20세기 전반 식민지 혹은 반식민지 상태였던 한국과 중국의 대표적인 지식인이라 할 신채호와 바진에게 수용되는 과정에서 당시의 절박한 시대적 과제인 민족주의와 맞물리며 어떠한 양상으로 표출되는지를 살펴보았다.

신채호는 동양의 평화를 이룩할 수 있는 방도는 한국 독립밖에 없다고 하면서, 일본의 시베리아 점령과 함께 러시아의 동진을 경계하는 입장을 표명했다. 신채호에게 아나키즘의 의미는 국가 소멸론에 대한 확신적인 의미보다도 민족본위의 민중주의적 속성을 바탕으로 하는 독립운동의 의미를 지니고 있다고 할 수 있다. 이는 사회주의가 추구했던 프롤레타리아 독재나 자본주의가 정당화하고 있는 부르주아 지배계급을 벗어나서 전체 민중 중심의 정치구조로의 지향을 가치화한 것이라 할 수 있다.

한편 바진은 1920년대 이탈리아 아나키스트 싸코와 반제티의 구명운동에 참가하고, 1930년대 조선인·일본인 아나키스트와의 교류 및 스페인 내란에의 관심을 통해 국가라는 인위적 제도의 장벽을 넘어 온 인류의 의사소통과 보편적 이상을 지향하는 활동을 보여주었다. 중일 전쟁기에는 일제의 침략에 대해 전쟁으로써 전쟁을 반대하며, 혁명적 전쟁으로써 전 세계의 평화와 인류의 행복을 보장하고자 했다. 이와 같이 신채호와 바진의 아나키즘은 제국주의적 전쟁에 대한 철저한 저항이라는 면에서 공통점을 갖는다.

다만 망국의 아나키스트로 중국에 머물렀던 신채호는 조선의 민중이 일본의 프롤레타리아 계급과 연대해야 된다는 주장을 단호히 거부한 것에 비해, 바진은 중일전쟁 시기에 조선의 민중뿐 아니라 일본의 진보적 지식인·민중과 중국 민중이 연대하여 일제에 저항할 것을 호소했다. 이는 삶의 터전을 빼앗긴 채 국외에서 독립운동의 방략을 모색한 운동가서로의 신채호와 반식민국가의 지식인이라는 바진의 입장의 차이에서 비롯된 것이라 여겨진다.

유럽의 아나키스트들은 제1·2차 세계대전이 제국주의자들의 전쟁이므로 불참할 것을 선언했다면, 동아시아의 아나키스트인 신채호와 바진은 일제에 단호히 맞설 것을 주장했다. 이것이 유럽과 동아시아의 아나키즘의 차이이기도 하다. 이들은 제국주의의 침입에 대한 저항이야말로 정의를 위한 전쟁이며 자신의 생존을 지키기 위한 것이라고 여겼기 때문이다. 이처럼 한국과 중국 아나키스트의 공통점과 차이점은 반전이 갖는 다층적인 의미뿐만 아니라 지역적 특수성을 보여준다는 측면에서 중요한 의미를 갖는 것이다.

참고문헌

1. 자료

『단재신채호전집』하권(서울 : 형설출판사, 1975).

김병민 편, 『신채호문학유고선집』(연길 : 연변대학출판사, 1994).

신채호, 「帝國主義와 民族主義」, 『大韓每日申報』(1909. 5. 28).

巴金, 『隨想錄』(北京 : 三聯書店, 1987).

『巴金論創作』(上海 : 上海文藝出版社).

『巴金譯文選集』第10卷(北京 : 人民文學出版社, 1997).

『巴金全集』12卷, 13卷, 16卷, 17卷, 21卷(北京 : 人民文學出版社, 1986).

葛懋春 等編, 『無政府主義思想資料選』下冊(北京 : 北京大學出版社, 1984).

盧劍波編, 『驚蟄』(成都, 1937~1939).

茅盾・巴金主編, 『烽火』(上海 : 上海書店, 1983).

凡宰特, 「凡宰特致本社黑浪同志信」, 『平等』第1卷 第4期(1927. 10).

芾甘, 『從資本主義到安那其主義』(上海 : 自由書店, 1930).

2. 연구서

무정부주의운동사편찬위원회편, 『한국아나키즘운동사』(서울 : 형설출판사, 1994
　　　년판).

신용하, 『신채호의 사회사상연구』(서울 : 한길사, 1984).

신일철, 『신채호의 역사사상연구』(서울 : 고려대 출판부, 1980).

이호룡, 『한국인의 아나키즘 수용과 전개』(서울대 국사학과 박사학위논문,
　　　2000).

H.M. 엔첸스베르거 저, 변성출 역, 『어느 무정부주의자의 죽음』(서울 : 실천문
　　　학사, 1999).

크로포트킨 저, 이을규 역, 『현대과학과 아나키즘』(서울 : 창문각, 1973).

高瑞泉主編, 『中國近代社會思潮』(上海 : 華東師範大學出版社, 1996).

唐金海 主編, 『巴金年譜』(成都 : 四川文藝出版社, 1989).

山口守・坂井洋史著, 『巴金的世界』(北京 : 東方出版社, 1996).

李龍牧, 『五四時期思想史論』(上海 : 復旦大學出版社, 1990).

李存光編, 『世紀的良心』(上海 : 上海文藝出版社, 1996).

張立慧等編, 『巴金研究在國外』(長沙 : 湖南文藝出版社, 1986).

3. 연구논문

김성국, 「아나키스트 신채호의 시론적 재인식」, 자유사회운동연구회, 『아나키
즘 연구』 창간호(1995. 7).

김재명, 「정화암선생 고투의 기록」, 『월간정경문화』(1985. 12).

최원식, 「서양과 일본, 이중의 충격 사이에서」, 민족문학사학회, 『민족문학사
연구』 16권 1호(2000).

최정수, 「단재신채호의 국제관」, 『한국학논집』 26호(한양대 한국학연구소,
1995).

한기형, 「동아시아 담론과 민족주의」, 민족문학사학회, 『민족문학사연구』 17
권 1호(2000).

메이지 사회주의자의 반전론[*]
고토쿠 슈스이(幸德秋水)의 비전론을 중심으로

박 양 신

I. 머리말

근대 일본의 본격적인 대외전쟁은 1894년에 발발한 청일전쟁에서 비롯된다. 개전 직후 당대의 대표적인 사상가 후쿠자와 유키치(福澤諭吉)는 그 전쟁을 단순히 청일 양국의 전쟁이 아닌 "문명개화의 진보를 꾀하는 자와 그 진보를 방해하려고 하는 자 사이의 전쟁", 곧 "문명과 야만의 전쟁"으로 규정했다.[1] 이 "문명과 야만의 전쟁"이라는 규정은 청일전쟁의 정당성을 담보하는 담론으로서, 당시 일반 국민을 설득하는 전쟁 명분으로 기능하였다. 훗날 러일전쟁의 대표적인 반전론자 중 하나로 꼽히는 우치무라 간조(内村鑑三) 조차도 청일전쟁을 의전(義戰)으로 규정하며 전쟁을 지지할 정도로,[2] 청일전쟁 당시는 전쟁에 반대하는 주장을 거의 찾아볼 수 없었다.

그러나 10년 뒤인 러일전쟁 때가 되면 상황은 달라진다. 전쟁 개시 전부터 개전 반대의 주장이 제기되었고, 전쟁 개시 후에도 일각에서

---

[*] 이 논문은 『아시아문화연구』 12(2007. 5)에 게재되었다.
1) 「日淸の戰爭は文野の戰爭なり」(『時事新報』 1894. 7. 29), 『福澤諭吉全集』 14 (東京 : 岩波書店, 1970), 491쪽.
2) 内村鑑三, 「日淸戰爭の義」, 『國民之友』 234(1894. 9. 3).

반전 주장은 계속되었다. 러일전쟁 반전론의 주체는 일부의 기독교도 지식인을 제외하면 주로 사회주의자였으며, 그들이 전쟁에 반대하는 근거는 사회주의사상과 기독교적 박애정신의 두 가지였다.[3] 이 중에서도 사회주의의 관점에서 철저히 반전의 주장을 굽히지 않았던 대표적인 인물이 바로 고토쿠 슈스이(幸德秋水 : 1871~1911)이다. 대역사건에 연루되어 사형당한 것으로 유명한 고토쿠가 사회주의자로서 세간의 주목을 끌게 된 계기는 제국주의 비판과 러일전쟁 비전론(非戰論)[4]을 통해서이다.

자유민권사상가 나카에 조민(中江兆民)의 서생을 하고 있던 중 1893년 『지유신분(自由新聞)』에 입사하면서 저널리스트로서의 첫발을 내디딘 고토쿠는 그 후 『히로시마신분(廣島新聞)』, 『주오신분(中央新聞)』을 거쳐 1898년 2월에 요로즈초호샤(萬朝報社)[5]에 입사함으로써 비로

3) 西田長壽, 「解說」, 服部之總·小西四郎監修, 『週刊平民新聞(一)』(東京 : 創元社, 1953), 8쪽. 청일전쟁 후 일본에 수용된 사회주의가 주로 미국 유학에서 돌아온 기독교도 지식인에 의해 이루어졌다는 특징에 따라(石川旭川編, 『日本社會主義史』(1907), 太田雅夫編, 『明治社會主義資料叢書』 1(東京 : 新泉社, 1973), 14쪽), 반전론에도 기독교적 휴머니즘이 한 근거로 작용하게 된 것이다. 러일전쟁 당시의 개전론 및 비전론(非戰論)에 대한 개관은 淸水靖久, 「日露戰爭と非戰論」, 九州大學大學院比較社會文化學府, 『比較社會文化』 8(2002) 참조.

4) '非戰'이란 반전을 의미하는데, 당시는 아직 반전이라는 용어가 일반화되지 않고 대신 '非戰'이란 용어가 주로 사용되었다. 이와 관련해서 후쿠자와의 다음 기술은 저간의 사정을 일부 설명해주리라고 생각된다. 후쿠자와는 1879년의 한 글에서 '非政府黨'을 설명하면서 "원래 이 非라는 자는 영어의 anti를 의역한 것으로, 반대라는 뜻이니 그다지 꺼려할 글자가 아니다"라고 했다(福澤諭吉, 「國會論」(1879), 『福澤諭吉選集』 5(東京 : 岩波書店, 1981), 129쪽). 이 설명을 참고로 한다면 메이지시대 초기의 '非'의 용법이 후기에도 이어졌던 것으로 이해할 수 있을 것이다. 이하에서는 일반적 설명에서는 '반전'을 사용하고, 당시의 상황을 나타낼 때는 '비전'도 함께 사용한다.

5) 1892년에 창간된 『요로즈초호(萬朝報)』는 초기에는 폭로성 기사로, 1890년대

소 저널리스트로서 안정적인 지위를 얻게 되었다. 이 무렵부터 서서히 사회주의사상에 접하게 된 고토쿠는 사회 비판적인 논조를 보이고는 있었으나, 1900년 이전까지는 사회주의적 관점보다는 현실 정치에 대한 자유주의적 관점에서의 비판이 더 두드러졌다. 그 경향은 국제관계에 대한 시각에서도 드러나, 국익과 힘의 논리를 기조로 하는 권력정치적인 국제관을 보이고 있었다.

그러던 고토쿠의 논조에 변화가 보이기 시작한 것은 1900년에 있었던 의화단사건 이후의 일로, 그는 국내적으로는 사회주의 제도로의 변혁을, 대외적으로는 반제국주의를 주장하게 되었다. 그 유명한 『20세기의 괴물 제국주의』(1901)가 바로 그것으로, 그의 반제국주의로의 전환은 사회주의사상의 수용과 표리를 이루는 것이었다. 제국주의에 대한 비판을 토대로, 러일전쟁에 즈음해서 고토쿠는 개전론에 저항해 반전을 주장하였고, 전쟁이 시작된 이후도 사카이 도시히코(堺利彦)와 함께 설립한 헤이민샤(平民社)를 거점으로 지속적으로 반전을 주장하였다. 그의 반전의 논리는, 전쟁은 소수의 정치가, 군인, 자본가에게만 이익이 될 뿐 노동자, 농민 등 일반 서민에게는 전혀 이익이 되지 않는다는 사회주의적 관점에서의 것이었다. 그로 인해 때론 기독교적 휴머니즘을 근거로 한 반전론과 거리를 두기도 했지만, 한편으로는 조선과의 관계에 대한 인식에 있어서 후술하는 문제점을 노정하기도 하였다.

종래 고토쿠에 대한 연구는 사회주의와 비전론에 대한 연구로 집중되어, 일부 언급된 것까지 합하면 일일이 다 제시하지 못할 정도로 상당량의 축적을 보이고 있다.6) 그런데 기존의 비전론 연구에서는 비전

말부터는 사회주의적 주장을 지지함으로써 발행부수(약 12만부)에서 2위를 차지하는 중앙 유력 일간지였다(西田長壽, 『明治時代の新聞と雜誌』(東京 : 至文堂, 1961), 239~241쪽).

6) 고토쿠에 대한 대표적인 연구서를 들면 다음과 같다. 西尾陽太郞, 『幸德秋水』

론의 내용 자체만을 부각시켜 그가 그 이전에는 대단히 권력정치적인
국제관을 보이고 있었던 점,[7] 그의 비전론에는 계급이라는 요소에 집
중한 나머지 타국의 주권 존중이라는 점에는 충분히 주의를 기울이지
못한 점 등 그의 논리의 취약점은 간과되는 경향이 있었다. 이에 본고
는 근대 일본의 초기 사회주의를 대표하는 인물인 고토쿠의 제국주의
비판과 비전론을 그의 사회주의사상의 수용 과정과의 연관에서 파악
하고, 종래 간과되었던 그의 사회주의적 관점에서의 반전의 논리가 품
고 있었던 문제점에도 주의를 기울이면서 고토쿠의 러일전쟁 비전론
의 특징을 고찰하고자 한다.

Ⅱ. 의화단사건과 제국주의 비판

1. 의화단사건 이전의 국제정치관

요로즈초호샤에 입사한 이래 『20세기의 괴물 제국주의』를 집필하기
직전까지 그가 대외문제에 관해 보여준 논조는 초기의 거물 사회주의

(東京：吉川弘文館, 1959)；糸屋壽雄, 『幸德秋水硏究』(東京：靑木書店, 1967)；
飛鳥井雅道, 『幸德秋水 - 直接行動論の源流』(東京：中央公論社, 1969)；田中惣
五郎, 『幸德秋水 - 革命家の思想と生涯』(東京：三一書房, 1971)；大河內一男,
『幸德秋水と片山潛 - 明治の社會主義』(東京：講談社, 1972)；大原慧, 『幸德秋
水の思想と大逆事件』(東京：靑木書店, 1977)；F.G. Notehelfer, 竹內護夫譯, 『幸
德秋水 - 日本の急進主義者の肖像』(東京：福村出版, 1980) 등.

7) 長谷百合子, 「幸德秋水の非戰論 -『萬朝報』を中心に」, 初期社會主義硏究會,
『初期社會主義硏究』 16(2003)에서는 고토쿠의 권력정치 지향의 측면을 지적
하나, 그 잣대를 그의 사회주의자로서의 전환 후에까지도 적용함으로써 그에
게 있어 사회주의와 비전론은 立身을 위한 수단이었다고 평가한다. 이는 고
토쿠의 '비전론'의 한계를 인정한다 하더라도, 그 의의를 그 시대 상황 속에서
지나치게 평가 절하하고 있는 것으로 정당한 평가가 아니라고 생각한다.

자라는 그의 이미지로부터는 상상하기 어려울 정도로 권력정치(power politics)의 관점에 의거해 있었다. 그가 이 신문사에 입사한 1898년 2월이라고 하면 그 전 해 12월 독일이 교주만을 점령한 것을 이어 러시아, 영국에 의한 중국 분할이 한창 진행 중이던 시기이다. 이때 일본 정부는 대항 조치로서 복건성의 불할양 약속을 받아내지만, 고토쿠는 그것이 열강과의 세력균형 면에서 처진다는 이유로 정부를 비판했다.[8] 같은 해 4월에 발생한 필리핀을 둘러싼 미국과 스페인의 전쟁에 대해서도 강국 미국이 필리핀을 점령하고 있으면 일본의 남진(南進)에 장해가 되므로, 필리핀을 스페인 치하에 두고 열강의 감시 하에 내정 개선을 유도하는 것이 일본에게 바람직하다고 주장했다.[9]

고토쿠는 "외교의 안중에는 오로지 이해관계가 있을 따름이다. 감정이 개입하는 것을 허용치 않는다"고 강조했다. 그는 당시 일본과 영·미의 동맹을 주장하는 자가 영·미를 어질고 정의로운 나라라고 말하는 것에 대해, 정의로운가 그렇지 않은가는 결코 동맹, 비동맹의 기준이 될 수 없으며 단지 이해관계 여하가 고려되어야 한다고 주장했다.[10] 그의 권력정치적인 국제관을 단적으로 잘 드러낸 구절이라 하겠다. 그는 제국주의적 국제관계에서 가장 중요한 것은 각국의 이해관계이며, 각국 간의 세력균형을 유지하는 것이 긴요하다고 생각하였다.

이런 그의 국제정치관은 당시 러시아 황제 니콜라이 2세가 주창한 만국평화회의 개최에 대한 반응에서도 그대로 드러나고 있다. 그는 논평에서 만국평화회의의 이상은 현실에 비추어 '공상'일 뿐이라며 평화

---

8) 「日本の對淸要求」(『萬朝報』1898. 4. 29), 『幸德秋水全集』2(東京 : 明治文獻, 1970), 68쪽. 이하 고토쿠의 글 중 『萬朝報』의 논설은 신문명을 생략하고 괄호 속에 게재 연월일만을 밝힌다.

9) 「非律賓の處分如何」(1898. 8. 3), 『幸德秋水全集』2, 110쪽.

10) 「感情的外交論」(1898. 8. 16), 『幸德秋水全集』2, 114~115쪽.

회의 제창에 부정적 입장을 표했다. 첫째, 세계의 분쟁 처리에서 평화
적 수단 이외의 모든 수단을 배제한다는 취지에 대해서, 그것은 현실
적으로 "도저히 불가능한 일"이라고 부정했다.[11] 둘째, 군축의 제안에
대해서도 그는 부정적이었다. 곧 전 세계의 군비를 없애지 않는 한, 군
축은 현재 과도한 군사력을 소지하고 있는 유럽 국가들 사이에서 행할
일이지 전 세계적으로 실행할 일은 아니라고 했다.[12] 마지막으로 국제
중재재판의 창설에 대해서도 탁상공론일 뿐이라며 회의적이었다.[13]

당시 평화회의에 대한 국제사회의 반응은 두 가지로 갈렸다. 하나는
러시아의 일시적인 책략이라는 것이고, 다른 하나는 항구적 평화를 바
라는 데서 나온 것이라는 입장이었다.[14] 이런 두 입장은 일본 국내에
서도 마찬가지로 보였는데, 전자 쪽 의견이 다수를 이루는 분위기였다.
그 대표적인 예로 제국주의론자인 도쿠토미 소호(德富蘇峰)의 『고쿠민
신분(國民新聞)』의 논설은, 평화회의의 제창은 러시아의 이익에 의거
해 나온 것이니, 일본은 타국에 기대어 평화를 유지할 것이 아니라 자
신의 힘으로 평화를 유지하기를 바란다며 암묵적으로 일본의 군비확
장을 주장했다.[15] 또 이듬해 평화회의에 일본 대표의 한 사람으로 참
석하게 되는 국제법학자 아리가 나가오(有賀長雄)도 이 회의는 특별히
깊은 정치적 의미가 있는 것은 아니며, 각국이 대표를 파견한다 하더
라도 단지 '희망'의 일치를 결의하는 데 그칠 것이라고 전망했다.[16]

---

11) 「平和會義の贊同(1)」(1898. 9. 24), 『幸德秋水全集』 2, 130~131쪽.
12) 「平和會義の贊同(2)」(1898. 9. 25), 『幸德秋水全集』 2, 132~133쪽.
13) 「平和會義の贊同(3)」(1898. 9. 27), 『幸德秋水全集』 2, 134쪽.
14) 「國際平和會議と露國」, 『東京朝日新聞』(1898. 9. 4). 이 기사는 세계의 평화
    유지라는 제창의 동기에 비추어 각국은 그것을 거부할 수 없을 것이라고 전
    망하면서도 그 회의의 유효성에 대해서는 회의적이었다.
15) 「光榮の平和と軍備」, 『國民新聞』(1898. 9. 2).
16) 有賀長雄, 「軍備擴張休止の萬國會議」, 『外交時報』 8(1898).

이상에서 본 바와 같이 국제정치를 이상보다는 자국의 이익을 위해 행동하는 권력정치적 관점에서 인식하는 고토쿠의 태도는 1900년 의화단 사건의 추이에 대한 논평에서도 관철되고 있다. 1900년 6월 각국 공사단 보호를 위해 두 차례 8개국 연합군 공동출병이 이뤄진 상태에서 고토쿠는 "열국 간의 협동은 오직 열국이 이해관계를 같이 할 경우에 한정된다"며 이해관계가 어긋날 때는 언제든지 깨지는 것이 국제 협조임을 지적하고, 다시 한번 자국 이익 증진의 중요성을 강조했다.17)

이어 의화단 사태 수습과 관련해서 그는 열국의 공동 행동을 지지했다.18) 그러나 의화단 진압 후 사후 처리 문제에 대해서는 각국의 이해가 충돌할 때는 일본의 국익 수호를 위해 한치도 양보해서는 안 되며, 그것을 관철하기 위해서는 "전쟁도 불사하는 결심"이 있어야 한다고 주장했다.19) 또 중국의 '보전'을 주장하는 것도 일본의 이익에 부합하는 한에서이지, 당시 중국 보전론자들이 보였던 바와 같은 심정적, 도덕적 보전론, 즉 인도(人道)나 '동문(同文)'을 이유로 한 주장에 대해서는 경계했다.20)

이밖에 조선을 둘러싼 문제에 대해서도 그는 "러시아가 즉시 조선을 포기하고 일본에 넘기지 않는 한 결코 완전한 해결을 볼 수 없다"며, 만일 러시아가 군이 조선을 탐낸다면 일본과 '결전'을 벌일 각오가 필요할 것이라고 말했다.21) 그의 조선문제에 대한 관점은 당시의 주류적 견해, 즉 조선의 '독립' 유지=동양평화 유지는 일본의 국가 존립에 필요조건이므로, 이를 위해서는 한줌의 조선 땅이라도 타국의 손에 넘길

---

17) 「列國協同」(1900. 6. 16),『幸德秋水全集』2, 351~353쪽.
18) 「對淸運動」(1900. 6. 22),『幸德秋水全集』2, 355쪽.
19) 「外交的準備」(1900. 7. 20),『幸德秋水全集』2, 373쪽.
20) 「保全と分割」(1900. 8. 16),『幸德秋水全集』2, 406~407쪽.
21) 「日露の關係」(1900. 8. 3),『幸德秋水全集』2, 379~380쪽.

수 없다는 기본 태도에서 비롯되고 있었다.[22]

이상의 검토에서 알 수 있듯이 고토쿠는 1900년의 시점까지는 권력
정치관에 입각해 국제관계를 파악하고 있었으며, 제국주의 외교의 본
질을 누구보다 잘 꿰뚫고 있었다.

그러던 고토쿠가 1900년 11월부터 이듬해 2월에 걸쳐 후에『20세기
의 괴물 제국주의』의 토대가 되는「대역무도록(大逆無道錄)」,「도심단
단록(刀尋段段錄)」,「제국주의(帝國主義)」의 세 논설을『치요다마이유
신분(千代田每夕新聞)』에 연재하였다. 다시 말하자면 그의 제국주의
비판은 그의 외교론 논조의 문맥에서 보면 돌변이라고 할 수 있을 정
도의 태도 변화였다. 이 같은 고토쿠의 제국주의 비판으로의 전환은
그의 사회주의 수용과 밀접한 관계가 있는 것으로 보인다.

2. 사회주의 수용과 제국주의 비판

일본에 사회주의가 수용되기 시작한 것은 청일전쟁 이후의 일이다.
청일전쟁 이후 산업화가 본격화되면서 노동자 문제가 사회문제로서
대두되게 되었던 것이다. 이에 1897년경이 되면 여러 노동단체가 조직
되고, 사회문제를 연구하는 단체도 생겨나게 되었다. 고토쿠는 메이지
사회주의의 연원을 이루는 단체들에 처음부터 참여하고 있었다.

고토쿠는 훗날『헤이민신분(平民新聞)』에서 기획한「나는 어떻게 사
회주의자가 되었는가」라는 연재물에 답해서 다음과 같이 밝히고 있다.

"처지와 독서의 두 가지이다. 처지란 도사(土佐, 메이지유신을 주도
한 4개 번 중 하나로 자유민권사상의 산실이기도 한 지금의 고치현 :
인용자)에서 태어나 어려서부터 자유평등설에 심취한 것, 유신 후 일가

---

22)「朝鮮の動亂と日本」(1900. 8. 23),『幸德秋水全集』2, 415쪽.

친척의 가세가 기우는 것을 보고 동정심이 인 것, 자신의 학자금이 없어 분한 나머지 운명의 불공정을 느낀 것. 독서는 『맹자(孟子)』, 유럽의 혁명사, 조민(中江兆民) 선생의 『삼취인경륜문답(三醉人經綸問答)』, 헨리 조지의 『사회문제』와 『진보와 빈궁』. 이를 읽고 나는 열성적인 민주주의자가 되었으며, 또한 사회문제에 대해 깊은 흥미를 갖게 되었다. 그러나 '나는 사회주의자이다'라고 분명히 단언할 수 있었던 것은 지금부터 6, 7년 전 셰플레의 『사회주의신수(社會主義神髓)』를 읽었을 때이다."[23]

그가 셰플레(Albert E. Schäffle)의 『사회주의신수』(*Die Quintessenz des Socialismus*)를 읽은 것은 1897년 영국 유학에서 돌아온 친척 야스오카 유키치(安岡雄吉)에게 빌려본 영역본을 통해서 이다. 그것을 읽은 당시 고토쿠는 동료 기자에게 "오늘날은 더 이상 자유민권의 시대가 아니다. 새로운 기치를 세워 사회주의를 연구하겠다"고 말했다고 한다.[24] 고토쿠가 이 책을 읽고 자신을 '사회주의자'라고 단언할 수 있었다고 회상한 것은 당시의 그의 글들을 볼 때 다소 과장된 이야기인 듯하나, 그 즈음부터 사회주의에 적극적으로 관심을 갖기 시작한 것은 사실인 것 같다.

그는 1897년에 조직된 '사회문제연구회'에 당시 자신이 몸담고 있던 『주오신분』 기자 이시카와 야스지로(石川安次郎)의 소개로 입회했다.[25] 이 연구회는 사회문제에 관심 있는 다양한 인물들이 모인 것으

23) 『平民新聞』 10(1904. 1. 17), 服部之總·小西四郎監修, 『(週刊)平民新聞(一)』 (東京：創元社, 1953), 219쪽.
24) 神崎淸, 「反戰·平和の原點 幸德秋水」, 『日本の名著44 幸德秋水』(東京：中央公論社, 1970), 32쪽.
25) 그 당시의 고토쿠에 대해 당대 유명 저널리스트이자 사상가인 야마지 아이잔(山路愛山)은 "고토쿠씨는 당시 회원으로서 특별히 눈에 띄는 인물은 아니었다. 어느 누구도 그가 10년 후에 사회주의자로서 가장 세인의 주목을 받는 인

로 아직 사회주의 단체로 보기는 어렵다. 이듬해 10월에 결성되는 '사
회주의연구회'가 비로소 사회주의 연구를 표방하면서 출발한 단체이
다. 고토쿠는 자신이 이에 참가하게 된 경위에 대해, 11월 중순에 『요
로즈초호』에 게재한 자신의 「사회 부패의 원인과 구제」라는 논설을 본
무라이 도모무로(村井知室, 사회주의연구회 회장)와 가타야마 센(片山
潛)이 입회를 권유해 와 참가하게 되었다고 밝히고 있다.[26]

사회주의연구회는 1901년에 '사회주의협회'로 개칭하는데, 초기의
사회주의자 대부분이 회원으로 참가한 메이지 사회주의의 메카와 같
은 단체였다. 고토쿠는 그러나 이 연구회에 참가했을 당초는 그다지
사회주의에 열성을 보인 편은 아니었던 모양이다. 야마지 아이잔은
"고토쿠씨는 이때도 일개 회원이라는 정도였지 별로 두드러지게 말도
하지 않고, 활발히 토론을 한 적도 없었다"고 회상했다.[27] 실제로 1899
년까지는 신문 논설에서도 그가 사회주의적 관점에서 논평한 것이 그
다지 많지 않다.[28] 그 시점까지 고토쿠는 오히려 그 이전부터 관심을
기울여왔던 현실 정치문제 - 자유당(自由黨)의 후신인 헌정당(憲政黨)
지지 측에 서서 그들의 행동을 비판하는 입장 - 에 보다 더 큰 관심을
보이고 있었던 것이다. 이와 관련해서 한 연구자는 "이 단계의 고토쿠
는 그 사회적 발언은 사회주의 및 사회주의적인 언론이나, 그 사회적
행동의 많은 부분은 정당 대 번벌의 정치적 거래이며, 사회문제적, 보

물이 되리라고는 예상하지 못했다"고 밝히고 있다(山路愛山, 「現時の社會問題
及び社會主義者」(1908), 『明治文化全集』 6 - 社會篇(東京 : 日本評論社, 1968, 제
3판), 377쪽).
26) 石川旭山編, 앞의 글(1907), 16쪽.
27) 山路愛山, 앞의 글(1908), 381쪽.
28) 사회주의에 대해 언급하면서 사회주의적인 관점을 반영한 논설은 「胃腑の問
題(一, 二)」(1899. 9. 18 ; 9. 20), 「勞働問題と社會主義(上・下)」(1899. 10. 3 ;
10. 4) 정도이다.

통선거적인 것은 적다고 할 수 있다.……바로 당시의 전형적인 소부르주아 인텔리였다고 할 수 있을지도 모른다"고 냉철하게 평가했다.[29]

그러나 1900년 이후 그는 본격적으로 사회주의로 경도되어 가 사회주의자로서 자신을 정립해 갔다. 그렇게 된 데에는 그가 지지했던 자유당이 그가 비판해 마지않았던 이토 히로부미(伊藤博文)와 손을 잡고 정우회(政友會)라는 정당으로 거듭남으로써 기성 정당정치에 크게 실망한 것이 한 요인으로 작용한 듯하다. 그의 유명한 「자유당을 제사하는 제문」(1900. 8)은 바로 그러한 실망감을 표출한 것이다. 현실 정치에 대한 실망으로 인해 사회주의로 한 걸음 더 나아가게 된 것이 그의 국제정치에 대한 시각에도 영향을 미치게 되었으리라고 추측된다. 즉 노동자, 빈민 등 사회적 약자의 관점에서 현 사회경제제도를 비판하는 태도가 국제관계에서도 강국들의 제국주의에 대한 시각의 전환을 초래했으리라고 생각된다. 바로 그런 시점에서 발생한 것이 의화단사건인 것이다.

앞 절에서 보았듯이 의화단사건 초기만 해도 고토쿠는 권력정치의 관점에 서서 일본의 국익을 최우선으로 하는 외교를 강조하고 있었다. 그러던 그가 1900년 8월 이후 의화단사건에 대한 논설에서 간헐적으로 종전과는 다른 비판적 논조를 보이기 시작했다. 훗날의 '비전론'의 전조를 이루는 「비전쟁주의(非戰爭主義)」라는 논설에서 고토쿠는 처음으로 전쟁이 내포하는 문제성을 일반 인민의 관점에서 제기하였다. 이 글에서 그는 전쟁의 참화를 군인들의 고생, 전장지 인민의 불행, 군인 유족의 비참함, 무역과 생산 위축으로 인한 빈민 증가 등등의 요인을

29) 田中惣五郎, 앞의 책(1971), 143~144쪽. 훗날 고토쿠와 함께 요로즈초호샤를 나오게 되는 사카이 도시히코는 1899년 시점에서 고토쿠에 대해 처세술을 생각하고 "공명심에 불타는 사람"이라고 평하고 있다.『堺利彦全集』1(東京 : 中央公論社, 1933), 357쪽, 361쪽.

들어 지적하였다. 그 위에 전쟁은 일반적으로 "국위와 명예의 발양"이
라고 일컬어지지만, "일반인의 불행과 일반 사회의 손해를 극에 달하
게 하고, 사람들에게 피비린내를 감내하게 만들고서 얻은 국위와 명예
가 과연 인생의 목적인가"라며 의문을 제기하였다.30) 여기서 보인 전
쟁 비판의 관점은 러일전쟁 비전론에서도 그대로 전개된다.

　1900년 11월 들어 그는 『요로즈초호』에 「배제국주의론(排帝國主義
論)」(11. 17)을, 이어서 앞서 들었던 세 논설을 『치요다마이유신분』에
이듬해 2월까지 걸쳐 연재했다. 그리고 이들을 토대로 1901년 4월에
『20세기의 괴물 제국주의』(이하 『제국주의』)라는 제국주의 비판서를
펴냈다. 이 책은 청일전쟁 후 일본에서 왕성해진 제국주의론에 대한
최초의 전면적인 비판서라 할 수 있다. 동시대 서양에서 제국주의 주
장은 전쟁론과 결합되는 반면, 제국주의 반대의 사상은 평화론의 형태
를 취하고 있었다는 지적에 비추어,31) 고토쿠의 제국주의 비판은 반전
론을 향한 전초전이라 할 수 있을 것이다.

　이미 밝혀진 바와 같이 『제국주의』는 영국인 로버트슨(J.M. Robertson)
의 『애국심과 제국』(*Patriotism and Empire*, 1899)을 저본으로 해서 그 중
많은 부분을 번역해 옮긴 것이었다.32) 로버트슨은 19세기 말 영국에서

---

30) 「非戰爭主義」(1900. 8. 7), 『幸德秋水全集』 2, 383~384쪽. 이 논설을 쓰기 며
　　칠 전까지도 조선을 둘러싼 러시아와의 대립에서 '결전'을 불사할 각오를 강
　　조했던 고토쿠가 이 논설에서 갑자기 전쟁의 비참함을 들고 나선 데에는 중
　　국에 종군기자로 파견되었던 동료 사카이가 보내온 「톈진통신(天津通信)」(7.
　　18~7. 25)의 내용이 다소 영향을 미친 것이 아닐까 하고 추측된다. 사카이는
　　그 기사에서 중국에 도착한 7월 6일부터 톈진이 함락되는 14일까지의 전장의
　　생생한 상황을 전하고 있다. 그는 전투장면뿐만 아니라 널려 있는 시체들, 전
　　장에서의 군인들의 고생담, 전사자의 장례식, 현지인들의 비참한 모습들까지
　　도 전하고 있다(『堺利彦全集』 1권, 95~115쪽).
31) 入江昭, 『二十世紀の戰爭と平和』(東京 : 東京大學出版會, 1986), 31~38쪽.
32) 이에 관해서는 宮本盛太郞, 「ロバートソンと幸德秋水の帝國主義論」, 『社會

형성된 홉슨(J.A. Hobson)을 대표로 하는 신급진주의자 그룹에 속하는
지식인이다. 신급진주의 그룹은 자유당 계열의 자유주의자가 제국주의
에 대한 비판세력으로서 점차 쇠퇴를 보이게 되자, 자유당과 노동당의
주변에 위치하는 보다 광범위한 민주주의자를 기초로 한 연합을 지향
하여 형성된 그룹이다. 세기 전환기 영국에서의 반제국주의 이데올로
기는 주로 이들에 의해 제시되었다. 그들은 전통적인 자유주의의 계보
를 이으면서도, 사회문제 및 사회 차원에서의 개혁에 보다 많은 관심
을 기울이는 점에서 사회주의로의 접근을 보이고 있었으며, 윤리운동
을 기초로 결집되었다고 한다.33) 이러한 영향으로『애국심과 제국』과,
그것을 옮긴 고토쿠의『제국주의』도 제국주의에 대한 윤리적 비판의
색채를 짙게 띠고 있다.34)

　고토쿠는『제국주의』에서 '제국주의'를 "소위 애국심을 날줄로, 군
국주의를 씨줄로 해서 짜낸 정책"이라고 규정한다.35) 그에 따라 애국
심과 군국주의에 대해 각기 비판한 뒤에 최종적으로 제국주의를 비판
한다. 그에 의하면 애국심은 "외국인을 토벌하는 것을 영예로 삼는 호

科學論集』22(愛知教育大學, 1982) ; 山田朗, 「幸德秋水の帝國主義認識とイ
　　ギリス'ニュー・ラディカリズム'」,『日本史研究』265(日本史研究會, 1984)를 참
　　조.
33) Bernard Porter, *Critics of Empire ; British Radical Attitudes to Colonialism in Africa,
　　1895-1914* (London : Macmillan, 1968), 156~157쪽.
34) 기존의 연구는 고토쿠의 사회주의 수용에는 유학의 가치들이 공명판으로 작
　　용했다고 지적하고 있다. 대표적으로 앞서 든 F.G. Notehelfer, 竹內護夫譯,
　　『幸德秋水 - 日本の急進主義者の肖像』에서는 고토쿠에게 있어 가장 문제시
　　되었던 것은 산업화에 따른 사회의 도덕적 타락이었으며, 그 해결책으로서
　　그가 발견한 것이 사회주의였는데, 그것을 가능케 했던 한 이유가 바로 그가
　　접한 사회주의 서적이 윤리적, 도덕적 성격이 강한 것들이었기 때문이라고
　　설명한다. 고토쿠가 윤리적 색채가 강한 로버트슨의 책에서 큰 영감을 얻은
　　것도 같은 문맥에서 이해될 수 있을 것이다.
35)『二十世紀之怪物帝國主義』(1901. 4),『幸德秋水全集』3, 117쪽.

전심"이며, '호전심'은 "동물적 천성"이므로 문명의 이상과는 상용되지 않는다고 비판한다. 따라서 이런 "동물적 천성"이 제거되지 않는 한 전쟁은 피할 수 없다고 강조했다. 또한 근대 애국주의의 폐해에 대해 안으로는 "죄악의 최고조"를 의미한다고 하고, 전쟁 후에 초래될 불경기와 하층 대다수 인민의 궁핍에 대해 주의를 환기시켰다.[36] 군국주의에 대해서는 주로 전쟁의 부도덕성과 폐해를 들어 비판한 뒤, 마침내 제국주의 비판을 시도한다. 제4장 「제국주의를 논함」에 해당되는 이 부분은 로버트슨의 저작으로부터의 번역이 가장 적은 장이다. 다시 말하면 고토쿠의 독창성이 가장 발휘되어 있는 부분이라고 할 수 있다.

고토쿠는 먼저 "제국주의란 곧 대제국의 건설을 의미한다. 대제국의 건설은 곧 귀속 판도의 대확장을 의미한다"며 그 침략성을 폭로했다.[37] 이어서 이러한 제국주의를 옹호하는 논리들에 대해 하나하나 반론을 폈다. 예컨대 제국주의를 실행해서 부를 늘리면 국민들에게도 도움이 된다는 '국민적 제국주의'론에 대해, 제국주의의 주체는 국민이 아니라 소수의 군인, 정치가, 자본가이며, 국민들 사이에는 빈부의 격차가 증대하고, 궁핍과 기아, 무정부당, 여러 죄악이 증가하고 있다고 반박했다.[38] 그는 제국주의는 사회에 어떠한 복리도 가져다주지 못한다고 비판하고, 제국주의의 위험을 저지하기 위해서는 "세계적 대혁명운동"을 개시해야 한다고 주장했다.[39] 아직 논리 정연한 형태는 아니나, 제국주의의 소멸은 사회주의 혁명에 의해 가능하다는 결론을 시사하고 있는 것이다.

요컨대 고토쿠는 '제국주의'를 애국심과 군국주의에 뒷받침되어 영

36) 위의 책, 123~128쪽.
37) 위의 책, 170쪽.
38) 위의 책, 173쪽.
39) 위의 책, 195~196쪽.

토 확장을 꾀하는 정책으로 규정하고, 그 비윤리성 및 국민 복지와의
괴리를 근거로 비판을 했던 것이다. 또한 그 과정에서 전쟁이 초래하
는 여러 부작용에 대해서도 동시에 비판을 가하고 있었다.

III. 러일전쟁 비전론

1. 『요로즈초호』에서의 비전론

1900년 후반부터 전쟁과 그 배후에 있는 제국주의 체제에 대해 비판
의 시각을 보이기 시작한 고토쿠는 1901년 이후 사회주의에 대한 이해
를 심화해 가는 것과 병행해서 국제정치에 대해서도 제국주의 비판의
입장을 강화해 갔다.

1901년 5월 고토쿠는 가타야마 센, 아베 이소오(阿部磯雄), 기노시타
나오에(木下尚江), 가와카미 기요시(河上淸), 니시카와 고지로(西川光
二郎)와 함께 일본에서 최초의 사회주의 정당인 사회민주당을 결성하
였다. 결사 신고를 한 그날로 '치안방해'라는 이유로 해산 당했으나, 이
는 일본에서 최초의 사회주의 정당으로 기록된다. 사회민주당은 선언
서에서 사해동포주의, 세계평화를 위한 군비폐지, 계급제도 타파, 생산
기관 및 교통기관의 공유, 분배의 공평, 정권의 평등, 국비에 의한 교육
을 이상으로 내세웠다.[40] 사회주의를 위한 여러 정책과 더불어 평화주
의를 강령에 넣고 있는 점이 특기할 만하다. 사회민주당 결성을 전후
한 시기부터 고토쿠의 노동문제에 대한 언급이나 사회주의를 주장하
는 논설은 부쩍 증가한다. 그리고 1903년에는 본격적인 사회주의 저술
인 『사회주의신수(社會主義神髓)』를 발간하기에 이른다.

---

40) 太田雅夫編, 앞의 『明治社會主義資料叢書』 1, 51쪽.

한편 고토쿠는 주요한 대외문제에 관해서 종전과는 달리 권력정치
적 인식을 비판하였다. 그는 국제정치에서도 정의와 자유, 인도 등의
이념이 군비, 권력보다 우위에 서는 이념임을 강조하기 시작했다. 남아
프리카에서 영국과 벌이고 있는 보어전쟁에 대해 정의, 자유, 독립을
주장하는 약소한 보어 쪽에 동정을 보였다.[41] 또한 외교는 "국가의 진
정한 이해득실"을 따져야 하지만, "이해득실에 관한 집념이 강하면 도
의를 잊게 되고, 도의를 잊으면 많은 죄악에 빠질 것"이라며, 일시적인
이해득실보다는 "진정한 도의"에 합치하는지의 여부를 고려해야 한다
고 강조했다.[42] 전쟁에 대해서도 "전쟁은 죄악"이라는 입장을 분명히
하게 되었고,[43] 정부의 군비확장노선에도 반대의 입장을 밝혔다.[44]

이처럼 1902년을 통해 제국주의와 전쟁에 비판적인 입장을 심화시
켜 가던 가운데 고토쿠는 러시아의 제2차 철병 약속 위반의 사태를 맞
게 된다. 의화단사건 수습 과정에서 만주를 점령해버린 러시아에 대해
일본은 줄곧 철수를 주장해 왔다. 그 결과 1902년 4월 8일 러시아는 중
국과 철병조약을 맺어 앞으로 6개월마다 3차례에 걸쳐 만주에서 철병
할 것을 약속했었다. 제1차 철병의 기한인 1902년 10월에 러시아는 약
속을 지켜 일부 병력을 철수시켰다. 그러나 그 이듬해 4월 8일로 예정
된 제2차 철병은 이행되지 않았다.

철병이 이행되지 않자 일본 국내에서는 전쟁을 해서라도 러시아를
만주에서 축출해야 한다는 강경한 목소리가 머리를 들기 시작했다. 이
런 분위기를 감지한 고토쿠는 일찌감치 『요로즈초호』에 「비개전론(非
開戰論)」이라는 제하의 사설을 발표하여 '비전론'의 포문을 열었다. 거

---

41) 「活ける教訓」(1901. 8. 31), 『幸德秋水全集』 3, 305쪽.
42) 「國民の對外思想」(『長野日日新聞』 1902. 3. 9), 『幸德秋水全集』 4, 367쪽.
43) 「南阿の講和」(1902. 6. 4), 『幸德秋水全集』 4, 84쪽.
44) 「非海軍擴張」(1902. 10. 31), 『幸德秋水全集』 4, 149쪽.

기서 그는 두 가지 이유를 들어 전쟁을 해서는 안 된다고 주장했다. 첫째로 외교의 목적은 평화, 즉 전쟁을 피하는 데 있다고 지적했다. 즉 전쟁은 외교로 얼마든지 막을 수 있는 문제이니 외교에 힘을 써야 한다는 것이다. 둘째로 기존에 일본이 수행했던 전쟁, 즉 청일전쟁과 의화단사건 출병에서 일본은 군사력을 과시한 것 외에는 아무런 권익도 증진시키지 못했다고 지적했다. 얻은 것이라곤 군인의 부패와 어용상인의 부당한 축재, 세출의 팽창, 경제 위축, 무역 불균형, 서민의 궁핍이라고 했다. 그는 남 좋은 일만 시키는 전쟁을 결단코 배척해야 한다며 글을 맺었다.[45]

이 사설은 곧바로 세인의 눈을 끌었다. 그 다음 날 한 신문에는 이 사설을 비판하는 기사가 실렸다. 그 기사에서는 위의 사설의 입장과는 달리 전쟁은 외교가 가장 극단적으로 발동되는 형태라고 했다. 만일 전쟁이 그다지도 꺼려야 하는 일이라면 애당초 군비는 필요 없을 것이며, 국가에 군비가 있는 것은 전쟁을 해야 할 때에 전쟁을 하기 위해서라고 반박했다.[46] 그 후 여론은 서서히 개전 쪽으로 기울어가기 시작했다. 그런 분위기를 고토쿠는 주전론자에 의해 선동된 '유행'이지 결코 '여론'은 아니라고 지적하며, 주전론자들은 대부분 일신의 이익을 위해 선동하는 것이라고 비판했다. 그는 다시금 전쟁의 폐해들을 나열한 뒤, "무기는 흉기이다. 전쟁은 죄악이다"라며 전쟁에 반대했다.[47]

고토쿠는 6월 18일에 있었던 사회주의협회 연설에서도 구체적으로 청일전쟁의 폐해에 대해 언급한 뒤, 이번에는 개전론의 근거를 조목조목 반박했다. 먼저 개전론자들은 러시아를 만주에서 방축하지 않으면 조선이 위험해지고, 조선이 위험해지면 일본이 위험하다는 논리로 전

---

45) 「非開戰論」(1903. 5. 1), 『幸德秋水全集』 4, 265~266쪽.
46) 『讀賣新聞』 1903. 5. 2, 2면.
47) 「開戰論の流行」(1903. 6. 19), 『幸德秋水全集』 4, 282~284쪽.

쟁을 재촉하고 있다. 이에 대해 고토쿠는 그런 논리라면 러시아를 만주에서 방축하는 데서 머물 것이 아니라 시베리아, 나아가서는 유럽에서 방축해야 일본이 안전해질 것이라며, 이는 실현 가능하지도 않을뿐더러 말도 되지 않는 괴상한 논리라고 비판했다. 둘째로 개전론자들은 일본과 러시아는 한 번은 충돌해야 하는데, 어차피 전쟁을 해야 한다면 지금 전쟁하는 것이 승산이 있다고 주장한다. 이에 대해 고토쿠는 일본에 승산이 있다면 러시아가 왜 지는 전쟁을 하겠느냐고 반문한다. 또 지금하면 이기고 미루면 질 전쟁이라면 그런 전쟁을 해봤자 무슨 소용이 있느냐고 반문했다.[48]

고토쿠는 이어서 일본이 오늘날 서둘러 해야 할 일은 러시아와 싸우는 것이 아니라 "실제로 경제적으로 만주로 나아가는 것"이라고 했다. 즉 "많은 사람들을 이주시키고 자본을 투자해서 그 땅의 부를 흡수하는 것"이 최선이라고 주장했다. 막대한 전비를 외국에서 빌려 전쟁을 하면 전후에 그것을 변제해야 하는데, 혹시 전쟁에서 이겨 러시아를 만주에서 쫓아냈다 한들 돈도 없는 나라가 그 만주를 어떻게 하겠느냐는 것이다. 그렇게 되면 그 자리에 미국이나 영국이 들어와 사업을 벌일 것이고, 일본은 남 좋은 일만 시킨 셈이 된다는 것이다. 고토쿠의 대안은 전쟁이 아니라 "경제적 팽창을 기하여 국민을 배불리도록 꾀해야 한다. 어용상인이나 투기꾼, 귀족, 군인을 살찌울 게 아니라 농민의 자식, 노동자의 자식까지 다수의 인민을 살찌울 것을 생각해야 한다"는 것이었다.[49]

그가 전쟁 대신 "경제적 팽창"을 강조한 것은 다른 글에서도 찾아볼 수 있다.

---

48) 「非開戰論」(『社會主義』 7-15, 1903. 7. 3), 『幸德秋水全集』 4, 417~418쪽.
49) 위의 글, 420쪽.

우리 국민의 조선에 대한 경영의 기초가 아직도 확립되지 않은 것은 러시아인의 방해 때문도 그 어떤 때문도 아니고, 일본이 가난하기 때문이다. 기개가 없기 때문이다. 일본이 일거에 경부철도와 경의철도를 완성하고, 다수의 농부와 상인을 조선으로 이주시켜 착착 그 자원을 개척하면 러시아가 만주에서 한 것처럼 조선 전역을 경제적으로 우리 수중에 넣게 될 것이다. 그런 뒤에 그 여력을 뻗쳐 만주로 진입해간다면 우리나라는 능동의 위치에 서게 되고 러시아는 수동의 위치에 서게 될 것이다. 이처럼 실제의 이익 위에 발판을 다져 팽창하지 않는 이상, 아무리 육해군의 위력이 뛰어나더라도 전후의 경영에서는 여전히 눈물을 짓게 될 것이다.[50]

그는 계급적 입장에서 소수 특권계급에게만 이익인 전쟁을 그만두고, 서민들의 복리를 위해 대외적으로 경제적 팽창을 해서 밖으로부터 부를 증대시키는 것이 바람직하다는 주장을 하고 있는 것이다. 그러나 이는 위험한 논의로서, 경제적 팽창론은 당시 세계적으로나 일본 국내에서도 이미 유력해져 있던 제국주의론의 한 특징이었다. 당시 대표적인 제국주의자인 도쿠토미 소호는 「제국주의의 진의」라는 제하의 신문 사설에서 제국주의의 신조류를 소개하면서 자신은 그러한 의미에서 제국주의의 신봉자라고 밝혔다. 즉 "제국주의는 평화적 팽창주의이다. 농단(壟斷)이나 독점이 아닌 의미에서의 팽창주의이다. 무역, 생산, 교통, 식민으로 일국의 이익을 확충하고, 민족의 발달을 기하는 것이다. 이른바 군비는 이러한 목적을 달성하는 방편이다"라고 주장했다.[51] 즉 단순히 무력에 의존하는 것이 아니라 무역, 생산, 교통, 식민 등 경

---

50) 앞의 「非開戰論」, 425~426쪽.
51) 「帝國主義の眞意」, 『國民新聞』(1899. 3. 24). 당시 일본 국내의 다양한 제국주의론에 대해서는 박양신, 「19·20세기 전환기 일본에서의 '제국주의'론의 諸相 - 서양사상과의 관련에서」, 『日本歷史硏究』 9(일본사학회, 1999) 참조.

제적 팽창을 통해 평화적으로 뻗어나가는 것이 제국주의라는 주장이
다.

  이 내용은 고토쿠의 조선, 만주로의 경제적 팽창의 주장과 유사하다.
결국 고토쿠는 물리적 전쟁 위험을 높이는 군사적 제국주의를 비판하
면서 제국주의의 또 다른 모습인 경제적 팽창을 주장하는 오류를 범하
고 있는 것이다. 요컨대 러시아와 일본의 개전에 대해 반대를 외치던
시점에서 고토쿠는 전쟁을 반대하기는 하였으나, 타국의 주권과 민족
에 대한 인식에서는 취약성을 보이며, 제국주의적 발상에서 완전히 벗
어나지 못하고 있었음을 지적할 수 있다. 그러나 이런 의식은 전쟁의
진행과 더불어 점차 극복되어 간 것으로 보인다.

  이상에서 고토쿠가 전쟁에 반대하는 이유는 두 가지로 요약할 수 있
다. 하나는 전쟁으로 인해 막대한 비용이 들어감으로써 그것이 일본
경제에 타격을 주어 서민들의 빈궁을 초래할 것이라는 점이다. 또 하
나는 전쟁에서 이득을 보는 것은 그로 인해 권력과 명예의 확대를 꾀
할 수 있는 정치가나 고위 군인, 전쟁 특수로 인해 폭리를 취할 수 있
는 어용상인, 투기꾼 등 특수 계층에 한정되며, 대다수의 노동자, 농민
들의 자식들은 전쟁에 동원되어 희생될 뿐 얻을 게 없다는 점이다. 그
는 현재의 사회조직과 징병법을 보면 "돈 있는 자는 교육을 받고, 교육
을 받은 자는 병역을 면제"받을 수 있도록 되어 있어, 현재의 병졸들은
거의 모두가 가난한 집 자제라고 지적했다.[52]

---

52) 「戰爭論者に告ぐ」(1903. 7. 7), 『幸德秋水全集』 4, 300쪽. 병역에 관해 언급한
    부분은 1년지원병제와 6주간현역병제를 거론한 것으로 보인다. 둘 다 1889년
    의 징병령 개정에서 신설된 규정으로, 1년지원병제는 17~26세의 중학교 졸
    업정도의 자가 지원할 수 있는 것으로서 경비는 자기 부담이며 간부양성 코
    스로 1년을 복무한다. 6주간현역병제는 17~26세의 관립부현립(官立府縣立)
    사범학교 졸업생 중 관공립 소학교의 교직에 있는 자는 6주간의 현역 복무만
    으로 병역을 마칠 수 있는 규정이다. 加藤陽子, 『徵兵制と近代日本1868~

『요로즈초호』지상에서 고토쿠를 중심으로 반전론을 전개하고 있는 가운데 가을에 접어들면서 언론과 세상은 개전론 일색으로 변해가고 있었다. 이에 그해 10월『요로즈초호』도 마침내 전쟁 찬성으로 입장을 전환하게 되고, 의견이 맞지 않게 된 고토쿠는 10월 12일 사카이 도시히코와 함께 요로즈초호샤를 퇴사했다.

2. 헤이민샤(平民社)와 비전론

요로즈초호샤를 퇴사한 고토쿠는 사카이와 함께 비전론과 사회주의의 선전 기관으로서 신문을 발행하기로 하고, 10월 23일에 헤이민샤(平民社)를 설립하고 11월 15일에 주간(週刊)으로『헤이민신분(平民新聞)』제1호를 발간하였다. 11월에는 이시카와 산시로(石川三四郎)가, 이듬해 1월에는 니시카와 고지로가 헤이민샤에 입사함으로써 헤이민샤는 사회주의자들로 편집부의 진용을 갖추었다. 헤이민샤의 설립에는 준비단계에서부터 사회주의협회의 지지와 도움이 있었다.[53] 이후 헤이민샤와 사회주의협회는 거의 한 몸이 되어 사회주의 선전과 비전론 고창에 힘썼다.

헤이민샤 설립 즈음부터 사회주의협회의 비전론 주장도 본격화되었다. 사회주의협회는 1903년 10월 8일과 20일 두 차례에 걸쳐 비전론 대연설회를 개최하였다. 8일의 연설회에서 우선 사카이는, 살인의 가장 심한 형태인 전쟁은 최대 죄악이라고 지적하고, 그러한 전쟁을 일으킬 침략의 목적으로 방대한 군비를 소유하는 것은 야만적인 행위라며 세계의 평화를 위해 군비의 폐지를 주장했다.[54] 아베 이소오는 러시아나

1945』(東京 : 吉川弘文館, 1996), 47~48쪽.
53) 헤이민샤의 설립사정에 대해서는 荒畑寒村,『平民社時代 - 日本社會主義運動の搖籃』(東京 : 中央公論社, 1973), 33~47쪽 참조. 1904년 1월말부터 헤이민샤를 사회주의협회 본부로 사용하게 되었다(『平民新聞』12호의 기사).

일본이나 전쟁을 주장하는 것은 정부와 군인들이고 다수의 국민은 전
쟁에 반대한다는 취지로 연설을 하다가 입회해 있던 경찰 당국자에 의
해 중지 당했으며, 시바 사다키치(斯波貞吉)는 미국, 영국, 프랑스의 번
영은 전쟁을 하지 않았던 때에 이룩한 것이고 전쟁을 한 뒤에는 여러
폐해가 발생했다며 전쟁은 유해무익이라고 강조했다.55)

20일의 연설회에서는 니시카와가 전쟁의 원인을 재산의 불평등, 군
대와 군함의 존재, 교육가와 종교가의 그릇된 교육 등에서 찾고, 병역
복무 거부를 전쟁 폐지의 한 방법으로 제시했다. 아베 또한 중립국인
스위스의 예를 들어 군비 폐지를 촉구했다. 기노시타 나오에는 애국심
과 같은 배타적 윤리주의를 불어넣는 일국주의에서 벗어나 세계시민
으로 거듭날 것을 주장했다.56)

한편 창간 이후 사회주의 선전에 많은 지면을 할애해 오던 『헤이민
신분』은 러일전쟁을 한 달도 채 안 남긴 1904년 1월의 제10호에서 비
전론 특집을 꾸몄다. 고토쿠는 「우리는 어디까지나 전쟁을 인정하지
않는다」라는 제하의 글에서 "이(전쟁)를 도덕적으로 보면 두려운 죄악
이다. 이를 정치적으로 보면 두려운 해독이다. 이를 경제적으로 보면
두려운 손실이다. 이로 인해 사회의 정의는 파괴되고, 만민의 복리는
유린당한다. 우리는 결단코 전쟁을 인정하지 않으며, 이의 방지를 절규
한다"고 전쟁반대를 부르짖었다.57)

---

54) 堺枯川, 「戰爭は人類の最大罪惡なり」, 『明治社會主義資料叢書』 1, 354~358
쪽.
55) 安部磯雄, 「露國內部の潮流を見よ」; 斯波貞吉, 「戰爭史觀」, 『明治社會主義
資料叢書』 1, 359~362쪽.
56) 「非戰論演說會の記」(『平民新聞』 1, 1903. 11. 15), 服部之總·小西四郎監修,
『週刊平民新聞(一)』(東京 : 創元社, 1953), 15~16쪽.
57) 「吾人は飽くまで戰爭を非認す」(『平民新聞』 10, 1904. 1. 17), 『幸德秋水全集』
5, 67쪽.

나머지 모두 무서명으로 게재된 비전론 특집은 대개 지금까지 보였던 주장들이 반복되고 있으나, 한 둘 새로운 내용도 눈에 띈다. 예를 들면 「소일본(小日本)이다」라는 글은 "군대를 철폐해서 국경이라는 것을 무의미하게 만들고, 교육기관, 교통기관, 오락기관 등을 세계의 공용으로 하는 동시에 인민으로 하여금 한 지방씩 단결하여 참된 자치제를 시행케 할 것을 바란다"며 무정부주의적 이상을 제시하고 있다. 이글에서는 일본이 국시로 해야 할 것은 '소일본'이라는 비전을 제시하고 있다.[58]

이처럼 헤이민샤와 사회주의협회의 열성적인 반전 호소에도 불구하고, 1904년 2월 마침내 러일전쟁은 개시되었다. 개전 이후도 고토쿠와 헤이민샤의 반전 주장은 계속되었다. 이후 고토쿠의 반전 주장은 사회주의로의 지향을 보다 선명하게 드러내고 있는 점에 그 특징이 있다. 개전 이후 발표한 글에서 고토쿠는 현재 세계의 정치는 모두 자본가에 의해 지배당하고 있으며, 평화도 전쟁도 모두 경제시장의 이해득실이 그 기준이 되고 있다고 지적했다. 그런데 그 경제시장의 이해득실이란 결코 다수 평민의 그것이 아니라 소수 부호의 그것이며, 그로 인한 폐해가 막대하니 이를 제거하기 위해서는 오직 "자본가 계급의 전폐"만이 유일한 길이라고 주장했다.[59]

개전 이후 국내의 언론은 전쟁 선동과 찬미 일색이 되었다. 고토쿠는 마치 전쟁보도물 처럼 변한 언론계의 현상을 비판하며,[60] 더욱 활발하게 반전을 주장했다. 거듭 전쟁의 결과가 서민들에게 미칠 참담한 영향을 지적했고,[61] 앞 다투어 전쟁에 나가려는 군인과 그의 가족들에

58) 「小日本なる哉」(『平民新聞』 10), 『週刊平民新聞(一)』, 205~206쪽.
59) 「和戰を決する者」(『平民新聞』 13, 1904. 2. 7), 『幸德秋水全集』 5, 81~82쪽.
60) 「戰爭と新聞紙」(『平民新聞』 17, 1904. 3. 6), 『幸德秋水全集』 5, 91쪽.
61) 「戰爭の結果」(『平民新聞』 14, 1904. 2. 14), 『幸德秋水全集』 5, 85쪽.

대해서는 전쟁에 나가는 것이 결코 국가를 위하는 유일한 길이 아님을 깨닫도록 촉구했다.[62]

또 그는 정부의 6천만 엔 전시 증세 결정에 대해서도 비판의 화살을 돌려, 무거운 조세로 인해 국민들에게 살육과 빈궁, 부패를 가져다준다면 세금을 낼 필요가 없다고 단언했다. 이렇듯 국민에게 고통과 불행을 초래하는 근원을 제거하기 위해서는 "현재의 군국제도, 자본제도, 계급제도를 바꾸어 사회주의적인 제도를 실행해야 한다"고 주장했다.[63] 이 글이 문제가 되어『헤이민신분』의 발행 겸 편집인 사카이 도시히코는 2개월의 금고형에 처해지게 되었다. 이와 같은 정부의 탄압과 경영 곤란에도 불구하고『헤이민신분』은 반전의 논조를 굽히지 않았다.

한편 고토쿠의 반전론은 나아가 국제적 연대를 꾀하려는 방향으로 나아갔다. 그는 3월에「러시아 사회당에게 주는 글」을『헤이민신분』에 게재하였다.

러시아와 일본 양국 정부는 제국적 욕망을 달성하기 위해 전쟁을 개시했다. 그러나 사회주의자의 안중에는 인종과 지역, 국적의 구별이 없다. 제군과 우리는 동지이다. 형제자매이다. 결코 싸울 이유가 없다. 제군의 적은 일본인이 아니라 이른바 애국주의, 군국주의이다. 우리들의 적은 러시아인이 아니라 이른바 애국주의, 군국주의이다. 그렇다. 애국주의와 군국주의는 제군과 우리들의 공통의 적이다.……전 세계의 사회주의자는 이 공통의 적을 향해 용감히 싸워야 한다.[64]

그는 마지막에 자신들은 테러리스트가 아니므로 사회주의자의 투쟁

62)「兵士の謬想」(『平民新聞』15, 1904. 2. 21),『幸德秋水全集』5, 87~88쪽.
63)「嗚呼增稅!」(『平民新聞』20, 1904. 3. 27),『幸德秋水全集』5, 101~104쪽.
64)「與露國社會黨書」(『平民新聞』18, 1904. 3. 13),『幸德秋水全集』5, 95쪽.

수단은 어디까지나 무력을 배제한 평화적 수단이어야 한다고 덧붙였
다. 이 글에 대해 구미의 사회당계 신문들은 앞 다투어 번역 게재하는
반응을 보였다. 당사자인 러시아 사회당은 이 글에 대한 답문을 기관
신문인『이스크라』에 발표했고,『헤이민신분』은 미국 신문에 실린 그
글의 영역문을 번역해 실었다. 그 글에서는 우선 일본의 동지가 자신
들에게 악수의 손을 내민 것에 대해 환영을 표한 뒤, 그들의 행동이 사
회주의의 국제 연대에 중요한 계기가 될 것이라고 의미를 부여하였다.
답문은 이어서 전 세계의 사회민주당은 하루라도 빨리 힘을 조직화해
야 한다고 하였으나, 고토쿠가 충고했던 비폭력주의에 대해서는 끝내
그럴 상황이 아니라며 우회적으로 회의적인 반응을 보였다.[65]

이리하여 고토쿠의 글은 러시아 사회당을 비롯한 구미 사회주의자
들의 주목을 받으며 반전의 국제 연대의 실마리를 열게 되었다.[66] 이
연대의 움직임은 그해 8월 14일부터 네덜란드 암스테르담에서 1주일
간 열린 제2인터내셔널 제6회 대회로 이어졌다. 여기에는 일본에서 가
타야마 센이 파견되어, 러시아 사회당의 플레하노프와 함께 대회의 부
회장을 맡았다. 이 자리에서 일본 대표는 일본 사회주의자의 전쟁반대
결의를 제출하고, 그 결의를 대회에서 통과시킬 것을 호소하였다. 이에
응하는 형태로 이 대회에서는 러일전쟁 반대의 결의를 만장일치로 채
택하였다.

러시아의 전제정치가 전쟁으로 인해 타격을 받은 이때에 우리 사회
당은 자본가제도와 정부의 희생양으로 학살당한 러, 일 양국의 평민에

---

65)「露國社會黨より」(『平民新聞』37, 1904. 7. 24),『週刊平民新聞(三)』, 107~
108쪽.
66) 아베 이소오도 6월에「歐美의 동지에게 고함」이라는 글을『平民新聞』(31호)
에 게재해, 구미의 사회주의자들이 각기 자국의 정부에 러일전쟁 중지를 위
한 적당한 수단을 취하도록 해 줄 것을 호소하였다.

대해 삼가 경의를 표하고, 각지 사회당의 힘으로 모든 방법을 동원해 이 전쟁의 만연과 지속에 반대하고자 한다.[67]

고토쿠는 이처럼 러시아 사회당과의 반전 연대를 꾀했지만, 한편으로 러시아 내의 대표적인 반전주의자 톨스토이의 반전론에 대해서는 일부 견해를 달리 했다. 그는, 톨스토이가 전쟁의 원인은 사람들이 진정한 종교를 상실했기 때문이며 이를 구제하기 위해서는 사람들을 신의 뜻에 따르도록 해야 한다고 주장한 것에 대해, 그것은 문제의 해결책이 되지 못한다고 비판했다. 그는 국제경쟁은 예수의 교의를 망각했기 때문이 아니라 각국의 경제적 경쟁이 격렬하기 때문이며, 격렬한 경제적 경쟁은 현재의 사회조직이 자본가제도를 기초로 하고 있기 때문이라고 지적했다. 따라서 장래 국제간의 전쟁을 없애려면 자본가제도를 전복하여 사회주의적 제도로 대체해야 한다고 주장했다.[68] 이처럼 고토쿠는 기독교적 휴머니즘에 기초한 반전론과 거리를 두면서, 사회주의로의 제도 변혁에 의한 전쟁 폐지를 강조하고 있었다.

전쟁이 한창인 가운데도 여전히 사회주의와 반전의 논조를 굽히지 않는 이들 사회주의자들에 대해 다른 언론으로부터의 비판은 끊이지 않아, 급기야는 이들을 베어버리라든가, 국외로 추방하라는 등의 비난까지 쏟아졌다.[69] 또한 정부의 탄압도 강화되었다. 5월 27일 경시청은 각 신문사 출입 기자를 소집하여 앞으로 사회주의자의 운동을 엄중히

---

67) 『平民新聞』 46(1904. 9. 25), 『週刊平民新聞(三)』, 312쪽.

68) 「トルストイ翁の非戰論を評す」(『平民新聞』 41, 1904. 8. 21), 『幸德秋水全集』 5, 241쪽. 그는 같은 호의 「社會黨の戰爭觀」에서도 반복해서 사회주의 제도로의 변혁을 통한 전쟁 무용화를 주장했다.

69) 「秋水・枯川の一派を斬て出陣せん」, 『日本人』(1904. 10) ; 「非戰論者を斬れ」, 『活動の日本』(1904. 10) ; 「社會主義の爲に-現戰役反對を惜む」, 『日本』(1904. 10. 31) ; 「平和論者を國外に追放すべし」, 『萬朝報』(1904. 11. 2) 등.

단속할 방침이니 신문지상에 그 취지를 게재해 줄 것을 요구하고, 전
보통신사에도 유사한 내용의 통신을 보냈다.[70] 그 후 사회주의자의 강
연회는 중지 해산명령을 받기가 일쑤였고, 헤이민샤 창립 1주년 기념
원유회도 금지 해산명령을 받았다. 그리고 마침내 『헤이민신분』 52호
(1904. 11. 6)에 실린 「소학교 교사에 고함」, 「소위 애국자의 낭패」 등의
글이 문제가 되어 발행 겸 인쇄인 니시카와 고지로와 고토쿠가 기소되
어, 경금고 5개월에 벌금 50엔, 인쇄기계 몰수의 판결을 받았다. 헤이
민샤의 모체인 사회주의협회 또한 11월 16일에 활동 금지되었다. 이
같은 당국의 박해가 그들의 이름을 더욱 유명하게 만들어 청년들의 지
지를 얻게 한 측면도 있었지만,[71] 결국은 헤이민샤 내부의 대립도 겹
쳐 마침내 『헤이민신분』은 1905년 1월 29일 제64호로서 막을 내리게
되었다. 그 뒤를 이어 『조쿠겐(直言)』이 후속지로 발행되었으나, 이 또
한 발행정지를 당하게 된다. 고토쿠는 1905년 2월 28일에 감옥에 수감
되어 5개월을 수형 생활하였다. 출옥한 후 고토쿠는 그 해 11월부터 약
반년 간 미국에 체재하며 그곳의 노동운동가, 급진주의자들과 교류하
며 직접행동론, 무정부주의로 급속히 입장을 변화시켜 갔다. 결국 그는
대역사건에 연루되어 사형을 받게 되었으며, 그 여파로 일본의 사회주
의는 '겨울의 시대'로 접어들게 된다.

IV. 맺음말

지금까지 살펴 본 바와 같이, 저널리스트로서 언론 활동을 시작할
당시 고토쿠는 대단히 권력정치적인 국제관을 갖고 있었다. 이는 당시

---

70) 『平民新聞』 30(1904. 6. 5), 『週刊平民新聞(二)』, 306~307쪽.
71) 山路愛山, 앞의 글(1908), 388~389쪽.

그가 국내정치에서 자유민권사조의 흐름을 잇는 선상에서 자유당 계열의 정치를 지지하고 있던 것과 부합한다. 그러나 1900년경을 경계로 현실의 기성정당 정치에 대한 실망을 한 배경으로 해서 고토쿠는 이전부터 접하고 있었던 사회주의를 본격적으로 수용하여 사회주의자로서 정립하게 되고, 그와 동시에 대외적으로도 기존의 관점을 전환시켜 제국주의를 비판하고 나섰다. 1901년에 출간한 『20세기의 괴물 제국주의』는 일본에서 최초의 제국주의 비판서라는 의의를 갖는다.

이 책에서 고토쿠는 제국주의를 구성하는 애국심과 군국주의에 대한 비판을 토대로 영토확장주의로서의 제국주의를 비판했다. 제국주의는 소수의 군인, 정치가, 자본가가 주체가 되어 추진되는 것이며, 그로 인해 도덕적 타락, 빈부의 격차, 궁핍을 초래할 뿐 일반 국민에게는 아무런 이득도 돌아가지 않는다고 비판했다. 이와 같은 전쟁의 연원으로서의 제국주의에 대한 비판은 3년 뒤에 닥치게 될 러일전쟁에서의 '비전론'의 전초로서 자리매김할 수 있을 것이다.

러시아와의 개전을 주장하는 소리가 들리기 시작한 1903년 5월부터 고토쿠는 개전 반대를 주장하기 시작했다. 그는 일관되게 반전의 입장을 취한 결과, 그 해 10월 전쟁 찬성으로 돌아선 요로즈초호샤를 퇴사하게 되었다. 퇴사 이후는 사카이 도시히코와 헤이민샤를 설립하여 반전의 주장을 계속하였다. 그의 반전론의 핵심은, 전쟁은 소수의 군인, 정치가, 자본가들만을 살찌울 뿐 노동자, 농민 등 일반 서민들에게는 전혀 이익이 될 게 없다는 계급적 관점에서의 주장이었다. 그러나 이런 주장을 전개하는 과정에서 고토쿠는 계급적 이익을 강조한 나머지 전쟁에 대한 대안으로 조선으로의 경제적 팽창을 주장함으로써 또 하나의 제국주의론에 빠지는 오류를 범하기도 하였다. 개전 이후 그는 한 걸음 더 나아가 전쟁을 야기하는 자본가 계급의 타도와 사회주의적 제도로의 변혁을 주장하게 되었다.

일본의 반전사상·운동사에 있어 고토쿠를 비롯한 메이지 사회주의자들의 비전론은 그 원점을 이루고 있다. 19세기 말부터 일본 사회의 저항세력으로 대두한 사회주의자들이 노동자, 농민 등 일반 서민의 복리를 근거로 전쟁반대에 나선 것은, 일본이 제국주의로 발전해 가는 중요 시점에서 정부의 제국주의 정책에 견제를 가하려는 시도였다. 그들의 비전론은 단순히 대외적인 제국주의 팽창에 제어를 가하는 데 그치지 않고, 전쟁과 군인의 의미, 국가와 개인적 가치의 관계 등 보다 근본적인 문제 제기를 함으로써 러일전쟁 이후에 전개되는 '다이쇼 데모크라시'를 견인하는 역할도 동시에 수행했다고 평가해도 좋을 것이다.

참고문헌

1. 자료
『國民新聞』『東京朝日新聞』『讀賣新聞』.
堺利彦,『堺利彦全集』1(東京 : 中央公論社, 1933).
服部之總·小西四郎監修, 『週刊平民新聞(一~四)』(東京 : 創元社, 1953~1958).
山路愛山, 「現時の社會問題及び社會主義者」(1908), 『明治文化全集6 - 社會編』(東京 : 日本評論社, 1968).
伊藤整編,『日本の名著44 幸德秋水』(東京 : 中央公論社, 1970).
太田雅夫編,『明治社會主義資料叢書』1~2(東京 : 新泉社, 1973).
幸德秋水全集編輯委員會,『幸德秋水全集』1~5(東京 : 明治文獻, 1968~1970).

2. 연구서
加藤陽子,『徵兵制と近代日本1868~1945』(東京 : 吉川弘文館, 1996).
大原慧,『幸德秋水の思想と大逆事件』(東京 : 靑木書店, 1977).
大河內一男,『幸德秋水と片山潛 - 明治の社會主義』(東京 : 講談社, 1972).
梅森直之編,『帝國を撃て - 平民社100年國際シンポジウム』(東京 : 論創社, 2005).
飛鳥井雅道,『幸德秋水 - 直接行動論の源流』(東京 : 中央公論社, 1969).
糸屋壽雄,『幸德秋水研究』(東京 : 靑木書店, 1967).

西尾陽太郎, 『幸德秋水』(東京 : 吉川弘文館, 1959).

西田長壽, 『明治時代の新聞と雜誌』(東京 : 至文堂, 1961).

入江昭, 『二十世紀の戰爭と平和』(東京 : 東京大學出版會, 1986).

田中惣五郎, 『幸德秋水 - 革命家の思想と生涯』(東京 : 三一書房, 1971).

荒畑寒村, 『平民社時代 - 日本社會主義運動の搖籃』(東京 : 中央公論社, 1973).

F.G. Notehelfer, 竹內護夫譯, 『幸德秋水 - 日本の急進主義者の肖像』(東京 : 福村出版, 1980).

Bernard Porter, *Critics of Empire ; British Radical Attitudes to Colonialism in Africa, 1895-1914* (London : Macmillan, 1968).

3. 연구논문

宮本盛太郎, 「ロバートソンと幸德秋水の帝國主義論」, 『社會科學論集』 22(愛知敎育大學, 1982).

大原慧, 「日本における近代思想收容の一典型 - 幸德秋水」, 『國學院經濟學』 32-2・3・4合(國學院大學經濟學部, 1984).

朴羊信, 「19・20세기 전환기 일본에서의 '제국주의'론의 諸相 - 서양사상과의 관련에서」, 『日本歷史硏究』 9(일본사학회, 1999).

山田朗, 「幸德秋水の帝國主義認識とイギリス'ニューラディカリズム'」, 『日本史硏究』 265(日本史硏究會, 1984).

長谷百合子, 「幸德秋水の非戰論 - 『萬朝報』を中心に」, 『初期社會主義硏究』 16(初期社會主義硏究會, 2003).

長谷百合子, 「日露戰爭における非戰論 - 幸德秋水と萬朝報を中心に」, 『社會理論硏究』 5(社會理論硏究編集委員會, 2004).

淸水靖久, 「日露戰爭と非戰論」, 『比較社會文化』 8(九州大學大學院比較社會文化學府, 2002).

太田英昭, 「堺利彦における非戰論の形成 - その平和的秩序觀と暴力批判」, 『初期社會主義硏究』 17(初期社會主義硏究會, 2004).

坂本多加雄, 「幸德秋水の傳統と革命」, 同 『市場・道德・秩序』(東京 : 創文社, 1991).

1910년대 재일유학생의 사회주의사상 수용과 '김철수그룹'*

박 종 린

Ⅰ. 머리말

1910년 조선을 강점한 일제는 식민지 조선과 조선인을 무단통치의 형태로 통제하였다. 그러나 이러한 일제의 탄압 아래에서도 비밀결사 형태의 반제민족해방운동이 국내외에서 간단없이 지속적으로 전개되었다. 특히 일본에서는 한말 이래 신사상과 신학문을 배우기 위해 도일했던 재일유학생들이 각종 단체들을 조직하고 활동을 전개하였다. 1910년대에도 재일유학생들은 동경조선유학생학우회(東京朝鮮留學生學友會)를 위시하여 동경조선기독교청년회(東京朝鮮基督敎靑年會)와 조선여자유학생친목회(朝鮮女子留學生親睦會), 동경조선고학생동우회(東京朝鮮苦學生同友會) 등의 단체를 조직하여 활동을 전개하였다.[1] 이들 단체의 활동은 반제민족해방운동의 토대가 마련되어 있음을 보

---

* 이 논문은 『史林』 30(수선사학회, 2008)에 처음 게재된 것을 수정한 것이다.
1) 이에 대해서는 朴慶植, 『在日朝鮮人運動史 : 8·15 解放前』(東京 : 三一書房, 1979) ; 金鎬逸, 「1910年代 學生運動에 대한 考察」, 又仁金龍德博士停年紀念史學論叢刊行委員會 編, 『史學論叢』(서울 : 又仁金龍德博士停年紀念史學論叢刊行委員會, 1988) ; 김인덕, 「학우회의 조직과 활동」, 『國史館論叢』 66(1995) 등 참조.

여주는 것으로, 그러한 상황에서 비밀결사의 형태로 도쿄에서 조직된 것이 바로 신아동맹당(新亞同盟黨)이었다.

신아동맹당은 조선과 중국 그리고 대만 등 식민지와 반식민지 출신의 재일유학생들로 구성된 반제민족해방운동 조직이었다는 점에서나 그 구성원 가운데 김철수(金錣洙)와 장덕수(張德洙)로 대표되는 '김철수그룹'[2]이 이후 식민지 조선의 유력한 공산주의그룹의 하나였던 상해파(上海派) 고려공산당(高麗共産黨)과 그의 국내 기반이 되는 사회혁명당(社會革命黨)을 주도했다는 점에서 매우 주목되는 조직이다.

종래 신아동맹당에 대한 연구는 한국 사회주의운동의 기원 문제와 관련하여 진행되었다. 즉 사회혁명당을 고찰하면서 그 전사(前史)로 검토되거나 신아동맹당과 이전 조직과의 연관성을 강조하는 가운데 검토되었다. 실제로 이현주는 한국 사회주의운동의 주요한 공산주의그룹들 가운데 하나였던 상해파의 국내 조직 형성 문제와 관련하여 그 국내 기반이 된 사회혁명당을 검토하는 가운데 신아동맹당의 조직 문제를 구체적으로 고찰하였다. 이를 통해 국내 상해파의 기원을 '배달모듬' → '신아동맹당' → '사회혁명당'으로 계선화하였다.[3] 이에 비해 임경석은 사회주의 지식인의 형성문제에 주목하는 가운데 신아동맹당을 고찰하였다. 즉 망명한 전투적 민족주의자들과 일본에 유학한 신지식층에서 사회주의자들이 배출되었음을 밝혔고, 후자의 한 사례로 '배달모듬'과 신아동맹당의 관계를 검토하였다.[4] 이러한 연구들을 통해 신아동맹당은 배달모듬의 후신이자 상해파 국내 조직의 모태인 사회혁

---

2) 신아동맹당 시기 자신의 정체성을 '사회주의자'로 규정했던 김철수와 장덕수를 '김철수그룹'이라고 칭한다.

3) 이현주, 『한국 사회주의세력의 형성 : 1919~1923』(서울 : 일조각, 2003).

4) 林京錫, 「20세기 초 국제질서의 재편과 한국 신지식인층의 대응 - 사회주의 지식인의 형성 과정을 중심으로」, 성균관대학교 대동문화연구원, 『大東文化研究』 43(2003).

명당의 전신으로 자리매김 되었다.

최근 최선웅은 신아동맹당을 '동아동맹회(東亞同盟會)'와 동일한 조직으로 파악하면서 신아동맹당과 이전 조직과의 연관성에 대해 부정적인 입장을 취하였다. 또한 신아동맹당은 이후 사회혁명당으로 연결되는 것이 아니라 조직적으로는 1917년 9월 해산되었다고 주장하였다. 그에 의하면 해산 후 신아동맹당의 구성원들은 합법단체인 재일본동경조선유학생학우회에서 활동을 전개했으며, 신아동맹당은 이념적으로 사회주의사상이 아닌 영국의 '신자유주의'를 지향했다고 주장하였다.[5]

그러나 신아동맹당과 '배달모듬'의 연관성 문제에 대해 긍정적인 입장을 보이는 이현주, 임경석의 연구나 부정적인 입장에 서있는 최선웅의 연구 모두는 기본적으로 신아동맹당의 구성원들이 모두 단일한 이념적 지향성을 갖고 있었던 것으로 전제하고 있다는 점에서는 동일하다. 그러나 신아동맹당과 이후 상해파 고려공산당까지 핵심적인 지도자로 활동했던 김철수의 회고에서 보이는 신아동맹당의 모습은 그 구성원들의 다양한 이념적 지향성을 인정하지 않고는 이해하기 힘든 부분이 존재한다. 즉 김철수와 장덕수로 대표되는 일군의 구성원들이 사회주의사상을 수용하고 자신들의 정체성을 '사회주의자'로 규정하고 있다는 점에서 다른 구성원들과는 구분된다고 할 수 있다. 따라서 신아동맹당은 단일한 이념적 지향성을 갖는 조직이 아니라 다양한 이념적 지향성을 갖는 구성원들이 반제민족해방운동이라는 목적을 위해 결합한 조직이라는 관점을 갖고 재검토할 필요가 있다. 특히 '김철수그룹'이 수용한 '사회주의'의 내용과 그 특징이 무엇이었는가에 대한 고찰을 통해 1910년대 식민지 조선에서 사회주의사상의 수용이 갖는 의

---

5) 최선웅, 「1910년대 재일유학생단체 신아동맹당의 반일운동과 근대적 구상」, 한국역사연구회, 『역사와현실』 60(2006).

미를 정리할 필요가 있다고 하겠다.

본고는 이러한 문제의식을 견지하면서 크게 다음의 두 가지에 주목하고자 한다. 첫째 신아동맹당이 조선과 중국, 대만이라는 식민지와 반식민지 출신 재일유학생들의 반제민족해방운동 단체로 조직되는 과정과 그를 주도했던 '김철수그룹'에 대해 고찰하고자 한다. 둘째 신아동맹당 구성원들 가운데 자신의 정체성을 사회주의자로 규정했던 '김철수그룹'이 수용한 사회주의사상의 내용과 그 특징을 고찰하고자 한다. 이를 통해 신아동맹당이 동아시아의 반제민족해방운동에서 갖는 위상과 식민지 조선에서의 사회주의사상 수용에서 '김철수그룹'이 갖는 의미를 고찰할 수 있을 것이다. 그리고 이러한 작업은 동아시아에서 전개된 반제투쟁의 역사성과 식민지 조선에서 사회주의사상의 수용사를 체계화하는 데 일조할 것이다.

Ⅱ. 신아동맹당의 조직과 '김철수그룹'

1915년 봄 김철수, 장덕수, 윤현진(尹顯振), 정노식(鄭魯湜), 김철수(金喆壽), 김효석(金孝錫), 전익지(全翼之) 등 7명의 재일유학생들은 다마천에 나가서 함께 목욕하고 손가락을 베어 피를 돌려 마시는 '열지동맹(裂指同盟)'을 거행하였다. 그리고 나서 이들은 장차 상하이나 싱가포르, 만주, 시베리아 등지로 흩어져 상호 연락하면서 독립운동에 종사할 것을 결의하였다.[6]

이후 회원 확대에 노력하던 '열지동맹'의 김철수[7]는 그 해 가을 최

---

6) 한국정신문화연구원 현대사연구소 편,『遲耘 金錣洙』(성남 : 한국정신문화연구원 현대사연구소, 1999), 7쪽.
7) 이하 본문의 '김철수'는 모두 '金錣洙'이다.

익준(崔益俊), 하상연(河相衍) 등과 접촉하게 되었다. 이 접촉을 통해
김철수는 최익준 등을 매개로 중국인 유학생들과 만나게 되었다. 최익
준 등이 중국인 유학생들과 함께 반제운동을 전개할 것을 제의하였기
때문이다. 김철수는 최익준의 제의를 수용하고 그를 매개로 황쥐(黃覺)
등 중국인 유학생들과 접촉하여 함께 반제민족해방운동을 전개하기로
합의하였다.

1916년 봄 김철수, 장덕수, 정노식, 윤현진 등 '열지동맹' 구성원들과
최익준, 하상연, 김명식(金明植), 김양수(金良洙) 등 8명의 조선인 유학
생들은 중국인 유학생인 황쥐, 뤄휘(羅豁), 덩시민(鄧潔民), 셰푸야(謝
扶雅) 등과 대만인 유학생 펑화롱(彭華榮) 등 40여 명과 함께 "아세아
에서 일본제국주의를 타도하고 새 아세아를 세우자"라는 종지의 비밀
결사 신아동맹당을 조직하였다.[8] 이들이 결성한 신아동맹당은 그 구성
에서 보이듯 조선인, 중국인, 대만인 등 식민지와 반식민지의 약소민족
출신 재일유학생들이 주축이 되어 '반일'이라는 동일한 지향성을 가지
고 결합한 반제민족해방운동 단체였다. 그래서 이들은 우선 일본제국
주의의 타도에 전력을 다하기로 결의하였다. 그리고 그를 위한 방법의
하나로 신아동맹당에 자신들과 같이 제국주의의 침탈로 식민지 상황
에 처해 있던 인도와 베트남 출신 재일유학생들을 가입시키기 위해 노
력하였다.[9] 그리고 신아동맹당은 이후에도 계속적으로 신입회원을 가
입시켜 활동을 유지하였다.[10]

---

8) 한국정신문화연구원 현대사연구소 편, 위의 책, 7~8쪽.
9) 김철수의 경우 이를 위해 같은 와세다대학에 유학 중이던 印度 유학생과 접
   촉하였다(한국정신문화연구원 현대사연구소 편, 위의 책, 277쪽).
10) 최선웅의 경우 일제의『倭政時代人物史料』에 나타난 언급에 의거하여 '동아
    동맹회'라는 조직을 최익준과 하상연이 중국인 재일유학생들과 함께 조직한
    비밀결사라고 이해하고 있다. 그리고 '동아동맹회'와 '열지동맹'의 결합을 신
    아동맹당으로 보고 있다. 또한 그 연장선에서 1917년 9월 '동아동맹회'가 해

신아동맹당에 참여한 최초의 조선인 유학생들은 김철수, 장덕수, 윤현진, 정노식 등 '열지동맹' 그룹과 김철수와 중국인 유학생 그룹을 매개했던 '최익준그룹'11) 그리고 신아동맹당 조직 과정에서 참여한 김명식과 김양수 등으로 구성되었다.12) 이들의 공통점은 반제민족해방운동에 적극 공감하고 있었다는 점이며, 그를 실현할 목적으로 신아동맹당에 적극 참여한 것이다.

산되었다는 일제의 기록을 들어 '같은 조직'인 신아동맹당 역시 1917년 9월 해산되었다고 주장하고 있다[최선웅, 「1910년대 재일유학생단체 신아동맹당의 반일운동과 근대적 구상」, 한국역사연구회, 『역사와 현실』 60(2006)]. 그러나 이러한 견해는『倭政時代人物史料』라는 '부정확'한 일제자료에 의거하여 [『倭政時代人物史料』의 사료적 성격에 대해서는 장신, 「일제하의 요시찰과 『왜정시대인물사료』」, 역사문제연구소, 『역사문제연구』 11(2003) 참조] 1920년 6월(또는 가을) 서울에서 신아동맹당 '제5차 대회'가 개최되었다는 김철수와 洪濤 등 신아동맹당과 사회혁명당 주체들의 언급[한국정신문화연구원 현대사연구소 편, 『遲耘 金錣洙』(성남 : 한국정신문화연구원 현대사연구소, 1999), 8쪽 ; 고려혁명군정치부, 「두 공산당의 련합」, 『붉은 군사』 2(1921. 12. 24), 5면]을 무시하고 있다는 점에서 가장 큰 문제를 내포하고 있다. 또한 비밀결사였던 신아동맹당에 비해 '동아동맹회'는 합법적인 조직이었을 가능성이 있다는 점에서 두 조직을 동일한 조직으로 파악하는 것은 문제가 있다고 생각한다. 오히려 '동아동맹회'는 비밀결사 조직인 신아동맹당의 합법적인 표현기관으로 파악하는 것이 합리적이라고 생각한다.

11) 기록을 통해 확인할 수는 없지만 김철수와 중국인 유학생 그룹을 매개한 최익준과 하상연 같은 이들은 개인적인 차원이라기보다는 열지동맹과 같은 소규모의 독자적인 모임과 관련하여 신아동맹당에 참여하고 있었다고 생각된다. 따라서 이를 '최익준그룹'이라고 칭하였다.

12) 1911년 주시경(周時經) 등의 발기로 조직되었다는 '배달모듬'이 신아동맹당의 조선지부로 기능했다는 홍도의 보고[고려혁명군정치부, 「두 공산당의 련합」, 『붉은 군사』 2(1921. 12. 24), 5면]가 있다. 그러나 이는 현재까지의 자료 수준과 배달모듬과 신아동맹당의 구성원 비교를 통해 보면 쉽게 수긍하기 힘든 점이 있다. 이러한 홍도의 보고는 상해파와 이르쿠츠크파가 경쟁하고 있던 당시의 상황 속에서 상해파 혁명운동의 유구성을 강조하여 이르쿠츠크파에 대해 상대적인 우위를 점하기 위한 행동의 하나였음을 배제하기 어렵다.

그런데 신아동맹당 구성원 가운데는 신아동맹당이 조직될 때 이미 명확하게 자신들의 이념적 정체성을 '사회주의자'로 규정한 이들이 존재하였다. 바로 김철수와 장덕수 등 이른바 '김철수그룹'이 바로 그들이다. 이들 이외에도 자신의 정체성을 사회주의자로 규정한 이들이 있었을 가능성은 충분하지만, 김철수는 자신의 회고에서 신아동맹당의 구성원 가운데 자신과 장덕수 두 사람만을 언급하고 있다. 김철수의 아래 회고는 이러한 사정을 잘 보여준다.

幸德秋樹(幸德秋水의 오기 : 인용자) 저서를……(중략은 인용자. 이하 동일) 내가 구해 봤어.……그런 책을 하나 구해 가지고 그 놈을 애독을 헌게. 장덕수씨가……아 자기가 보인 게 볼 만한 책이거든. 그래 장덕수씨가 **또 사회주의자**(강조는 인용자)가 됐네.[13]

즉 고토쿠 슈스이(幸德秋水 : 1871~1911)의 저작에 대한 '독서'와 '연구'를 통해 '사회주의'에 공명한 김철수와 장덕수가 이미 이 시기 자신들을 '사회주의자'로 규정하고 있었던 것이다.

그리고 김철수와 장덕수를 중심으로 하는 신아동맹당 구성원들은 1920년 6월 서울에서 비밀리에 개최된 신아동맹당 제5차 대회를 통해 조직의 명칭을 사회혁명당으로 변경하였다. 그리고 '계급타파'와 '사유제도타파', 그리고 '무산계급 전제정치'를 요지로 하는 선언서를 발표하였다.[14] 그런데 김철수는 사회혁명당에 대한 회고에서 그 구성원들의 성격과 관련하여 아래와 같이 언급하고 있다.

---

13) 한국정신문화연구원 현대사연구소 편, 『遲耘 金錣洙』(성남 : 한국정신문화연구원 현대사연구소, 1999), 192쪽.

14) 고려혁명군정치부, 「두 공산당의 련합」, 『붉은 군사』 2(1921. 12. 24), 5면.

20년 가을에 우리가 '사회혁명당'을 만들었어. 그 때는 **인제 사회주의자들로만**(강조는 인용자) 단체를 만들었어. 그런게 이름이 사회혁명당이 우리나라 제일 첫 번에 헌 것이여. 그것이. 그 때에 인제 생각이 달러.……최팔용이 허고, 장덕수, 주종건이, 이봉수, 나, 이제 김일수, 모다 이증림이, 도용호, 다 가. 양산 김철수는 거기 참가. 최린씨 아들 최해제도. 그러고 그이들 주종건이 모다 도관호. 인제 그런 이들이 모아서 최린씨 집에 가서 사랑에서 우리가 '사회혁명당'을 만들었단 말이여.15)

즉 그 구성원들이 '사회주의자들로만' 구성되었다는 것이다. 이는 사회혁명당으로 명칭을 변경하기 전인 신아동맹당의 구성원의 경우는 사회주의자와 비사회주의자로 구성되었다는 반증인 것이다. 신아동맹당에 참여한 조선인 유학생들은 반제민족해방운동이라는 동일한 목표를 위해 결집한 이들이었다. 그러나 이미 그 구성원들의 이념적 지향성은 다양했다고 할 수 있다.

III. '김철수그룹'의 사회주의사상 수용

1. 메이지 사회주의의 수용

'김철수그룹'의 김철수와 장덕수는 전술한 바와 같이 자신들의 정체성을 '사회주의자'로 규정하였다. 그렇다면 '김철수그룹'은 어떠한 경로를 통해 사회주의사상을 수용했으며 그들이 수용한 사회주의사상의 내용은 무엇인가?

신아동맹당의 주도적 활동가였던 김철수가 해방 후, 일본 와세다대

---

15) 한국정신문화연구원 현대사연구소 편, 앞의 책, 45쪽.

학에 유학하고 있던 시기 자신의 지적 편력과 관련하여 남긴 아래의
두 회고는 이와 관련하여 짧지만 매우 중요한 정보를 제공해 준다.

　幸德秋樹(幸德秋水의 오기 : 인용자) 저서를 하나 구입헐러고 사방
의 고문, 古本 옛적 책을 파는 집이 쫓아 다니다 내가 구해 봤어. 안동
(아직 : 원문) 우리나라 사람이 아직 뜻도 못 두는데 그런 책을 하나 구
해 가지고 그 놈을 애독을 헌게. 장덕수씨가 나보고 "그게 무언 책인디
도서관에 까장 와서 도서관 책 안보고 어면 책 보냐?" 이래. 보더니 아
자기가 보인게 볼 만한 책이거든. 그래 장덕수씨가 또 사회주의자가
됐네.16)

　아마 우리나라에서 사회주의연구라도 허고 책을 볼라고 애를 씬 거
이 내가 嚆矢인 것 같어. 장덕수도 나보다 나중에 했어. 그런 책보고.
나는 정치과 학교 다니면서도 보병학교 육관사관학교 근처로 돌아다
니면서 내가 책 한권을 거기서 샀네. 이걸 幸德秋樹(幸德秋水의 오
기 : 인용자). 사형받은 사람. 책을 거기서 샀어. 책 파는 디가 없어.17)

　위의 두 회고는 '김철수그룹' 구성원들의 이념적 지향성과 관련하여
매우 중요한 시사를 주고 있다. 즉 김철수와 장덕수가 사회주의사상을
수용하는 과정에서 대표적인 메이지 사회주의자인 고토쿠 슈스이의
저작에 대한 '독서'와 '연구'가 중요한 역할을 했다는 점이다.
　일반적으로 사회문제나 현실에 대한 비판적인 인식을 갖게 되는 경
우나 또는 그러한 비판적 인식을 체계화하고 행동으로 전화시키는 과
정에서 사상서적에 대한 '독서'와 '연구'는 중요한 역할을 담당한다.
따라서 '김철수그룹'이 사회주의사상을 수용하는 과정에서 고토쿠의

16) 한국정신문화연구원 현대사연구소 편, 위의 책, 192쪽.
17) 한국정신문화연구원 현대사연구소 편, 위의 책, 339쪽.

저작에 대한 '독서'와 '연구'가 중요한 하나의 계기가 되었다는 김철수의 회고는 충분히 가능한 이야기라고 할 수 있다. 또한 실제로 일본의 메이지 사회주의자들이 사회주의사상을 수용하는 과정에서도 사상서적에 대한 '독서'가 매우 커다란 역할을 하고 있었다.[18]

이러한 사실을 통해 현실에 대한 비판적인 인식과 그것의 체계화를 위한 이론으로 사회주의사상을 수용하는 지식인들의 경우 '제국주의' 일본과 '식민지' 조선이라는 차이에도 불구하고 사상서적에 대한 '독서'와 '연구'가 사회주의사상을 수용하는 중요한 통로라는 점은 일반적인 현상이라고 할 수 있다.

그러나 '제국주의'와 '식민지'라는 차이는 사회주의사상의 수용 방식에 본질적인 차이를 또한 내포할 수밖에 없었다. 즉 일본의 경우 1900년 치안경찰법의 제정과 1901년 사회민주당(社會民主黨)의 결사가 금지되면서, 사회주의는 일본 정부의 용인 아래 학술적인 연구만이 허락되었다. 따라서 일본의 사회주의 수용은 더욱더 학리적인 경향이 강화될 수밖에 없었다. 그러나 이에 비해 조선의 경우는 제국주의 일본에 대항하기 위한 민족해방운동의 일환으로, 즉 '해방의 무기'로 사회주의를 수용한다는 점에서 대비된다고 할 수 있다. '김철수그룹'의 경우도 이 경우에 해당한다고 할 수 있다.

그렇다면 '김철수그룹'의 사회주의사상 수용에 직접적인 영향을 끼친 고토쿠 슈스이는 어떤 인물인가? 그는 가타야마 센(片山潛 : 1859~1933)과 함께 메이지 사회주의를 대표하는 인물로 평가된다. 고토쿠는

---

18) 中村勝範, 「明治社會主義意識の形成」, 『法學硏究』 41卷 7號(1968), 29쪽. 이 연구는 平民社의 기관지 『週刊 平民新聞』과 후속지 週刊 『直言』에 실린 「나는 어떻게 사회주의자가 되었는가?」에 대답한 메이지 사회주의자 82명의 대답을 정리한 것이다. 메이지 사회주의자들의 인식을 잘 보여주고 있는 이 연구에서 '독서'를 통해 사회주의자가 되었다는 응답은 전체 152회(복수 응답 가능) 가운데 49회로 압도적인 1위였다.

일찍이 '일본의 루소'라는 나카에 조민(中江兆民 : 1847~1901)의 제자
로 자유민권운동의 세례를 받았다. 이후 사회주의사상을 수용하면서
초기 일본 사회주의사상 연구의 중심 단체였던 사회주의연구회(社會
主義研究會)와 그 후신인 사회주의협회(社會主義協會)에 참여하였다.
그리고 그 연장선에서 1901년에는 가타야마 센, 아베 이소(安部磯雄 :
1865~1949), 기노시타 나오에(木下尙江 : 1869~1937), 가와카미 기요
시(河上淸 : 1873~1949), 니시카와 고지로(西川光二郎 : 1876~1940)
등과 함께 일본 최초의 사회주의정당인 사회민주당(社會民主黨)의 발
기인 6인 가운데 1인으로 참가하는 등 일본 사회주의운동의 중심인물
로 부상하였다. 러일전쟁기에는 사카이 도시히코(堺利彦 : 1870~1933)
와 함께 헤이민사(平民社)를 설립하고, 『주간 평민신문(週刊 平民新
聞)』을 통해 '비전론(非戰論)'을 전개하여 국제적인 주목을 받았다. 또
한 1904년 11월에는 『평민신문』 1주년 기념호에 사카이와 함께 동아시
아 최초로 맑스와 엥겔스의 『공산당선언』을 번역하여 발표하기도 하
였다.19) 그러나 1905년 11월 도미했다가 귀국한 1906년 6월 이후 아나
키즘으로의 사상전환을 발표하고 '직접행동론'을 제창하였다. 그리고

---

19) 「共産黨宣言」, 『平民新聞』 53(1904. 11. 13). 『平民新聞』에 실린 『공산당선언』의
일역문은 제3장인 「社會主義와 共産主義 文獻」 부분이 생략되어 있는데, 『공산
당선언』의 완전한 일역문은 이후 사카이 도시히코가 주도한 『社會主義研究』에
게재되었다(K.Marx · F.Engels, 幸德秋水 · 堺利彦 譯, 「共産黨宣言」, 『社會主義研
究』 1(1906)]. 고토쿠 슈스이와 사카이 도시히코의 『공산당선언』 일역문은 이후
동아시아 맑스주의자들에게 커다란 영향을 미쳤다. 중국의 경우 1920년 천왕다
오(陳望道)가 이 일역문에 의거하여 『공산당선언』의 중어본을 출판하였고, 식
민지 조선의 경우는 1921년 번역된 세 가지 번역본 가운데 '조선공산당'이 비
밀출판물로 발행한 한국어 번역본의 저본이 고토쿠 슈스이와 사카이 도시히코
의 『공산당선언』 일역문이었다. 이에 대한 자세한 것은 박종린, 「1920년대 초 공
산주의 그룹의 맑스주의 수용과 '유물사관요령기'」, 한국역사연구회, 『역사와
현실』 67(2008) 참조. 동아시아 특히 식민지 조선과 일본에서의 『共産黨宣言』의
번역사에 대해서는 별고에서 다루고자 한다.

1911년 이른바 '대역사건'으로 죽임을 당한 인물이다.[20]

그렇다면 '김철수그룹'이 사회주의사상을 수용하는 과정에 영향을 준 고토쿠의 저작은 어떤 것인가? 고토쿠는 생전에『20세기의 괴물 제국주의(20世紀之怪物帝國主義)』(1901),『장광설(長廣舌)』(1902),『조민선생(兆民先生)』(1902),『사회주의신수(社會主義神髓)』(1903),『사회민주당 건설자 라살레(社會民主黨 建設者 ラサール)』(1904),『평민주의(平民主義)』(1907) 등 모두 6권의 저작을 출간하였다. 그리고 대역사건으로 죽임당한 직후인 1911년『기독말살론(基督抹殺論)』이 출간되었다. 그러나『기독말살론』을 제외한 6권의 저작은 1907년과 1910년에 안녕 질서 방해 혐의로 출판법에 의한 금지처분을 받아 쉽게 구해 볼 수 없는 상황이었다.[21] 이 가운데 사회주의자에서 아나키스트로의 사상전환을 천명했던 1906년 이전 출간된 5권의 책들 가운데 하나 또는 다수가 김철수와 장덕수의 사회주의자로의 전환에 영향을 준 것이다.

5권의 책 가운데 내용상 가장 유력한 것은『사회주의신수』라고 할 수 있다.[22] 이 책은 이미 당대 일본의 메이지 사회주의자들로부터 사회주의자가 되는 데 가장 커다란 영향을 받은 책이라고 언급될 정도로

20) 幸德秋水의 생애에 대해서는 ① F.G. Notehelfer, 竹山護夫 譯,『幸德秋水 : 日本の急進主義者の肖像』(東京 : 福村出版, 1971) ② 絲屋壽雄,『幸德秋水』(東京 : 淸水書院, 1973) ③ 坂本武人,『幸德秋水 : 明治社會主義一等星』(東京 : 淸水書院, 1984) 등 참조.

21) 1907년에는『平民主義』, 1910년에는『20世紀之怪物帝國主義』,『長廣舌』,『兆民先生』,『社會主義神髓』,『社會民主黨 建設者 ラサール』가 각각 금지처분을 받았다[『禁止出版物目錄』(東京 : 內務省 警保局, 1919), 2 · 4 · 6 · 7 · 8쪽]. 따라서 金錣洙도 그의 회고에서 幸德秋水의 저작을 구입하기 위해 여러 고서점을 전전했다고 언급하고 있다[한국정신문화연구원 현대사연구소 편,『遲耘 金錣洙』(성남 : 한국정신문화연구원 현대사연구소, 1999), 339쪽].

22) 이 책은「緖言」,「貧困의 原因」,「産業制度의 進化」,「社會主義의 主張」,「社會主義의 效果」,「社會黨의 運動」,「結論」등 7개의 章과「附錄」으로 구성되어 있다.

메이지시기 사회주의자가 된 이들에게 광범위하게 읽히고 영향을 미친 책이다.[23] 또한 같은 해 발간된 가타야마 센의 『아사회주의(我社會主義)』와 함께 메이지 사회주의의 이론적 수준을 대표하는 저작으로 평가받는 책이기도 하다.[24]

그렇다면 『사회주의신수』는 어떤 성격의 책인가? 고토쿠는 「자서(自序)」를 통해 자신이 『사회주의신수』를 집필한 이유를 "우리나라에서 사회주의자의 한 사람으로서 그것을 알게 하는 책임이 있는 것을 느끼기 때문"[25]이라고 언급하고 있다. 즉 '사회주의자'로서 '사회주의'를 선전하고자 집필했다는 것이다. 또한 『사회주의신수』를 집필할 때 참조한 주요 저서로 아래 8권의 저작을 들고 있다.

K. Marx & F. Engels, *Manifesto of the Communist Party*

K. Marx, *Capital : A Critical Analysis of Capitalist Production*

F. Engels, *Socialism, Utopian and Scientific*

T. Kirkup, *An Inquiry into Socialism*

R. Ely, *Socialism and Social Reform*

W. Bliss, *A Handbook of Socialism*

W. Morris & E. B. Bax, *Socialism : its Growth and Outcome*

W. Bliss, *The Encyclopedia of Social Reforms*[26]

---

23) 영향을 준 서적·잡지·신문에 대한 응답 96회 가운데 『社會主義神髓』는 19회로 1위였다[中村勝範, 「明治社會主義意識の形成」, 『法學研究』 41卷 7號 (1968), 38쪽]. 또한 1903년 7월 초판이 간행된 이후 같은 해 11월에 6판이 발행될 정도로 당시 일본에서 사회주의에 관한 '寶典'으로 평가를 받았다[平野義太郎, 「解說」, 『社會主義神髓』(東京 : 岩波書店, 1953), 87쪽].

24) 橋川文三·鹿野政直·平岡敏夫, 『近代日本思想史の基礎知識』(東京 : 有斐閣, 1971), 135쪽.

25) 幸德秋水, 「自序」, 『社會主義神髓』(東京 : 朝報社, 1903), 1쪽.

26) 幸德秋水, 「自序」, 『社會主義神髓』(東京 : 朝報社, 1903), 3쪽.

그런데 참고문헌으로 언급된 8권의 책들이 모두 영어로 저술되거나
번역된 책이라는 점이 특징적이다. 그러나 이는 단지 고토쿠에게서만
나타나는 특징은 아니다. 즉 이 시기 일본의 메이지 사회주의자들이
미국을 매개로 사회주의사상을 수용하고 있었기 때문에 나타나는 공
통된 현상이었다.[27] 즉 맑스주의 원전뿐만 아니라 다양한 사회주의사
상에 대한 주요 저작들은 대부분 영어로 쓰여지거나 번역된 저작들이
읽혔고, 일역본의 저본으로 선택되었다. 이러한 현상은 1920년대 초반
까지 계속되었는데, 사회주의운동에 종사하던 일본 사회주의자들의 대
부분이 영어 이외에 다른 서구의 언어로 번역이 가능한 정도의 독해
능력을 갖지 못했던 점과 밀접히 관련되어 있다.[28]

이 시기 메이지 사회주의자들에게 이론적으로 가장 커다란 영향을
미친 이는 미국의 사회주의자인 리처드 일리(Richard Ely : 1854~1943)
와 토머스 커컵(Thomas Kirkup : 1844~1912)이었다.[29] 위스콘신 대학교
교수이자 기독교 사회주의자였던 리처드 일리는 위스콘신 학파의 개
척자로 역사학파의 영향을 받아 고전학파의 자유방임주의와 맑스주의
의 사회혁명론을 모두 배격하였다. 그리고 국가권력에 의한 제도개혁
과 협동조합운동 등을 통해 독점자본주의의 폐해와 노농문제를 해결
할 수 있다는 입장을 견지한 인물이었다. 이러한 그의 견해는 이후 제
자들에게 계승되어 미국 제도학과 경제학의 중추가 되었다.[30]

27) 守屋典郎, 『日本マルクス主義の歷史と反省』(東京 : 合同出版, 1980), 2쪽.
28) 1920년대 초반가지 河上肇 등 연구자들을 제외하고 실제 운동에 종사했던 사
    회주의자들의 경우는 대부분 그러했다. 이에 대해서는 朴鍾隣, 「1920년대 사
    회주의사상의 수용과 一月會」, 한국근현대사학회, 『한국근현대사연구』
    40(2007) 참조.
29) 守屋典郎, 『日本マルクス主義の歷史と反省』(東京 : 合同出版, 1980), 3쪽.
30) 리처드 일리의 사상과 위스콘신 학파에 대해서는 ① 방기중, 「일제하 李勳求
    의 農業論과 經濟自立思想」, 역사문제연구소, 『역사문제연구』 1(1996) ② 방
    기중, 「일제하 미국 유학 지식인의 경제인식」, 연세대학교 국학연구원 편,

리처드 일리의 저작들은 1884년 출간된 *The Past and the Present of Political Economy*가 1888년 사가네 푸지로(嵯峨根不二郎)에 의해『신구양파경제학요령(新舊兩派經濟學要領)』으로 번역된 이래 경제학 관련 저작들을 중심으로 다수가 일본에서 번역되어 출판되었다. 그리고 고토쿠가 주요한 참고문헌의 하나로 언급한 리처드 일리의 저작인 *Socialism and Social Reform*은 1901년 아베 이소가 집필한 일본 최초의 사회주의정당인 사회민주당의 「선언서」에 지대한 영향을 주었다.[31] 즉 아베 이소는 사회민주당의 「선언서」에서 군비의 완전한 철폐, 계급제도의 완전한 철폐, 토지 및 자본의 공유, 교통기관의 공유, 재산의 공평 분배, 인민의 평등한 참정권, 국가의 교육비용 부담 등 8개 항목의 이상적 강령과 특권의 폐지와 보통선거, 노동자와 소작인 보호, 언론·집회·결사의 자유 등 28개의 실질적 운동의 강령을 제시하였다. 이러한 사회민주당의 「선언서」는 리처드 일리가 *Socialism and Social Reform*을 통해 주장했던 내용들을 참조하여 작성된 것이었다.

토머스 커컵의 저작들도 일본과 중국에서 사회주의사상의 수용과 관련하여 영향력을 가졌다. 일본의 경우는 사카이 도시히코가 주도한 일본 최초의 사회주의 연구지인『사회주의연구(社會主義硏究)』에『사회주의사(社會主義史)』가 초역되어 게재되었다.[32] 중국의 경우에도 마오쩌둥(毛澤東)이 자신에게 맑스주의에 대한 확신을 심어 준 3권의 책 가운데 하나로 토머스 커컵의『사회주의사』를 언급하고 있다.[33] 이러

『미주 한인의 민족운동』(서울 : 혜안, 2003) ③ 도로시 로스, 백창재·정병기 옮김,『미국 사회과학의 기원』1(서울 : 나남, 2008) 참조.
31) 木村毅,「日米社會運動交涉史」,『日米文化交涉史』4(東京 : 洋洋社, 1955), 515쪽.
32) 宮川透·荒川幾男 엮음, 이수정 옮김,『일본근대철학사』(서울 : 생각의 나무, 2001), 242쪽.
33) Edgar Snow, 洪秀原·安亮老·愼洪範 옮김,『중국의 붉은 별』상(서울 : 두레,

한 사실은 일본과 중국에서 사회주의사상이 수용되는 과정에서 토머스 커컵의 저작들이 중요한 저작의 하나로 인식되었다는 것을 보여주는 것이다.

고토쿠는 기본적으로 리처드 일리의 저서와 토머스 커컵의 저서에 기초하여,[34] 맑스주의의 3대 저작으로 평가되는[35] 『공산당선언』과 『자본론』 그리고 『유토피아에서 과학으로의 사회주의의 발전』을 참조한 후 자신의 사회주의 연구를 총괄해서 『사회주의신수』를 출간한 것이다.

『사회주의신수』는 전체적으로 통속적이고 해설적인 맑스주의에 대한 인식에 입각하여 자본주의사회의 경제구조를 이론적이고 평이하게 해명한 책이며 유물사관보다는 진화론적 입장에 서있는 책이라는 평가를 받고 있다. 또한 "지배계급들로 하여금 공산주의 혁명 앞에 전율케 하자. 프롤레타리아들은 공산주의 혁명 속에서 족쇄이외에 아무 것도 잃을 것이 없다. 그들에게는 얻어야 할 세계가 있다. 만국의 프롤레타리아여, 단결하라!"라는 『공산당선언』의 가장 유명한 구절이 언급되고 있음에도 불구하고,[36] 내용에서는 프롤레타리아의 계급적 성격과 역사적 역할에 대한 평가가 부재하다. 그로 인해 "혁명은 하늘이지 인력(人力)이 아니"라는 관점에서 보통선거운동에 의한 의회주의를 통해 "쉽고 평화"적으로 혁명을 실현할 수 있다고 보는 등 '사회민주당'의 전통에 서 있다는 평가를 동시에 받고 있다.[37]

2003), 182쪽. 나머지 2권의 책은 카우츠키의 『계급투쟁』과 천왕다오(陳望道)가 중국어로 번역하여 출판된 최초의 맑스주의 원전인 『공산당선언』이다.

34) F.G. Notehelfer, 竹山護夫 譯, 『幸德秋水 : 日本の急進主義者の肖像』(東京 : 福村出版, 1971), 132쪽. 특히 토머스 커컵의 영향에 대해서는 같은 책 3장 참조.
35) エンゲルス, 堺利彦 譯, 「科學的社會主義」, 『社會主義硏究』 4(1907. 7), 1쪽.
36) 『社會主義神髓』의 「自序」와 '목차' 사이의 페이지에 『공산당선언』에서 가장 유명한 위의 구절이 영문으로 인쇄되어 있다[幸德秋水, 『社會主義神髓』(東京 : 朝報社, 1903)].

'김철수그룹'에게 영향을 준 『사회주의신수』는 이렇듯 맑스주의와 함께 당대 미국을 통해 수용된 다양한 형태의 사회주의사상을 고토쿠가 적극 수용하여 자신의 논지를 전개한 메이지 사회주의의 사상적 경향성을 대표하는 저작이라고 할 수 있다. 메이지시기 일본에서 맑스주의가 다양한 사회주의 가운데 주요한 흐름의 '하나'로 존재하고 인식되었기 때문에 '김철수그룹'이 고토쿠의 저작에 대한 '독서'와 '연구'를 통해 수용한 사회주의사상의 내용도 기본적으로 고토쿠가 이해한 당대의 메이지 사회주의와 크게 다르지 않았을 것이다.

2. 노자협조론과 반자본주의

김철수가 해방 후에 일본 와세다대학 유학 시기 자신의 지적 편력과 관련하여 언급한 아래 회고도 '김철수그룹'이 수용했던 사회주의사상의 내용과 관련하여 중요한 정보를 제공해 준다.

> 아마 우리나라에서 사회주의연구라도 허고 책을 볼라고 애를 씬 거이 내가 嚆矢인 것 같어.……그리고 노동문제에 그것을 내가 착실허니 꼭 봤거든. 그때에 내가 아무도 누가 보덜 안했어. 못혔어. 누가 그런 것 보는 사람 못봤어. 근까 안재홍씨가 나보고 아 그 정치학 다니면서 노동문제를 왜 자꾸 보냐고. 안재홍씨는 『외교시보』를 꼭 보거든. 나는 노동국산업(『勞働及産業』의 오기 : 인용자)이라고 허는 잡지를 수북허니. 매월. 두 번씩 샀어. 찾어.[38]

37) 家永三郎, 『近代日本思想史講座』 1(東京 : 筑摩書房, 1959), 140~141쪽 ; 岡本宏, 『日本社會主義政黨論史序說』(東京 : 法律文化社, 1968), 14쪽 ; 大原慧, 「幸德秋水の社會主義 : 秋水著 『社會主義神髓』を中心に」, 東京經濟大學, 『東京經大學會誌』 69・70(1970), 89~90쪽 참조.

38) 한국정신문화연구원 현대사연구소 편, 『遲耘 金錣洙』(성남 : 한국정신문화연구원 현대사연구소, 1999), 339쪽.

즉 김철수는 당대 재일유학생들이 주목하지 않았던 노동문제에 주
목했다고 언급하고 있다. 그리고 그 통로는『노동급산업(勞働及産業)』
이라는 잡지를 통해서 였다. 그렇다면 김철수가 노동문제에 관심을 갖
게 되는 매개가 된『노동급산업』은 어떤 성격의 잡지인가?『노동급산
업』은 1912년 8월 스즈키 분지(鈴木文治 : 1885~1946)가 조직한 우애
회(友愛會)의 기관지이다.『우애신보(友愛新報)』의 후속으로 1914년 11
월부터 1919년 12월까지 발행된 월간지가 바로『노동급산업』이다.『노
동급산업』은 우애회의 이념을 소개하고 선전하는 것을 주 임무로 하였
는데, 우애회는 창립 이래 회원 상호간의 공제에 주력한 수양단체적인
성격이 강한 조직이었다.39) 김철수가 도쿄에 머물던 1916년 9월까지40)
『노동급산업』의 논조는 기본적으로 우애회의 이러한 입장을 충실하게
반영하고 있었다. 특히 노동문제에 대해서는 상애부조와 노자협조적
해결을 강조하고 있다.

　그렇다면 이 시기 '김철수그룹'의 노동문제에 대한 인식은 어떠했는
가? 이와 관련하여 김철수가『학지광(學之光)』10호에 투고한「노동자
(勞動者)에 관(關)하여」라는 글이 주목된다.41) 이 글은 김철수가 회고
한 바와 같이 다른 재일유학생들은 관심을 갖지 않던 '노동문제'에 관

39) 友愛會는 제1차 세계대전과 러시아혁명을 거치면서 파업투쟁 등을 통해 노동
　　자의 전투적 대중조직으로 조직의 성격을 탈바꿈시켰다. 그 결과 1919년에는
　　'大日本勞動總同盟友愛會'로 명칭을 변경했고, 1921년에는 다시 日本勞動總同
　　盟으로 명칭을 변경한 일본의 대표적인 노동운동단체였다. 友愛會에 대해서는
　　① 松尾尊兌,「友愛會の發展過程」, 京都大學文學部 史學硏究會,『史林』40
　　卷 6號(1957) ② 渡部徹,「友愛會の組織の實態」, 京都大學 人文科學硏究所,
　　『人文學報』 18(1963) ③ 天池淸次,『友愛會·總同盟運動史』(東京 : 民社黨
　　敎宣局, 1990) ④ 塩田庄兵衛, 우철민 옮김,『일본노동운동사』(서울 : 동녘,
　　1985) 참조.
40) 한국정신문화연구원 현대사연구소 편, 앞의 책, 44쪽.
41) 金錣洙,「勞動者에 關하여」,『學之光』 10(1916. 9).

해 자신의 견해를 피력한 것으로, 현재 확인할 수 있는『학지광』에 실린 노동문제나 노동자에 대한 유일한 글이다.[42]

김철수는「노동자에 관(關)하여」에서 먼저 노동문제의 발생에 대해 언급하고 있다. 즉 그는 '노동자와 자본가간의 불평등'과 '노동자의 자각' 이 두 가지가 병존해야 비로소 노동문제가 발생한다고 주장하였다.[43] 그리고 조선에 노동문제가 없다는 견해에 대해 반박한다. 즉 "조선반도에는 노동자의 자각은 고사하고 자본가도 업스며 따라서 공장도 희소"하지만 노동의 정의를 '광의'로 해석하면[44] 조선에서 노동자 아닌 자가 적으니 조선에는 이미 노동문제가 존재하며 혼동중이라는 설명이었다.[45]

또한 조선 노동자의 현실을 고찰하여 생계의 곤란과 불안, 위생의 불가능, 구직의 곤란과 임금의 저렴, 자녀교육의 불가능 등을 그 문제점으로 지적하였다. 그리고 이러한 현실에서 노동자들을 구제할 방안으로 정신적, 물질적 두 방면의 구제 방법을 제시한다. 즉 정신적 구제를 위해서는 먼저 간이야학교(簡易夜學校)를 설립하여 교육의 기회를 줄 것을 주장한다. 그리고 물질적 구제를 위해서는 노동자의 생활과 지위를 개선해야 하며 그를 위해서는 가장 먼저 경제적으로 구제해야 함을 강조한다. 또한 김철수는 경제적 구제를 위한 구체적인 방법으로 노동소개소(勞動紹介所)를 두어 실업자를 없게 하고, 신용조합(信用組

---

42)『學之光』은 3·1운동 이전까지 총 17호의 발행이 확인된다. 그 가운데 10개 호(3·4·5·6·10·12·13·14·15·17호)가 영인본에 수록되어 있다. 필자는 영인본에 수록되지 않은 2개 호(8·11호)를 더 검토하였다.
43) 金鎔洙,「勞動者에 關하여」,『學之光』10(1916. 9), 13쪽.
44) 金鎔洙는 勞動을 세 가지로 정의하고 있다. 즉 첫 번째는 '最廣義'로 해석하여 정신적 노동과 신체적 노동을 병합한 것으로, 두 번째는 '廣義'로 신체적 노동만을, 세 번째는 '狹義'로 공장 노동자만을 그 대상으로 하고 있다(金鎔洙, 위의 글, 13~14쪽).
45) 金鎔洙, 위의 글, 14쪽.

合)을 통해 금전의 대차를 편리하게 하며, 구매조합(購買組合)과 판매
조합(販賣組合) 등을 지어 조합원의 수요공급을 편리하게 하는 것이
중요하다고 주장한다. 그리고 공동기숙부(共同寄宿部)를 설치하는 것
도 중요하다고 주장하였다.[46]

이러한 김철수의 노동문제에 대한 견해는 노동문제를 노동자 개인
의 문제가 아니라 구조적인 문제로 인식했다는 점이나 식민지 조선의
구체적인 노동 현실을 지적했다는 점에서 분명 노동문제 자체에 무관
심했던 당시 재일유학생들과는 차별화된 것이다. 또한 "사회의 진화가
노동자업고 엇지 되리오"[47]라는 언급에서 보이는 김철수의 노동자관
또한 지식인 중심의 운동과 사고에 집중하던 당시로는 매우 이채를 띠
는 것이었다.

그러나 김철수는 노동문제의 대의를 "자본가와 노동자의 충돌을 여하
히 조화"[48]시킬 것인가라고 하여 노동운동이나 조직화를 통한 방법이
아니라 노자협조적인 방식으로 해결하려 하였다. 『학지광』이 검열이라
는 틀 속에서 발행되는 합법 출판물이라는 속성을 고려하더라도[49] 김철
수의 이러한 견해는 전술한 우애회가 『노동급산업』을 통해 주장했던 노
동문제에 대한 노자협조적 해결 방안과 큰 차이를 보이지 않고 있다.

그렇다면 '김철수그룹'은 현재 자본주의사회를 어떻게 인식하고 있
었는가? 이와 관련하여 직접적으로 서술된 글은 없으나 사회와 개인의

---

46) 金錣洙, 위의 글, 15쪽.
47) 金錣洙, 위의 글, 15쪽.
48) 金錣洙, 위의 글, 14쪽.
49) 이 시기 재일유학생들의 인식을 고찰하기 위해서는 무엇보다 東京朝鮮留學
生學友會의 기관지인 『學之光』을 검토할 수밖에 없다. 그러나 『學之光』은
'時事'와 '政談'에 대한 글을 게재할 수 없는 제약을 받았다. 그럼에도 불구하
고 1915년 7월 제6호를 발행한 이후 1916년 9월 제10호를 발행할 때까지 7, 8,
9호 모두가 발매금지를 당하였다[『禁止出版物目錄』(東京 : 內務省 警保局,
1919), 19~20쪽].

관계를 논한 장덕수의 「사회(社會)와 개인(個人)」이란 글에서 그 인식의 단초를 발견할 수 있다.[50] 즉 장덕수는 사회와 개인의 관계를 논하면서 먼저 그에 대한 류견(謬見)으로 '사회지상주의'와 '개인지상주의' 두 가지를 들고 있다. 그리고 그 가운데 '개인지상주의'의 특징을 아래와 같이 서술하고 있다.

> 個人至上主義는……社會의 團體的 存在를 否認하고 다못 個人生存의 便宜的 手段이라 하며 個人의 價値를 絶對로 認定하는 것이지요.……社會는 秩序나 維持할 것이요 결코 積極的으로 活動하야 個人行動의 範圍를 狹小히 할 것이 아니라 하고 經濟上으로 放任主義를 主唱하며 政治上으로는 人權說을 主張하지요. 또 社會의 起源을 個人의 任意契約에 돌리여요.……現代社會組織이나 經濟制度 等이 모다 이 個人主義따라 放任主義에 根據한 것이외다.[51]

현대 사회조직과 경제제도, 즉 당대의 자본주의 사회에 대해 장덕수는 '개인지상주의'의 개인주의와 방임주의에 근거하고 있다고 보았다. 그러나 장덕수가 생각하기에 사회와 개인의 관계는 '개인지상주의'가 이야기하는 그런 일방적인 것이 아니었다. 오히려 "사회와 개인은 본래 선후를 구별할 수 업는 단체들인 동시에 호상관계(互相關係)에 즉하야 서로 의뢰하고 조화협력"해야 하는 그런 관계라는 것이다.[52]

---

50) 雪山, 「社會와 個人」, 『學之光』 13(1917. 7).
51) 雪山, 위의 글, 13쪽.
52) 이런 인식은 이 글의 도처에서 다음과 같이 반복되었다. "個人이란 價値의 主格과 社會란 價値의 主格은 兩者가 서로 依賴하며 調和協力하야 가는 것이지요. 결코 其中 한아가 絶對로 目的이요 絶對로 手段이라 할 것이 안임네다"라거나 "勿論 社會도 또한 個人을 떠나 存在할 수 없지요. 個人이 發達하고 開明하며 善良하고 完全하면 社會조차 强하고 善良하고 完全하지요. 이것이 個人은 社會內에 社會는 個人內에 互相關係에 卽하야 서로 依賴하

따라서 "개인의 절대방임을 시인하는 것은 사회의 결뉴(結紐)를 파괴할 뿐만 안이라 개인 자기의 존재를 위급에 급(及)하게 하는 것"이기 때문에 개인의 절대방임주의는 불가한 것이라는 것이다. 따라서 개인주의와 방임주의에 기반하고 있는 현대 사회조직과 경제제도, 즉 자본주의 사회는 불합리하고 지양해야 하는 대상이 되는 것이다.

자본주의에 대한 장덕수의 이러한 인식은 '김철수그룹'이 이 시기 사회주의사상을 수용하고 논리를 전개하는 데 하나의 기반이 되었다. 또한 장덕수는 이러한 인식의 연장선에서 '현대 사회주의'의 출현을 자본주의 사회의 기초인 '개인주의'와 '방임주의'의 강조에서 찾고 있다. 즉 자본주의의 문제가 사회주의를 출현시키고 있다고 주장한 것이다.[53]

IV. 맺음말

1910년 조선을 강점한 일제의 탄압에도 불구하고 국내외에서는 비밀결사 형태의 반제민족해방운동이 간단없이 전개되었다. 그러한 비밀결사 가운데 하나가 도쿄에서 조직된 신아동맹당이다. 신아동맹당은 조선인과 중국인 그리고 대만인 등 식민지와 반식민지의 약소민족 출신 재일유학생들로 구성되었다. 즉 다양한 국가와 이념을 가진 유학생들이 '반제'라는 동일한 지향으로 결합한 조직이었다. 이들은 신아동맹당을 조직한 이후 제국주의의 침탈이라는 같은 처지에 있던 인도와 베트남 출신 재일유학생들이 가입할 수 있도록 노력하였다.

국내외적으로 세계사적 격변이 계속되던 시기에 식민지라는 현실을

고 調和協力하며 流通한다하는 所謂외다"라는 언급이 바로 그것이다(雪山, 위의 글, 13 · 16 · 18쪽).

53) 雪山, 위의 글, 14 · 16쪽.

극복하기 위한 방편으로 '반제' 슬로건 아래 다른 구성원들과 함께 신아동맹당에 결집했던 '김철수그룹'은 대표적인 메이지 사회주의자인 고토쿠 슈스이를 매개로 사회주의사상을 수용하였다. 따라서 이들의 사회주의에 대한 인식은 메이지 사회주의의 커다란 영향 아래 놓일 수밖에 없었다. 이 시기는 일본에서 맑스주의가 다양한 사회주의들 가운데 주요한 흐름의 '하나'로 존재했고 또한 그렇게 인식되던 때였다. 따라서 '김철수그룹'이 수용했던 사회주의사상도 내용상 다양한 사회주의사상이 착종된 상태의 것일 수밖에 없었다.

'김철수그룹'은 자본주의 사회에 대해 비판적 입장을 견지했지만 노동문제에 대해서는 노자협조적인 입장을 갖고 있었다. 또한 '김철수그룹'이 수용한 사회주의사상은 메이지 사회주의의 성격상 '사회혁명'의 방법보다는 '사회개량'의 방법으로 사회주의를 실현하고자 한 사상이다. 그러나 그럼에도 불구하고 '김철수그룹'은 다양한 사회주의사상이 착종된 상태의 자신들을 '사회주의자'로 규정하였다. 바로 이 점이 1910년대 중반 '김철수그룹'이 일본에서 수용했던 사회주의사상의 특징이라고 할 것이다.

'김철수그룹'은 1917년 러시아 혁명을 통해 지구상에 최초로 사회주의가 현실화되고, 제1차 세계대전의 종전과 3·1운동의 발생이라는 국내외적인 대격변을 겪으면서, 종래의 다양한 사회주의사상과 그에 기반한 운동에서 맑스주의에 입각한 혁명운동으로의 변화에 적극적으로 대응하였다.[54] 1920년 국내 사회주의자들과 결합하여 사회혁명당을 조직하고, 이후 상해파 고려공산당을 거치면서 한국 사회주의운동의 지도자로서 1920년대 국내 사회주의운동의 우이(牛耳)를 잡게 된 것은 그러한 대응이 낳은 결과였다.

---

54) '김철수그룹'이 메이지 사회주의에 입각한 운동에서 맑스주의에 입각한 혁명운동으로 변화해 가는 문제에 대해서는 별고로 다루고자 한다.

참고문헌

1. 자료

『붉은 군사』, 『學之光』.

한국정신문화연구원 현대사연구소 편, 『運転 金鐵洙』(성남 : 한국정신문화연구원 현대사연구소, 1999).

『禁止出版物目錄』(東京 : 內務省 警保局, 1919).

『倭政時代人物史料』.

エンゲルス, 堺利彦 譯, 「科學的社會主義」, 『社會主義研究』 4(1907. 7).

幸德秋水, 『社會主義神髓』(東京 : 朝報社, 1903).

2. 연구서

宮川透・荒川幾男 엮음, 이수정 옮김, 『일본근대철학사』(서울 : 생각의 나무, 2001).

도로시 로스, 백창재・정병기 옮김, 『미국 사회과학의 기원』 1(서울 : 나남, 2008).

朴慶植, 『在日朝鮮人運動史 : 8・15 解放前』(東京 : 三一書房, 1979).

박종린, 『日帝下 社會主義思想의 受容에 關한 研究』, 연세대학교 대학원 사학과 박사학위논문, 2007.

Edgar Snow, 洪秀原・安亮老・愼洪範 옮김, 『중국의 붉은 별』 상(서울 : 두레, 2003).

塩田庄兵衛, 우철민 옮김, 『일본노동운동사』(서울 : 동녘, 1985).

이현주, 『한국 사회주의세력의 형성 : 1919~1923』(서울 : 일조각, 2003).

임경석, 『한국 사회주의의 기원』(서울 : 역사비평사, 2003).

家永三郎, 『近代日本思想史講座』 1(東京 : 筑摩書房, 1959).

岡本宏, 『日本社會主義政黨論史序說』(東京 : 法律文化社, 1968).

橋川文三・鹿野政直・平岡敏夫, 『近代日本思想史の基礎知識』(東京 : 有斐閣, 1971).

F.G. Notehelfer, 竹山護夫 譯, 『幸德秋水 : 日本の急進主義者の肖像』(東京 : 福村出版, 1971).

絲屋壽雄, 『幸德秋水』(東京 : 淸水書院, 1973).

守屋典郎, 『日本マルクス主義の歴史と反省』(東京 : 合同出版, 1980).

天池淸次, 『友愛會・總同盟運動史』(東京 : 民社黨 敎宣局, 1990).

坂本武人, 『幸德秋水 : 明治社會主義一等星』(東京 : 淸水書院, 1984).

3. 연구논문

김인덕, 「학우회의 조직과 활동」, 『國史館論叢』 66(1995).

金鎬逸, 「1910年代 學生運動에 대한 考察」, 又仁金龍德博士停年紀念史學論
　　　叢刊行委員會 編, 『史學論叢』(서울 : 又仁金龍德博士停年紀念史學
　　　論叢刊行委員會, 1988).

朴鍾隣, 「1920년대 사회주의사상의 수용과 一月會」, 한국근현대사학회, 『한국
　　　근현대사연구』 40(2007).

박종린, 「1920년대 초 공산주의 그룹의 맑스주의 수용과 '유물사관요령기'」,
　　　한국역사연구회, 『역사와 현실』 67(2008).

방기중, 「일제하 李勳求의 農業論과 經濟自立思想」, 역사문제연구소, 『역사
　　　문제연구』 1(1996).

방기중, 「일제하 미국 유학 지식인의 경제인식」, 연세대학교 국학연구원 편,
　　　『미주 한인의 민족운동』(서울 : 혜안, 2003).

林京錫, 「20세기 초 국제질서의 재편과 한국 신지식인층의 대응 - 사회주의
　　　지식인의 형성 과정을 중심으로」, 성균관대학교 대동문화연구원, 『大
　　　東文化硏究』 43(2003).

장 신, 「일제하의 요시찰과 『왜정시대인물사료』」, 역사문제연구소, 『역사문제
　　　연구』 11(2003).

최선웅, 「1910년대 재일유학생단체 신아동맹당의 반일운동과 근대적 구상」,
　　　한국역사연구회, 『역사와현실』 60(2006).

大原慧, 「幸德秋水の社會主義 : 秋水著 『社會主義神髓』を中心に」, 東京經濟
　　　大學, 『東京經大學會誌』 69・70(1970).

渡部徹, 「友愛會の組織の實態」, 京都大學　人文科學硏究所, 『人文學報』
　　　18(1963).

木村毅, 「日米社會運動交涉史」, 『日米文化交涉史』 4(東京 : 洋洋社, 1955).

松尾尊兌, 「友愛會の發展過程」, 京都大學文學部 史學硏究會, 『史林』 40卷 6
　　　號(1957).

中村勝範, 「明治社會主義意識の形成」, 『法學硏究』 41卷 7號(1968).

平野義太郎, 「解說」, 『社會主義神髓』(東京 : 岩波書店, 1953).

1930년대 초기 폐지내전대동맹회의 폐전운동(廢戰運動)과 그 성격[*]

정 문 상

Ⅰ. 머리말

1932년 8월 27일 상하이시상회(上海市商會) 의사청에서 폐지내전대동맹회(廢止內戰大同盟會, 이하 폐전대동맹으로 줄임) 제1차 전국대표대회가 개최되었다. 대표대회에는 각성시 상계를 비롯하여 언론계와 교육계 등 각 단체 대표 371명과 개인회원 71명이 참석했다. 대회장에는 "내전을 일으키는 자와는 영원히 합작하지 않겠다", "내전폐지는 중화민족을 구하는 출로다"라는 등의 표어들이 내걸렸다.[1]

널리 알려져 있듯이 1931년 '9·18사변'의 발발은 난징(南京)국민정부 수립 이후 위축되었던 민간사회의 활력을 소생시킨 중요한 계기였다. 둥베이 지역에 대한 일본의 군사 침략으로 민족문제가 불거지면서 민간사회는 직업, 지역별 각종 항일회나 구국회를 조직하였고 이 조직

---

[*] 이 논문은 『中國近現代史硏究』第37輯(2008. 3.)에 발표한 것으로 단행본 체제에 맞추어 약간 수정한 것임을 밝혀둔다.

[1] 폐전대동맹 제1차 전국대표대회 개최 상황에 대해서는 「紀事 : 廢止內戰大同盟成立大會紀」, 『大同盟會總會之成立(廢止內戰運動叢書之二)』(廢止內戰大同盟會總會 編, 上海 : 1932.11. 이하, 『叢書 2』) 참고. 이하 분문의 제1차 전국대표대회 개최 상황에 대한 서술은 이 글에 따른다.

을 기반으로 국민정부의 미온적인 항일태도를 비판하면서 항일에 적
극적으로 나설 것을 강력하게 촉구하였던 것이다. 민간사회의 활력은
1932년 상하이에서 발발한 '1 · 28사변'으로 더욱 두드러졌다. 이 과정
에서 민간단체의 정치참여의 제도화, 즉 민의대표기관 설립을 주장하
면서 훈정의 내실화 또는 헌정 이행의 준비를 강력하게 주문하기도 했
다.

　폐전대동맹의 발족은 바로 이렇게 재홍된 민간단체의 활력과 밀접
하게 연관된다. 일치항일이라는 민족적 대의를 위해 무엇보다도 내전
폐지를 우선해야 한다는 취지에 각계 각층의 민간단체들이 적극 호응
했던 것인데, 제1차 대표대회 소식을 보도한 『다궁바오(大公報)』는 이
를 두고 "근 년래 민간의 최대 유력 집회라고 할 만하다"고 높게 평가
했다.[2] 9 · 18사변 특히 1 · 28사변 이래 상하이를 비롯한 전국적 차원
의 민간사회에서 분출되고 확산된 일치항일의 요구와 내전 폐지의 열
망이 폐전대동맹의 발족을 가능하게 했던 것이었다.

　폐전대동맹은, '백색 테러 하의 항일민주조류의 홍기'의 한 사례로,[3]
또는 1 · 28사변 후 재홍된 상하이 민중운동을 이끈 가장 유력한 민간
단체의 하나로 주목받아왔다.[4] 한편 폐전대동맹을 주도한 계층이 상하
이 유력 상공계층이었다는 점에 착안하여 '반공 전쟁 경비 제한 문제'
를 둘러싼 상하이 상공계층과 장제스(蔣介石)와의 대립과 갈등의 소재
로서 주목받기도 했다.[5] 후자의 경우 9 · 18사변 특히 1 · 28사변 이후
점차 확산된 일치항일과 내전반대, 그리고 민의대표기관 설립에 대한

---

2) 「廢止內戰大同盟會成立」, 『大公報』(『叢書 2』, 6쪽에서 재인용).
3) 陳麗鳳 · 毛黎娟, 『上海抗日救亡運動』(上海 : 上海人民出版社, 2000), 210～
　213쪽.
4) 이병인, 『근대 상해의 민간단체와 국가』(서울 : 창비, 2006), 265～267쪽.
5) Parks M.Coble Jr., *The Shanghai Capitalists and the Nationalist Government,*
　1927-1937(Cambridge : Harvard University Press, 1980), 115～119쪽.

여론의 동향을 충분히 고려하지 않은 채 폐전대동맹의 발기와 취지를 상하이 상공계층과 장제스 등 양자의 대립구도도 축소시킨 문제점을 갖는다. 이러한 점에서 볼 때 최근 '민간 직업단체의 훈정기 민의기관 설립운동'의 한 사례로 폐전대동맹을 자리매김한 연구가 돋보인다.6) 폐전대동맹으로 결집한 상하이 상공계층이 자신의 단체를 민의대표기관으로 자임하고 정식 국민대표기관의 수립까지 전망했다는 점에 주목하고 이를 적극적으로 평가했던 것이다.

이러한 주목과 의미부여에도 불구하고 폐전대동맹의 조직과 그 활동상은 아직까지 충분히 분석되지 않았다. 기존 연구는 폐전대동맹의 제1차 전국대표대회 개최 내용과 이에 대한 사회 각 방면의 반응들을 통해 폐전대동맹이 펼치고자 했던 폐전운동의 방법과 그 지향만을 다루는 데 그쳤던 것이다. 폐전대동맹이 어떤 배경에서 성립되었는지, 제1차 대표대회에서 결집된 각 민간단체 또는 개인들의 폐전운동에 대한 입장은 어떤 것이었는지, 그리고 폐전대동맹은 어떤 활동상을 보였는지 하는 등에 대한 분석이 충분히 이루어지지 않았던 것이다. 폐전대동맹이 정식 발족 후 활동기간이 매우 짧았을 뿐만 아니라 그 활동에 관련한 자료가 충분치 않았던 사정이 크게 작용한 때문은 아닌가 생각된다.

이 글에서는 기존 연구에서는 활용하지 않았던 관련 자료7)들을 활용함으로써 각계 각층의 폐전운동에 대한 다양한 인식과 방법들을 충분히 고려하면서 폐전대동맹의 운동론과 활동상을 재구성하고자 한다.

---

6) 유용태, 「國民會議에서 國民參政會로, 1931-1938」, 『중국근현대사연구』 제23집(2004. 9), 106~108쪽.

7) 『叢書 2』 ; 『山東韓劉內戰詳記(廢止內戰運動叢書之三)』(廢止內戰大同盟會總會 編, 1932. 12. 이하, 『叢書 3』) ; 『四川內戰詳紀(廢戰內戰運動叢書之四)』(廢戰運動大同盟會總會 編, 上海, 1933. 4. 이하, 『叢書 4』).

폐전운동을 매개로 재흥된 1930년대 초반 민간사회의 활력의 구체상
이 좀 더 풍성히 드러나길 기대한다.

Ⅱ. 조직

1932년 8월 27일부터 29일까지 각성시 단체대표 381명과 개인회원
71명이 참석한 가운데 열린 폐전대동맹의 제1차 전국대표대회에서 왕
샤오라이(王曉籟), 우딩창(吳鼎昌), 린캉허우(林康侯), 류잔언(劉湛恩)
등 7명을 주석단으로 선출했다. 대표대회에서는 우딩창이 폐전운동의
당위성과 원칙을 담은 치사를 했고, 린캉허우는 폐전동맹의 조직 과정
과 당시까지 가입을 희망해 온 단체의 규모 등을 보고했다. 이어서 폐
전운동의 범위와 방법, 그리고 그 의의 등에 관해 참석자들이 보고서
또는 구두로 제안한 각종 안건들을 검토하고 토론했다. 각 안건들 가
운데 일부는 주비회에서 마련한 「폐지내전대동맹장정」(이하 「장정」)을
수정하는 데 반영했으며, 나머지는 향후 폐전대동맹의 활동방침으로
삼기 위해 상무위원회에 넘기거나 보류시키기도 했다. 이틀 동안 열띤
토론을 마치고 최종적으로 인선 작업에 들어갔다. 각 법단 회장, 주석
들과 상무위원이 추천한 인사들은 별도로 하고 마샹보(馬相伯), 돤치
루이(段祺瑞), 슝시링(熊希齡), 후스(胡適), 위차칭(虞洽卿) 등을 포함한
15명의 명예회원을 선출했고, 우딩창, 루장위안(盧璋元), 찬신즈(錢新
之), 류잔언, 장보링(張伯苓) 등 각 성구 각 직업계 및 부녀대표들로 구
성된 57명의 상무위원을 선출했다. 그리고 폐전대동맹을 실질적으로
이끌어갈 당직 상무위원 5명과 비서처 비서장, 회계처 회계장 각 1명
등 총 7명의 임원을 선출했다. 「장정」을 최종 확정하고 인선을 마친 폐
전대동맹은 그간의 주비회 활동을 마감하고 정식으로 성립했음을 대

내외에 공언했다.

> 우리 국가 민족의 생로(生路)는 일치 대외하여 장기항전을 전개하는
> 데에 있다. 장기항전을 하자면 내전폐지운동에서 시작하지 않으면 안
> 된다.……이는 '9·18' 이후 전국 인민들이 양심에서 깨달은 바이다.
> ……8)

대표대회 때 주석의 일원으로 활약한 톈진(天津) 『다궁바오』 사장
우딩창이 행한 치사의 한 부분이다. 여기에 따르면 폐전대동맹이 조직
된 것은, 9·18사변으로 고조되기 시작한 민족적 위기감으로 그 어느
때보다도 장기적인 일치항일이 요구되었고 이를 효과적으로 실행하기
위해서는 국내에서 벌어지고 있는 내전은 반드시 소멸되어야 한다는
깨달음이 사회적으로 확산된 결과에 따른 것이었다. 일본에 대한 일치
항전이라는 반제국주의운동의 필요성이 사회적으로 확산되면서 각계
각층이 폐전운동으로 결집하게 되었다는 말이다.

폐전대동맹으로 각계각층이 결집하게 된 보다 직접적인 계기는 우
딩창이 1932년 5월 17일 상하이지방유지회(동년 6월 7일 상하이시지방
협회로 개조)의 초청에 응하여 폐전운동과 관련한 강연회를 가진 데서
비롯되었다. 강연 직후 상하이시상회 회장 왕샤오라이는 그의 주장에
즉각 호응하여 상하이시상회가 폐전운동의 발의자가 되길 원한다는
입장을 표명했으며 스량차이(史量才), 저우타오펀(鄒韜奮), 황옌페이
(黃炎培) 등 참여자들도 내전 폐지를 위해 자신들도 최선의 노력을 기
울이겠다는 뜻을 표명했다. 이후 왕샤오라이, 린캉허우 등은 전국상회
연합회(全國商會聯合會), 상하이시상회, 상하이은행동업공회(上海銀行
同業公會), 상하이전업동업공회(上海錢業同業公會) 등과 함께 폐전동

---

8) 앞의 자료, 24쪽.

맹을 조직하기 위해 접촉하면서 의견을 교환하기 시작했다. 6월 20일 상기 4개 단체는 폐전대동맹을 조직하기로 의견을 모으고 주비회를 출범시켰다. 약 2개월여에 걸친 주비회 활동을 거쳐 앞서 본대로 8월 27~29일에 걸쳐 전국대표대회를 개최하고 폐전대동맹의 정식 출범을 선언했다.[9]

이러한 조직과정을 볼 때 주목되는 것은 상하이지방유지회와 상하이시상회라는 민간단체의 역할이다. 폐전운동 강연회를 마련한 단체가 상하이지방유지회였다면, 우딩창의 주장에 적극 호응하여 폐전대동맹을 조직하는 데 주도적인 역할을 한 단체는 상하이시상회였다. 널리 알려져 있듯이 상하이시상회는 상하이 상공업자, 금융업자들의 최대 민간 이익단체이며, 상하이지방유지회는 1·28사변에 이은 항전 과정에서 상하이시상회를 중심으로 한 상공업, 금융업자들이 '상업 질서를 유지하고 금융을 조절하여 난민을 구제'하기 위해 조직된 단체였다. 여기에는 위차칭, 왕샤오라이, 장궁취안(張公權), 류홍성(劉鴻生), 찬신즈, 두웨성(杜月笙), 스량차이, 황옌페이 등과 같이 상공계 인사들을 중심으로 한 명망가들이 참가하여 주로 모금을 통해 난민구제와 구호 활동, 그리고 항전에 앞장선 19로군을 지원하는 다양한 활동을 전개했다.[10] 1·28항전 과정에서 모금활동을 전개한 단체는 상하이지방유지회에 국한된 것은 아니었지만 단체의 규모나 모금 액수의 크기라는 면에서 상하이지방유지회가 단연 독보적이었다. 요컨대 상하이지방유지회로 결집한 상하이 유력상공계층은 1·28항전을 지원하고 전쟁으로

9) 1932년 5월부터 8월 전국대표대회에 이르는 과정에 대해서는 任建樹 主編, 『現代上海大事記』(上海：上海辭書出版社, 1996), 515~525쪽 ; 陳麗鳳·毛黎娟 等著, 앞의 책, 210~211쪽 등 참고.
10) 「上海地方維持會卽日成立」, 『申報』 1932. 2. 1 ; 「地方維持會爲十九路軍乞援電」, 『申報』 1932. 2. 5.

파괴된 상하이 사회를 정상화시키는 데 있어 주도적인 역할을 수행했던 것이다.

1·28항전은 상하이가 중일간의 군사적 무력 대결의 장소가 되었다는 점에서 중요한 의미를 지닌다. 개항 이래 상하이는 한 번도 외국과의 군사적 대결의 장소로서 그리고 국내 군벌간의 무력 충돌의 장소가 된 적이 없었다. 도리어 상하이는 주변 지역에서 발생한 병변(兵變)을 포함한 다양한 재난의 피난처로 기능했다. 상하이 사회가 가진 이러한 안전성으로 상하이는 개항 이후 국제적 수준의 상공업 도시로 급성장할 수 있었던 것이다. 그러나 1·28사변은 이러한 상하이의 기존 위상에 큰 타격을 미쳤다. 비록 조계는 예외였지만 외곽지역에 해당하는 장완(江灣), 우송(吳淞) 지역은 물론이고 현성 지역과 아울러 자베이(閘北) 지역은 중국과 일본군대의 격렬한 군사적 충돌의 현장이 되었고 그 결과 상하이는 막대한 인명상, 재산상 피해를 입어야만 했다.

일본과의 전투가 진행되면서 항전 의지가 커져 간만큼 상하이 사회의 안전을 바라는 여론도 그에 비례하여 확산되어갔을 것은 자명하다. 그러한 여론의 중심에 상하이 유력 상공업자와 금융업자들이 있었다. 상하이 시민과 19로군의 항전을 지원하면서 동시에 상하이의 안전망을 확보하기 위한 다양한 방안을 강구한 상하이지방유지회의 주요 구성원은 다름 아닌 이들이었다. 상하이지방유지회가 1·28항전이 중일 쌍방 간의 정전협정으로 매듭지어진 후, 우딩창을 초청하여 폐전운동 강연회를 연 것은 그러한 노력의 일환일 터였다. 요컨대 폐전동맹 결성의 배경에는 9·18사변, 특히 1·28사변을 거치면서 고양된 민족적 위기감, 장기적인 항일전의 필요성뿐만 아니라 그 어떤 군사적 위협으로부터 상하이의 안정을 확보하려 했던 상공계층의 원망도 중요하게 작용했던 것으로 이해된다.

민족적 위기감과 일치항일의 필요성이 당시 폐전운동으로 구체화될

수 있었던 또 다른 배경으로 내전반대의 여론이 상하이 사회에서 진작
부터 조성되고 있었다는 점을 빼 놓을 수 없다. 이 점과 관련할 때 폐
전대동맹 조직과정에서 주도적인 역할을 했던 후장대학(滬江大學) 총
장 류잔언의 내전 폐지와 '화평운동' 구상이 주목된다. 그는 일찍이
1926년 내전정지를 취지로 내건, '화평운동'을 제안한 적이 있었다.[11]

당시 그는 국가의 안정과 발전의 최대의 걸림돌로 내전을 지목하고
내전에 반대하는 화평운동을 전개할 필요를 주장했다. 특히 그는 화평
운동은 정치인이나 군벌들을 배제하고 '순수한 국민'이 주도해야 한다
는 점을 강조했다. 그리고 화평운동을 이끌 조직체로 화평회의 조직
을 제안하고 화평회의 대표는 직업대표제와 지역대표제를 채용하여
선거를 통해 선출할 것을 제안했다. 요컨대 직업과 지역대표를 선출하
여 이들을 통해 화평회의를 조직하고 이 조직을 기반으로 국민의 주도
아래 내전에 반대하면서 건국사업을 전개해야 한다는 발상이었다.

국민혁명운동이 전개되는 과정에서 류잔언은 이미 내전 반대를 위
한 국민 주도의 화평운동을 구상하고 있었던 것인데, 이러한 구상이
9·18사변, 특히 1·28사변 이후 사회적으로 더욱 확산된 민족적 위기
감과 일치항일의 분위기를 타고 내전폐지운동으로 구체화되었던 것으
로 보인다. 그리하여 예의 우딩창의 강연에 앞선 1932년 4월, 류잔언은
이미 "내전을 없애고 밖에서 받은 치욕에 대항하자"는 주장을 강력하
게 제기했던 것이다.[12]

후장대학 총장 류잔언의 내전 반대 화평운동의 주장과 우딩창의 내
전 폐지 주장이 계기가 되어 내전 폐지의 여론이 사회적으로 크게 확

---

11) 류잔언의 화평운동에 관한 발상에 대해서는 陳伯華·劉湛恩·孫祖基 合編,
『和平運動』(上海 : 靑年協會書局, 1926) 참고.
12) 『叢書 2』, 293쪽. 이 글에 따르면 류잔언은 『時事新報』1932년 4월 21일자에
국내 비전운동(非戰運動)을 주장하는 글을 기고했다고 한다.

산되었지만, 그러한 여론이 폐전대동맹으로 구체화될 수 있었던 것은 앞서 보았듯이 상하이 상공계층의 적극적인 호응에 힘입은 바 컸다. 폐전대동맹의 주비회가 상하이시상회가 중심이 되고 전국상회연합회, 상하이은행동업공회, 상하이전업동업공회 등의 상공업, 금융계 직업단체들이 가세하면서 발족되었던 데서 잘 알 수 있다. 상공계층의 주도성은 폐전대동맹에 가입한 각종 직업, 민중단체의 면면에서도 잘 드러난다. 1932년 8월에 개최된 상기 전국대표대회 때 주석 린캉허우의 보고에 따르면, 회의 하루 전날인 8월 27일까지 폐전대동맹 주비회에 참가해 온 단체는 총 501개인데, 이 가운데서 상회연합회 8개, 각 시현 상회 72개, 은행공회 10개, 전업공회 9개, 각업공회 104개, 각업공회 42개, 화교단체 18개, 부녀단체 11개, 동향단체 11개, 학술단체 59개, 기타 단체 58개 등이었다. 이 가운데서 상공계층의 직업단체는 총 99개에 달했다.13)

  폐전대동맹 활동에서 상공계층의 주도성은 폐전대동맹의 주요 임원진 구성에서도 쉽게 확인된다. 「장정」에 따를 때 폐전대동맹의 실질적 권한은 상무위원으로 구성되는 상무위원회에 있었지만, 일상적인 업무는 이들 상무위원 가운데 선출된 7명의 임원진에 의해 주도되었다. 제1차 대표대회 때 첫 임원진으로 선출된 자는 우딩창, 왕샤오라이, 두웨성, 린캉허우, 류잔언 등 당직 상무위원과 옌어성(嚴鄂聲) 비서장, 천저칭(陳薴靑) 회계장이었다. 왕샤오라이, 두웨성, 린캉허우, 옌어성 등은 상하이의 저명한 상공업자이자 금융업자였고, 오딩창은 재정부문 정부 요직을 두루 거친 '북방 재벌의 거두'14)이자 톈진 『다궁바오』 사장이었으며, 류잔언은 기독교인으로서 후장대학 총장이었다.

  폐전대동맹의 외연도 각 지역 상회 조직을 통해 확대하고자 했다.

---

13) 『叢書 2』, 27쪽.
14) 周雨, 『大公報社 : 1902~1949』(無錫 : 江蘇古籍出版社, 1993), 208쪽.

분회를 조직하여 폐전동맹의 외연을 확장하려는 계획은 주비회 때부
터 줄곧 논의되었고 대표대회 때에도 심도 있게 논의된 사안이었다.
그리하여 「폐지내전대동맹회분회 간장」까지 만들어 공포하기도 했다.
그러나 이러한 조직 확대 노력은 기대만큼 순조롭지 않았던 모양이다.
1932년 12월 10일에 열린 제3회 상무위원회에서 비서장 옌어성은 "본
회가 성립한 지 3개월이 지났건만 각지에 분회가 아직 보급되지 않았
고 가입 회원들도 많지 않다"고 토로할 정도였다. 이러한 상황에서 상
무위원회는 분회 조직에 관련한 다음과 같은 사항을 논의하고 통과시
켰다. 각 성시에 폐전대동맹 분회를 조직하기 이전에 해당 지역 상회
에 폐전위원회(廢戰委員會)를 먼저 조직하고 본회의 취지에 따라 회원
들을 모집하고 그 성과를 바탕으로 분회를 조직하자는 안이었다.[15] 요
컨대 전국에 걸쳐 있는 기존 상회를 폐전대동맹 분회 조직의 기반이자
모체로 삼자는 구상이었던 것이다.

다음 장에서 좀 더 보겠지만, 폐전대동맹의 내전 중지에 관련된 활
동은 각지의 상회 조직의 네트워크를 통해 이루어지고 있었던 사실에
비추어 볼 때 이러한 분회 조직 구상은 폐전대동맹의 현실적인 조직
기반을 고려한 것이었다고 판단된다.

III. 내전 규정과 활동 방안

1. 내전 규정

흥미로운 점은, 제1차 대표대회를 통해 공식적으로 채택되어 공포된
「장정」 그 어디에도 내전에 대한 규정이 명시되지 않았다는 사실이다.

---

15) 제3차 상무위원회의 결의사항 내용은 『四川內戰詳紀(廢止內戰運動叢書之
    四)』(民22. 4), 252~253쪽 참고.

제1조에서 내란을 유발시킨 전쟁이란 의미로 내전을 언급하고는 있지
만 폐전대동맹의 활동의 대상인 내전이 구체적으로 어떤 것인지 명확
히 정의하지 않았던 것이다.

제1차 대표대회에 제출된 폐전대동맹회 주비회의 「장정」 원안에도
이에 대한 명확한 규정이 없었던 모양이다. 제1차 대표대회에 제출된
각 대표들의 안건 가운데 "내전 기준을 명확히 규정해야 한다", "내전
의 경계를 확정해야 한다", "내전과 비(非)내전을 반드시 구별하고 판
정해야 한다", "내전범위를 확정해야 한다"는 등의 원칙론적인 요구가
적지 않았던 것은[16] 바로 이러한 사정 때문이었다. 내전에 대한 분명
한 규정 요구는 특히 공산당 토벌전을 내전에 포함시킬지 여부와 관련
하여 보다 직접적으로 표출되었다. "공산당 토벌전은 과연 내전인가
아닌가"와 같은 단순한 질의에서부터,[17] 공산당 토벌전은 내전으로 마
땅히 포함시켜야 한다며 그 이유로 "쑨원(孫文) 생존시 공산당을 허용
하는 용공정책을 견지했다"거나 '현재 국난 시대에 일치항일이 민족적
대의'라는 점을 강조하고 그리고 "국내인끼리 중국영토 내에서 벌이는
전쟁은 모두 내전으로 규정해야 한다"고 주장하고 나선 것이었다.[18]

내전을 어떻게 규정하느냐 하는 것은 향후 폐전대동맹의 활동범위
를 어떻게 설정하느냐 하는 문제와 직결된 매우 민감하고도 중요한 문
제였다. 만약 공산당 토벌전까지 내전으로 규정하게 되면 국민정부의
공산당 토벌전도 폐전대동맹의 제지와 반대의 대상이 되어야 했기 때
문이었다. 대회 참가자들 사이에 오갔을 격론이 과히 짐작되고도 남음
이 있다. 그런데 당시 각종 제안을 심사했던 심사위원회는 대회 참석
자의 내전 규정 요구에 즉답을 피해갔다. "공산당 토벌전이 아닌 전사

---

16) 『叢書 2』, 71쪽, 226쪽, 283쪽.
17) 『叢書 2』, 32쪽.
18) 『叢書 2』, 123~124쪽, 202쪽.

행위(戰事行爲)를 내전으로 해석하며", "군사행위가 토비 토벌의 성격을 갖는지 여부는 상무위원회에서 면밀한 검토를 거친 후 결정하도록 한다". 그리고 공산당 토벌전을 내전으로 규정할지 여부는 상무위원회에 넘겨 '공의와 연구'를 거쳐 결정토록 하자고 했던 것이다.19) 말하자면 폐전대동맹은 내전을 국민정부의 토비 토벌전을 제외한 국내 모든 군사행위로 규정하고, 공산당 토벌전에 대해서는 상무위원회에서 처리토록 함으로써 분명한 입장 표명을 피했던 것이다.

그런데 눈여겨 볼 일은, 비록 공산당 토벌전의 내전여부에 대해서는 즉각적인 입장을 밝히지 않은 채 상무위원회에 넘겼지만, 폐전대동맹이 공산당 토벌전을 내전으로 규정하려는 논의 자체를 완전히 배제하지는 않았다는 점이다. 대표대회가 폐막된 후 폐전대동맹은 대표대회 때 각 대표들에 의해 제안된 안건들을 폐전대동맹의 수용여부를 기준으로 세 가지로 분류했다. 첫째는 대표대회 때 주비회에서 마련한 「장정」초안의 수정에 반영한 안건이었으며, 두 번째는 대표대회 때 논의를 거쳐 통과시킨 후 실행할 방안을 강구하라고 상무위원회에 넘긴 안건이었다. 마지막 세 번째는 장정의 범위를 넘어서 활동 범위나 방식으로 수용하기가 현실적으로 어렵다고 판단한 안건들이었다. 그런데 두 번째 부류 방안 가운데 '용공폐전(容共廢戰)'을 주장한 방안을 포함시킨 것이었다.

궁양뤄(龔昂若)란 대표는, 쑨원이 생존 시 용공정책을 내걸었던 사실, 공산주의와 삼민주의라는 두 이념은 상호 배치되는 이념이 아닌 '이상과 실행'이라는 상보적 관계에 있다는 점 그리고 현재의 상황은 항일이라는 민족대립이 더 큰 문제로 부각되어 있다는 점 등을 들어 '용공폐전'을 주장했다. 그는 공산당을 둥베이 지역으로 파견하여 잃어

___
19) 『叢書 2』, 32쪽.

버린 영토를 회복하도록 하고 실지 회복 이후에는 둥베이를 실험구역으로 설정하여 쑨원의 이상과 실행을 증명해 보이도록 하자고 제안했다.[20] 또 다른 대표는 국민정부에 공산당에 대한 공격을 즉각 중지하고 일치 대외 항일을 촉구하자는 내용의 안건을 제기했다.[21]

이러한 제안을 폐지대동맹이 대표대회 결속 후 제2부류의 안건으로 분류하여 제시한 것은, 공산당 토벌전쟁의 내전 규정에 대해서는 비록 유보적인 입장을 취했지만, 그러한 제안 자체를 향후 활동범위에서 배제하는 단호한 입장은 취하고 있지 않았다는 점을 말해준다. 상무위원회의 논의와 결정에 따라서는 얼마든지 공산당 토벌전쟁도 내전에 포함시키고 따라서 국민정부의 공산당 토벌전쟁도 폐전대동맹이 제지하고 반대하는 운동 대상으로 삼을 수 있는 가능성을 열어놓았던 것이다. 그럼에도 공산당 토벌전쟁의 내전 규정에 대한 입장을 분명히 천명하지 않은 것은 이에 대해 폐전대동맹이 애매하고 모호한 태도를 취하고 있었음을 의미한다.

폐전대동맹의 이러한 입장은 당시 상반된 두 현실을 반영한 것으로 이해된다. 당시 국민정부가 공산당 토벌에 막대한 군사비를 쏟아가며 전념하고 있는 상황에서 국민정부에 정면으로 대응하기 어려웠던 입장이 첫 번째 현실이었다면, 앞서 본대로 당시 폐전대동맹에 가입한 각 민간단체 대표들의 일치항일의 요구뿐만 아니라 사회적으로 확산되고 있었던 공산당까지 포함하는 일치항일의 여론을 일방적으로 외면할 수 없었던 것이 또 다른 현실이었다. 『다궁바오』는 일치항일을 위한 국민당과 공산당의 협상을 위해 폐전대동맹을 비롯한 민간단체들이 적극적으로 나서야 한다는 여론을 불러일으켰고 자유주의자를 자처한 후스와 딩원장(丁文江) 등 독립평론파(獨立評論派)들도 내전의

---

20) 『叢書 2』, 123~124쪽.
21) 『叢書 2』, 165쪽.

범위에 공산당 토벌전쟁을 포함시켜야 한다고 주장하고 나섰던 것이다.[22] 상하이에서 대학교수항일구국회를 이끌고 있었던 왕자오스(王造時)의 경우에도 국민군과 홍군이 타협하여 함께 항일전쟁에 나서라고 적극 촉구하고 나서기도 했다.[23]

폐전대동맹은 비록 공산당 토벌전쟁을 내전에 포함시킬 가능성은 열어두었지만 현실적인 폐전운동의 대상으로 공산당 토벌전쟁을 명시하지는 않았다. 폐전운동의 대상으로 분명하게 제시한 것은 "비토비성질의 군사행위", 특히 국민정부와 지방군벌 또는 지방군벌간의 전쟁이었다. 이러한 상황은 대표대회의 경과와 당시의 논의사항들을 소개 비평한 톈진『다궁바오』보도에서 좀 더 분명히 드러난다.

이번 폐전운동의 발생은, 근년 당치하 전화(戰禍)에 자극받은 데에 있다. 국민당은 국민혁명을 호소하였고 국민들은 이것이 진정한 혁명이 되기를 기대하였지만 그러나 17년간의 정치개혁은 소기의 목적을 달성하지 못했고 일당 안에서 전쟁이 일어나……다시 통일에 힘쓰고는 있으나 암조(暗潮)는 여전하다. 수년 이래 같은 당이 반역하고 반역으로 다시 같은 당을 만들어 왔으니……[24]

폐전운동은 국민당, 국민정부 내 정치, 군사적 대립과 갈등을 운동의 대상으로 삼은 것이었다. 중앙과 지방세력, 중앙내부 그리고 지방에서의 갈등과 대립이 무력 대결로 치달아 전쟁으로 폭발하는 것을 경계하고 제지하고자 했던 것이었다.

22) 유용태, 앞의 논문, 106~107쪽. 후스와 딩원장의 주장에 대해서는 胡適,「廢止內戰大同盟」,『獨立評論』第3號(1932. 6. 5) ; 丁文江,「廢止內戰的運動」,『獨立評論』第25號(1932. 11. 6) 등 참고.
23) 유용태, 위의 논문, 107~108쪽.
24)「廢止內戰大同盟會成立」,『大公報』(『叢書 2』에서 재인용).

그러나 여기서 간과할 수 없는 것은 중앙정부의 군사작전은 내전의
범위에서 벗어나 있었다는 점이다. 대표대회 때 제출된 안건 가운데
국민당을 절대적으로 옹호한다는 주장을 노골적으로 제기한 사례도
있지만,[25] 그렇지 않은 경우에도 징병제 실시를 핵심적 사안으로 하는
군대의 국유화나 정치권력의 중앙집권화 그리고 금융제도의 통일화와
실업증진 방안 마련과 실시 등을 정부 측에 강력히 촉구했던 데에서
국민당과 국민정부에 대한 기본적인 신뢰와 지지는 충분히 확인할 수
있다. 따라서 폐전대동맹이 폐전운동의 대상으로 삼아 대내외적으로
천명한 것은, 중앙정부의 통일화, 집권화 의지에 반하거나 저항하는 각
파벌과 군지도자의 군사적 도전, 혹은 지역 내 자기 기득권을 유지하
거나 확대할 요량으로 감행되는 크고 작은 군사행동 등을 지목한 것이
었다고 할 것이다.

2. 활동방안 : '불합작(不合作)'

(一) 평시 본회는 공개적인 문자나 연설을 통하여 내전의 죄악상을
드러내고 평화의 효과를 밝힌다. (二) 만약 정치 분규가 발생하여 내전
으로 치달을 가능성이 있으면 본회는 쌍방에 권고한다. 모 민의기관(정
식 국민대표기관이 성립하기 이전 법정 민간 직업단체가 이를 대신할
수 있음)으로 하여금 조사하여 처리케 한다. 그 어느 쪽이든 절대 무력
으로 해결할 수 없다. (三) 기어코 내전으로 치달았을 경우 본회의 단
체회원과 개인회원들은 일치하여 합작을 거절한다. 평화적이고 적절한
방법으로 내전을 제지한다.[26]

「장정」에 명시된 폐전운동 방안이다. 평소 폐전운동과 평화구축의

25) 『叢書 2』, 108~109쪽.
26) 『叢書 2』, 11~12쪽.

당위성을 '선전'하고 내전 발발 가능성이 보이면 쌍방에 그 중지를 '권고'하며 만약 권고에도 불구하고 내전으로 치달을 경우 폐전대동맹 회원들이 내전 당사자들을 대상으로 '불합작' 운동을 전개하겠다는 구상이다. 요컨대 '선전', '권고', '불합작'이 폐전운동의 주요 방식이었다.

선전 활동을 위한 구체적인 방안으로 대표대회에서는 『폐지내전(廢止內戰)』이라는 정기간행물을 출간하여 각 성시 분회에 보내는 한편 수시로 명망가를 초청하여 폐지내전 공개강연을 개최할 것을 결의했다.[27] 그리고 대회에서는 '불합작'의 일환으로 내전을 일으킨 군벌이 발행한 공채 구입의 제안을 거절하는 등의 방식에 대해 논의하기도 했다.[28] '불합작'의 구체적인 실천 방안은 여기에 국한되지 않았다. 대표대회 직후 폐전대동맹에 의해 제2부류로 분류된 안건들을 들여다보자.

총 61개 안건으로 구성된 제2부류의 안건 가운데 불합작의 내용을 가장 포괄적이고 일목요연하게 제시한 것은 량스이(梁士詒)의 제안이었다. 그는 폐전대동맹의 권고가 통하지 않을 경우 아래와 같은 불합작 방안을 취할 것을 제안했다. "① 민중과 사병을 대상으로 내전은 망국을 초래하니 군벌에게 이용되지 말 것을 선전하고 강연한다, ② 금융계는 차관을 거절하고 국공채의 위탁판매를 거절한다, ③ 군량비 징수에 응하지 않는다, ④ 상인들은 군용재료와 전지(戰地)의 소비품 판매를 거절한다, ⑤ 철도 노동자들은 군사 수송을 거절한다, ⑥ 부두 노동자들은 군수품의 선적과 하역을 정지한다, ⑦ 각 노동자들은 노동을 거절한다, ⑧ 버스 및 대소 차량 등은 일률적으로 파업한다, ⑨ 전등, 수도 노동자들은 일률적으로 파업한다, ⑩ 민중은 각자 내전을 저지할 수 있는 작전을 수행한다" 등이었다.[29]

---

27) 『叢書 2』, 30쪽.
28) 『叢書 2』, 32쪽.
29) 『叢書 2』, 45쪽.

이와 같은 방안은 비록 강조점의 차이는 있기는 하지만 제2부류로 분류된 제안에서 공통적으로 보이는 불합작 방안이었다. 요컨대 전국의 농민·노동자·상인·학생·병사들이 각기 자신의 처지에서 내전 발발 당사자들을 대상으로 내전 반대를 선전 강연하는 한편 각종 협력을 거부하고, 한 걸음 더 나아가 철시·파업·세금납부거부 등과 같은 집단행동을 전개한다는 것이었다. 단순히 차관과 국공채의 위탁판매 등과 같이 폐전동맹을 주도한 금융·상공업자들만의 '불합작'에 그치는 것이 아니라, 민중적 차원의 선전과 집단행동까지 포함한 '불합작'을 제안했던 것이었다. 이렇게 볼 때 폐전대동맹이 구상하고 있었던 이른바 '평화적인 불합작'이란 사실상 5·4운동, 5·30운동 그리고 북벌기 상하이임시시정부 수립운동 등을 추동했던 '삼파투쟁(三罷鬪爭)'과 같은 민중봉기, 즉 총파업을 연상시키기에 충분한 것이었다.

그런데 논자들에 따라서는 이상과 같은 불합작 방침을 소극적인 방안이라 분류하면서 폐전을 달성하기 위해서는 좀 더 적극적인 방안까지 강구할 필요가 있다는 주장을 제기하여 눈길을 끈다. 내전이 발생하고 나서야 비로소 대응할 것이 아니라, 사전 예방책을 강구함은 물론이고 그것이 효과적으로 기능하도록 하기 위한 현실적인 방안을 마련할 필요가 있다는 주장이었다. 폐전대동맹이 일종의 '무력'을 갖추어야 한다는 주장이었는데, 예를 들면 평소 농민·노동자·상인·학생 등 각계와 연계하여 '화평군경(和平軍警)'을 조직, 창설하여 평시에는 해당 지역의 방위와 질서 유지를 보조하고 내전이 발발했을 경우에는 쌍방의 진지로 들어가 비폭력적 수단으로 폐전운동을 적극 강구하자는 주장이었다.[30]

또 다른 대표들도 폐전대동맹이 무력을 갖추어야 한다거나 기존 군

---

30) 『叢書 2』, 121~122쪽.

대를 민중무력으로 전환시킬 방안을 강구해야 한다거나 하는 등의 제
안을 활발하게 논의했다. 가령, "각 현에 자위군을 창설해야 한다"거나
"기존 군대에 인민대표를 파견하여 정치위원의 역할을 담당케 하여 군
대를 민중무력화 해야 한다"는 논의, "무장자치를 통해 군벌을 통제해
야 한다"는 등의 주장이[31] 이러한 예에 해당했다.

제2부류 안건 가운데는 폐전대동맹이 무력을 갖추어야 효과적인 폐
전운동을 전개할 수 있다는 주장을 하면서 동시에 장기적이며 근본적
인 폐전운동 방안까지 제안하는 경우도 적지 않았다. 이들 방안은, 정
치, 군정, 경제재정, 교육 방면 등으로 편의상 구분하여 볼 수 있다. 교
육 방안의 경우 학교에서 폐전과 아울러 평화통일 과정을 교과서에 반
영하는 방안을 제안했다.[32]

경제재정 방안과 관련해서는 군벌들의 무장력을 근원적으로 소멸시
킬 방안으로 국내산업의 발달에 주목했다. 전국의 각 산업단체들과 연
합하여 생산운동을 적극 장려하고 산업 진흥을 도모함으로써 실업자
를 구제하거나 감소시켜 민중들의 군입대를 근원적으로 막아보자는
발상이었다.[33] 국내산업의 진흥과 관련하여 폐전대동맹 각 회원들이
특히 강조한 대목은 국내 금융기관의 통일과 단결이었다. 다양한 형태
의 금융기관이 난립, 공존, 경쟁함으로써 제국주의의 경제침략뿐만 아
니라 군소 군벌의 각종 요구에도 효과적으로 대응할 수 없었다는 판단
아래, 전국의 금융계가 자율적으로 통일과 단결을 도모하여 제국주의
와 군벌에 대항하면서 국내 산업의 발전을 꾀하자는 것이었다.[34]

군정과 관련하여 제기된 방안은 철저한 군대감축과 아울러 현행 군

---

31) 『叢書 2』, 65~68쪽, 78쪽.
32) 『叢書 2』, 47쪽, 78쪽.
33) 『叢書 2』, 144~145쪽.
34) 『叢書 2』, 103쪽.

대제도를 개혁하자는 주장이 주종을 이루었다. 분산된 군권의 집중화, 군인의 정치관여를 철저히 막은 것을 핵심적 사안으로 한 현행 각지 군장관에 대한 통제 강화 및 제도화, 그리고 현행 모병제의 징병제로의 전환 등이 그 구체적인 대안이었다.35)

마지막으로 정치 분야와 관련한 중장기적 대안으로는 정치개선을 통한 투명한 내정과 중앙집권의 실현을 비롯하여 조속한 민의대표기관의 설치를 제안했다. 폐전대동맹 회원들이 특히 집중적인 관심을 보인 것은 민의대표기관의 설치문제였다. 공통적인 견해는 진정한 민의기관이 출현해야 폐전운동이 실질적인 성과를 낼 수 있다는 인식이었다. 이러한 인식을 공유하면서 방법론적으로 현 자치를 조속히 실행해야 한다거나 헌정에 대비한 각종 촉성회 조직 활동에 나서야 한다는 제안을 했다.36) 폐전대동맹회의 전망과 관련하여 좀 더 구체적인 방안을 제시한 대표도 있었다. 즉 농민·노동자·상인·학생 각 단체 및 그 대표자들이 연합하여 '화평통일회(和平統一會)'라는 민의대표기관을 조직하는 것을 목표로 폐전대동맹이 주도적인 역할을 해야 한다는 것이었다.37) 요컨대 폐전대동맹은 화평통일회라는 '영구적인 민의대표기관' 출현의 밑거름이 되어야 한다는 발상이었다.

민의대표기관 형성의 필요성은 사실 대표대회에 참석한 대표자들의 제안에만 그친 것은 아니었다. 앞서 '불합작'이라는 폐전운동 방침을 밝힌 「장정」에도 그와 같은 지향이 잘 드러나 있다. 거기에는 정식 국민대표기관이 설치되기 이전 폐전대동맹이 그 민의대표의 기능을 폐전운동을 전개해 가는 과정에서 수행하면서 내전을 유발시킨 쌍방에 대한 내전정지의 권고, 조사 그리고 저지활동을 전개해 나가겠다는 입

---

35) 『叢書 2』, 47~51쪽, 58쪽, 88쪽, 119쪽 등 참고.
36) 『叢書 2』, 69쪽과 118쪽.
37) 『叢書 2』, 120쪽.

장을 분명히 표명했다. 「장정」에 비록 폐전대동맹의 활동기한을 5년으로 잡고 그 안에 폐전운동 이외에는 그 어떤 활동도 하지 않겠다고 못박았지만, 대표대회 참석자들의 앞서와 같은 민의기관 설치에 대한 강한 지향이 있었음을 감안할 때 폐전대동맹으로 결집된 각 민간단체 대표들의 목적이 단순히 폐전운동에 국한된 것은 아니었다는 사실은 짐작하고 남음이 있다. 표면적으로는 폐전운동에 목적을 두었지만 중장기적으로는 진정한 민의대표기관의 창출이라는 전망을 가지고 있었다고 보아야 할 것이다.

Ⅳ. 폐전운동

폐전대동맹에 결집된 각 민간단체 대표들과 개인대표들은 각자의 입장에 따라 다양한 수위의 폐전운동 방안을 제시했다. 폐전운동의 방안은 위에서 보았듯이, 총파업을 연상시키기에 충분한 불합작 방침으로부터 민중무력의 창설, 금융기관의 통일 그리고 민의대표기관의 형성과 같은 적극적이며 근본적인 방안에 이르기까지 실로 다양했다. 폐전대동맹은 민의대표기관의 형성을 전망하면서 폐전운동을 5년 동안 정력적으로 실천하기로 천명하고 가장 현실적인 폐전운동 방침으로 '불합작'을 제안했다. 불합작이란 방식은 폐전운동에서 어떻게 구체화되었을까. 폐전운동의 실상을 들여다 볼 필요가 있다.

폐전대동맹이 폐전운동을 실행에 옮긴 것은 네 번 정도 있었던 것으로 파악된다. 첫째는 폐전대동맹의 주비기간에 광둥(廣東)에서 발생한 천지탕(陳濟棠)과 천체(陳策) 사이의 군사적 충돌에 대한 대응, 둘째는 폐전대동맹이 공식 출범한 지 채 한 달이 되지 않은 시점에서 산둥(山東)에서 발생한 성주석 한푸취(韓復渠)와 류전녠(劉珍年)의 군사적 충돌에 대한 대응, 세 번째는 쓰촨(四川)에서 발생한 성주석 류원휘(劉文輝)와 독판(督辦) 류샹(劉湘) 사이의 충돌에 대한 대응, 네 번째는 구이저우(貴州)에서 국민정부 권력의 지방침투를 둘러싸고 혹은 자기 영향력을 확보하는 과정에서 군지도자들이 서로 대립, 충돌하면서 내전으로 치닫게 된 데 대한 대응이 그것이었다. 이 가운데서 폐전대동맹의 대응과정이 비교적 잘 드러나 있는 두 번째와 세 번째 사례를 살펴보고자 한다.

1930년 9월 장제스로부터 산둥성 정부 주석에 임명된 한푸취는 성전체의 군사, 행정을 통일해 가는 과정에서 기존에 산둥 동부 12개 현을 장악하고 있었던 류전녠의 21사단과 대립각을 세우다가 군비배분문제를 계기로 충돌했다.[38] 한푸취 군대와 류전녠 군대가 충돌했다는 소식을 전해들은 폐전대동맹은 9월 19일 항저우(杭州)에서 상무위원 임시담화회를 개최했다. 당시 그들은 항저우에서 중국경제학사 연회에 참석하고 있었다. 임시담화회에서 폐전대동맹 상무위원회는 한푸취와 류전녠에게 통전하여 군사행동을 즉각 중지할 것을 촉구하는 한편 칭다오(靑島) 시장 선홍리에(沈鴻烈)에게 전보를 보내 진상을 파악하고 중재를 도모할 것을 요청하기로 결정했다.[39]

항저우에서 상하이로 돌아온 상무위원들은 9월 21일 다시 회합을 갖고 항저우 결정사항을 추진하는 한편, 상무위원이자 난카이(南開)대학 총장 장보링에게 폐전대동맹을 대표하여 산둥에 가서 진상을 파악함과 동시에 당사자들과 접촉, 전쟁 방지를 권고할 것을 요청하고, 지난시상회(濟南市商會)·은전양공회(銀錢兩公會)·옌타이상회(煙臺商會)

---

38) 한푸취와 류전녠의 군사적 충돌 과정에 대해서는 馬先陣 主編, 『西北軍將領』(河南人民出版社, 1989), 55~58쪽 ;「張伯苓由京來滬」, 『叢書 3』, 133쪽 참고.

39)「電止膠東戰禍」, 『叢書 3』, 120~121쪽.

등 각 단체에게는 산둥에 파견될 장보링과 함께 전쟁 방지를 위해 노력해달라고 주문했다.[40] 장은 22일 산둥에 도착하여 지난에서 한푸쥐를 만나 "국난이 엄중한 현재 내전은 불가하며 내전은 적에게 침략의 구실만을 줄 뿐"이라며 즉각적인 전쟁의 중지를 권고했다. 한은 장보링의 권고에 찬성하는 뜻을 전하면서 현재는 중앙의 전쟁중지 명령을 받아들여 류전녠 군대와 대치하고 있는 중이라는 말을 덧붙였다. 더 이상의 전투가 진행되지 않고 양측이 대치국면에 있음을 확인한 장은 지난의 각계 지도자들과 만나 폐전대동맹 분회 조직 문제를 상의하고 다시 칭다오에 가서 각계 대표들과 같은 문제를 논의했다.[41]

산둥 사례의 경우 양측 간 대치국면이 더 이상 전쟁으로 발전되질 않았기 때문에 폐전대동맹이 '권고' 이상의 활동을 할 필요가 없었던 반면, 쓰촨의 상황은 달랐다. 쌍방 간 군사 충돌이 쉽게 해소되지 않은 것은 물론 해당지역 폐전운동에 대한 군벌의 탄압과 공격까지 있었기 때문이었다. 중화민국 수립 이후 약 20여 년 동안 무려 470여 차례에 걸친 군벌 혼전은 국민정부가 세워진 이후에도 그치지 않았다. 1930년에 들어 군실력자는 충칭(重慶)에 근거지를 둔 류상과 청두(成都)에 근거를 둔 류원휘로 압축되었을 뿐 쓰촨의 패권장악을 둘러싼 경쟁과 대립, 전쟁은 수그러들기는커녕 오히려 치열해져가는 양상까지 보였다.[42] 국민군 제21군 군장 류상과 제24군 군장 류원휘 사이의 군사적 충돌소식이 폐전대동맹에 전달된 것은 1932년 9월이었다. 9월 12일 상무위원 간담회를 열고 대책 마련을 논의했다. 상하이에 체류하고 있던

40) 「張伯苓赴魯止戰」, 『叢書 3』, 122쪽.
41) 「張伯苓函赴魯經過」, 『叢書 3』, 131~132쪽.
42) 중화민국 수립 이후 1930년대까지 쓰촨 지역의 군벌의 혼전양상에 대한 개괄적인 소개에 대해서는 李白虹, 「專載: 二十年來之川閥戰爭」, 『叢書 4』 참고. 류상과 류원휘 사이의 군사충돌에 대한 본문의 소개는 이 글에 따른다.

쓰촨 동향단체들이 대책 마련을 요청한 데 따른 것이었다. 간담회에서
충칭과 청두의 상회에 전보를 보내 쌍방 군대 이동 상황을 조사하여
보고하라고 지시했다. 일주일 후에는 충돌 당사자에게 직접 전문을 보
내 '현재와 같은 국난시기에 내쟁(內爭)이 발생하면 외부인의 비웃음
을 살 것'이라고 경고한 후 즉각적인 전쟁 중단을 촉구했다.[43]
　폐전대동맹의 이러한 촉구에도 불구하고 전쟁의 위기는 여전했다.
류상과의 전투에서 패색이 짙어진 류원휘가 '일관되게 양보하고 퇴각
하고 있다'는 소식을 전하며 '중앙의 공정한 처분'을 바란다며 폐전대
동맹에 '중재'까지 요청하는 전문을 보내오자,[44] 폐전대동맹은 정부당
국에 즉각적인 정전명령을 내릴 것을 요청하는 한편 류상이 평화로운
분규해결에 적극적으로 나서도록 노력할 것을 촉구하고 나섰다.[45] 그
러나 류상은 이에 아랑곳하지 않고 여전히 류원휘를 대상으로 한 총공
세를 준비하면서 전쟁반대와 중지를 요구하는 학생들까지 체포하는
등 강경한 입장을 고수했다. 그리고 전쟁에 반대했다는 죄명으로 자기
휘하의 사단장을 총살하고, 공채매입에 반대했다는 이유로 위퉁은행
(裕通銀行)을 봉쇄하는 조치를 취했다는 소식까지 전해졌다. 사태가
이처럼 확산되어 가자 폐전대동맹은 본격적인 불합작 운동을 전개하
기 위한 조치를 강구하기 시작했다.
　먼저 류상의 근거지인 충칭에서 10월 16일 폐전대동맹 쓰촨 분회를
조직하고 공채 구입요구에 불응한다는 입장을 표명케 하고, 청두시상
회(成都市商會)를 통해서는 군대의 완전한 철수와 철시를 강력하게 촉
구하고 나섰다.[46] 그리고 12월 10일 상하이에서 제3차 상무위원회를

43)「注意川中內戰」,『叢書 4』, 237~242쪽.
44)「省劉電述現狀」,『叢書 4』, 244~245쪽.
45)「分電各方呼籲」,『叢書 4』, 246~247쪽.
46)「第3次常會紀」,『叢書 4』, 250~252쪽.

개최하고 아래와 같은 사항을 결의했다. 즉 류상의 '각종 죄상'을 선포하고 그를 엄중하게 제재할 것을 중앙에 요구하며 상하이 체류 쓰촨 동향과 상업단체와 연대하여 제재방안을 강구하며 류상과의 불합작을 전국을 대상으로 통전할 것을 결의했던 것이다.[47]

12월 23일에는 상기 제3차 상무위원회의 결의에 따라 상하이 체류 쓰촨 동향단체와의 연석회의를 개최하고 공동방안을 모색했다.[48] 당시 폐전대동맹 상무위원은 물론이고 쓰촨동향회(四川同鄕會), 쓰촨 여외 각동향회 주경 사무처(四川旅外各同鄕會駐京辦事處), 상하이 체류 각 대학 쓰촨 교수(四川旅滬各大學敎授)의 각 대표들과 츠즈학원(持志學院), 지난대학(暨南大學), 퉁지대학(同濟大學), 광화대학(光華大學), 다샤대학(大夏大學), 둥난의학원(東南醫學院) 등의 쓰촨동향회 대표들이 참석했다. 참석자들의 제안은 실로 다양했지만, 중요사안은 직업대표 및 민중대표로 구성되는 쓰촨문제정리위원회(川事整理委員會)를 조직하고 이 위원회를 중심으로 군벌에 대한 통제와 군대감축, 그리고 성민대회(省民大會)의 개최 등을 추진하자는 것이었다.

연석회의에서는 이러한 참석자들의 제안을 토론한 후 쓰촨에서 벌어지고 있는 내전을 제지할 방안으로 아래와 같은 5개 항을 결의하고 그 실행을 중앙에 요청했다. 쓰촨 군대 간의 전쟁 행위의 즉각적인 중지, 중앙의 고관과 쓰촨 민중대표로 구성되는 쓰촨문제정리위원회의 신속한 조직, 동 위원회에의 쓰촨 군대의 감축 권한 및 성민대회 개최 권한의 부여, 무기의 쓰촨 반입 금지, 쓰촨 전쟁의 주모자에 대한 철저한 조사와 엄격한 징계 등을 중앙에 요청했던 것이다. 내전 발발에 대한 책임을 엄중히 묻는 동시에 내전 재발 방지를 위한 제도적 장치를

---

47) 「第3次常會紀」, 『叢書 4』, 252쪽.
48) 1932년 12월 23일 연석회의의 내용에 대해서는 「聯席會議詳情」, 『叢書 4』, 266~269쪽 참고.

마련하고자 한 것이었는데, 그 핵심은 제도적 장치를 마련함에 있어 민간대표의 참여를 보장하라는 것이었다.

산둥과 쓰촨 등 두 사례를 통해 볼 때, 폐전대동맹이 전개한 실제적 인 폐전운동의 방식은 어떤 것이었는지를 알 수 있다. 상무위원을 대 표로 삼아 현장에 파견하거나 또는 현장의 상회조직을 통해 내전 관련 양측에 내전 중지를 '권고'하는 한편, 중앙에 내전 정지를 쌍방에 명령 하기를 촉구하는 것이었다. 산둥이 전형적인 사례인데, 폐전대동맹 주 비회 기간 동안 광둥에서 발생한 천지탕과 천체 사이의 군사적 충돌에 대한 대응도 이러한 범주에 해당한 것으로 이해된다.[49]

폐전대동맹의 '권고'에도 불구하고 전쟁이 끊이지 않았던 쓰촨의 경 우에는 상하이는 물론 쓰촨 현지의 분회와 상회 조직을 통해 '불합작' 운동을 전개해 나갈 것을 천명하고 나섰다. 이 과정에서 주목되는 것 은 상하이 체류 쓰촨 동향단체들과 조직적인 연대를 도모하고 쓰촨 문 제의 해결을 모색했다는 점이다. 이러한 방식은 구이저우의 사례에서 도 확인된다. 상하이 체류 쓰촨 동향단체와의 연석회의를 개최한 당일 폐전대동맹은 상하이 체류 구이저우 동향단체와도 연석회의를 개최했 다. 여기서 내전 중지를 촉구하고 내전 방지책으로 '군민분치(軍民分 治)'의 실행을 중앙에 강력히 촉구했다.[50]

'권고'와 '중재' 그리고 '불합작'을 실행하고, 나아가서는 민간 참여를 전제한 조직의 설치와 군민분치 등과 같은 중장기적인 폐전방침으로

---

49) 폐전대동맹 제1차 전국대표대회 때 주비기간 동안의 업무 보고를 한 린캉휘 는, 당시 주비회에서는 주쯔쥐(朱子橋), 천리팅(陳立廷), 차량졘(査良劍) 등 3 명을 대표로 선발하여 광둥에 파견하고 양측에 전쟁 중지를 권고했다고 한 다. 처음에는 이 주비회가 어떤 배경 아래 성립했는지 의문을 가졌지만 상세 한 설명을 듣고 상호 신뢰가 형성되었고 그 결과 충돌이 조기에 해결되었다 고 자평했다(「紀事 : 廢止內戰大同盟會成立大會紀」, 『叢書 2』, 27쪽).
50) 「聯席會議詳情」, 『叢書 4』, 266~269쪽.

폐전대동맹이 과연 내전을 중지시킬 수 있었는지는 의문이다. 산둥의 사례에서 보듯 장보링이 전쟁 중지를 권고하기 위해 한푸취를 만났을 때 그는 이미 '중앙의 명령'을 준수하여 그 중재를 기다리고 있는 중이 었다. 쓰촨의 류원휘의 경우에도, 그가 정전할 뜻을 폐전대동맹에 전한 것은 류샹과의 전쟁에서 밀리자 '국민정부의 군사작전 중지명령을 준 수하겠다'는 의지를 표명한 것이었다. 말하자면 전면적인 군사적 충돌 로 비화되지 않았거나 내전 당사자가 정전 의지를 밝힌 것은 폐전대동 맹의 권고와 중재에 의한 것이라기보다는 오히려 국민정부의 강력한 정전 명령을 수용한 결과라고 보아야 할 것이다. 이렇게 보면, 폐전대 동맹의 실제적인 폐전운동이란, 폐전 여론을 조성하는 한편 전쟁방지 책을 중앙정부에 청원하고 이를 신속하게 실행하도록 촉구하는 것이 었다고 파악된다. 이는, 쓰촨 문제 해결책을 논한 예의 연석회의의 결 의사항을 보아도 알 수 있지만, 산둥 문제의 해결에서 폐전대동맹은 줄곧 중앙정부에 조속히 '지역에 대한 군사지휘권의 장악, 성정(省政) 의 통일, 군벌의 지역할거 불허, 주둔군의 민정간섭 불허' 등을 실시하 라고 청원한 데에서 어렵지 않게 확인할 수 있다.

V. 맺음말

1932년 8월 말 상하이의 유력 상공계층과 명망가가 주축이 되어 발 족한 폐전대동맹은 동년 12월 이후 그 활동력이 급속히 떨어졌던 것으 로 파악된다. 장제스 반대 세력들이 푸젠(福建) 푸저우(福州)에서 중화 공화국인민혁명정부를 수립한 이른바 '푸젠사변(福建事變)'에 대한 상 하이시당부, 시상회 등의 비판 여론이 제기되는 가운데 폐전대동맹이 1933년 12월 1일 국민당 중앙과 푸저우의 장제스 반대 세력에 무력사용을 자제할 것을 요청하는 전문을 보낸 사실이 확인될 뿐,[51] 발족 이후 근 6개월 동안 폐전대동맹이 전개했던 폐전운동과 같은 양상의 활동은 확인되지 않기 때문이다. 「장정」을 통해 폐전운동의 활동기간을 잠정적으로 5년으로 잡고 그 이전이라도 폐전운동을 전개할 필요가 없으면 언제든지 시간을 앞당겨 해산할 수 있다며 폐전운동에 대한 자신감을 내비쳤던 발족 당시의 상황과는 크게 대비되는 양상이다.

6개월간의 활동이라 하더라도, 발족 당시 대내외에 밝힌 포부에 비하면 그 성과는 그리 크지는 않은 듯하다. 먼저 비록 국공내전을 내전의 범위에 포함할 것인지 여부를 폐전대동맹의 향후 활동 범위에서 완전히 배제한 듯 보이지는 않지만, 폐전대동맹이 직접적인 폐전운동의 대상으로 삼은 것은 중앙정부의 통일과 집권화의 의지에 저항하는 지역 세력의 군사적 도전이나 지역 내 통치권과 주도권을 장악하기 위한 군사적 대결에 두었다. 그리하여 폐전대동맹 내부에서 제기된 '용공폐전'의 목소리는 물론 사회 각 방면에서 제기된 '공산당과의 내전정지, 일치항일'의 요구를 수용하는 포용성을 발휘할 수 없었다. 1933년 10월 장제스가 100만 대군을 동원하여 감행한 제5차 공산당 토벌전쟁에 대해 폐전대동맹이 그 어떤 반응도 보이지 않았던 것은 단적인 예일 터이다.

둘째 그들이 내건 폐전운동 방침인 불합작은 단순히 상공계층의 군벌에 대한 경제적 협조 거부 이상의 의미를 지닌 것이었다. 거기에는 과거 5·4운동, 5·30운동 그리고 북벌기 상하이임시시정부 수립운동 때의 '삼파투쟁'은 물론이고 정치, 군정, 경제재정, 교육 방면에서 폐전을 제도화할 수 있는 장치의 구축도 포함하고 있었던 것이었다. 특히 그러한 제도적 장치를 마련하는 데 있어 민간단체의 참여를 적극적으

---

51) 『대사기』, 566쪽.

로 반영하고자 했다. 그러나 폐전대동맹이 전개한 폐전운동의 실상을 보면, 전쟁 당사자를 대상으로 한 전쟁 중지를 위한 '권고'와 이를 위한 '중재' 활동에 머물렀다. 불합작 활동에 대해서는 선언과 촉구 이상의 구체적인 행동은 뒤따르지 않았다. 게다가 군사적 갈등이 전쟁으로 치닫지 않거나 당사자 한쪽이 정전 의지를 표명했던 것은 폐전운동의 활동의 결과라기보다는 오히려 중앙정부의 강경한 정전 명령을 수용했기 때문이었다. 요컨대 폐전대동맹의 폐전운동의 실상은 폐전 여론을 사회적으로 환기시키는 한편 중앙정부로 하여금 내전 당사자에게 정전을 강력히 명령하거나 전쟁방지책을 신속히 강구하라고 촉구하는 것이었다.

그럼에도 폐전대동맹의 발족과 활동이 갖는 의미는 1930년대 초반의 정국의 흐름과 관련지어 볼 필요가 있다고 생각한다. 폐전대동맹 조직의 여론이 본격화한 1932년 4~5월, 폐전대동맹의 전국대표대회가 개최된 8월 그리고 그 이후는, 1931년 9·18사변 이후 고개를 들기 시작한 민의대표기관 형성의 요구가 1932년 1·28사변을 거치면서 더욱 맹렬해진 시점과 맞물려 있다는 점을 기억할 필요가 있다. 국민당 내부에서도 항일을 내세워 다양한 방식의 민의대표기관 설치의 필요성이 본격적으로 제기되기도 했었다.[52] 이러한 사회적 분위기 속에서 상하이 유력 상공계층은 폐전대동맹을 통해 내전 반대를 매개로 각계 각층의 민의를 결집시키면서 내전 반대의 여론을 주도했으며 이를 통해 장기적으로는 정식 국민대표기관의 수립을 전망했던 것이다.

---

52) 1931년 9·18사변 이래 사회적으로 확산된 민의대표기관 형성의 흐름에 대한 요령 있는 정리는 유용태, 앞의 논문 참고.

참고문헌

1. 자료
『申報』1932~1933.
廢止內戰大同盟會總會　編, 『大同盟會總會之成立(廢止內戰運動叢書之二)』
　　　(上海, 1932. 11).
廢止內戰大同盟會總會　編, 『山東韓劉內戰詳記(廢止內戰運動叢書之三)』(上
　　　海, 1932. 12).
廢止內戰大同盟會總會　編, 『四川內戰詳紀(廢戰內戰運動叢書之四)』(上海,
　　　1933. 4).
陳伯華·劉湛恩·孫祖基 合編, 『和平運動』(上海 : 靑年協會書局, 1926).
胡適, 「廢止內戰大同盟」, 『獨立評論』第3號(1932. 6. 5).
丁文江, 「廢止內戰的運動」, 『獨立評論』第25號(1932. 11. 6).

2. 연구서
이병인, 『근대 상해의 민간단체와 국가』(서울 : 창비, 2006).
馬先陣 主編, 『西北軍將領』(河南人民出版社, 1989).
任建樹 主編, 『現代上海大事記』(上海 : 上海辭書出版社, 1996).
周雨, 『大公報社 : 1902~1949』(無錫 : 江蘇古籍出版社, 1993).
陳麗鳳·毛黎娟, 『上海抗日救亡運動』(上海 : 上海人民出版社, 2000).
Parks M.Coble Jr., *The Shanghai Capitalists and the Nationalist Government, 1927~1937*
　　　(Cambridge : Harvard University Press, 1980).

3. 연구논문
유용태, 「國民會議에서 國民參政會로, 1931~1938」, 『중국근현대사연구』제
　　　23집(2004. 9).

왕징웨이(汪精衛)의 화평론과 동아시아론*

김 승 욱

Ⅰ. 머리말

중일전쟁 기간(1937. 7.~1945. 8.)의 한 동안 중국에는 두 개의 '국민정부'가 존재했다. 1937년 12월 일본군이 난징(南京)을 점령함에 따라 그동안 난징에 있던 국민정부는 우한(武漢)을 거쳐 충칭(重慶)으로 옮겨갔다. 그리고 2년 3개월 뒤 난징에는 왕징웨이를 수반으로 하는 또 하나의 '국민정부'가 수립되었다. 전자는 그 수도 소재지의 변경을 반영해 충칭국민정부라고 지칭하며, 후자는 대체로 대일항전을 진행했던 충칭국민정부와 달리 일본 점령군의 영향력 아래 세워진 괴뢰정권으로 평가하여 왕위정권(汪僞政權)이라고 하거나 그냥 단순히 왕징웨이 정권이라고 부른다.

이 왕징웨이 정권에 관한 연구는 그리 많은 편이 아니다. 그 이유는 그간 중국 근현대사를 주로 민족주의적 과제의 해결 또는 국민국가 건설의 과정을 중심으로 구성해오는 가운데, 중국을 침략해 온 일본 제국주의에 대한 항전 중단과 상호 협력을 제기했던 그들의 주장은 항전=민족주의, 항전 반대=반민족주의라는 도식 하에서 명백히 일탈된 것

---

* 본고는『中國近現代史硏究』第32輯(2006. 12)에 수록되었던 논문으로 단행본 체제에 맞춰 약간의 수정을 가하였다.

으로 평가되어 재론의 여지를 두려고 하지 않았기 때문이다.

그렇지만 개략 1990년대부터 역사학 내에 국민국가 담론이 이완되기 시작했던 것과 때를 같이 하여, 왕징웨이 정권에 대한 재해석이 신중히 모색되었고 그를 둘러싼 논의도 활발해지기 시작했다. 예컨대, 왕징웨이의 화평운동(和平運動)에 대해 부정적으로만 볼 수 없다는 재미중국인 학자 왕거원(王克文)이 발표한 시론[1]에 대해, 1998년 9월 중국, 타이완 학자들은 학술대회를 연합 개최하며 강하게 반발했다.[2] 그 뒤 미국학계에서도 '위(僞)'라는 도덕적 잣대를 배제하고 왕정권의 모습을 재구성하려는 연구자들의 다양한 시도를 모은 논문집이 출간되었으며,[3] 중국에서도 그 정권에 대한 기존 평가를 기본적으로 유지하면서도 그 참여 인사들이 결코 괴뢰로서 자임치 않았고 일본과의 교섭에서 가능한 중국의 권익 확보를 의도했다는 사실을 지적하는 경우가 늘어나고 있다.[4] 이런 가운데 한국학계의 관련 연구와 논쟁도 자못 활발히 진행되어 온 편이다.[5] 그 결과 왕징웨이 정권에 대한 평가의 문제는

---

1) 王克文,「戰爭與和平 : 試論汪政權的歷史地位」,『國史館館刊』22(臺北, 1997. 6).

2) 『抗日戰爭硏究』(1999-1), 1~180쪽 ; 曾業英,「簡評<戰爭與和平 : 試論汪政權的歷史地位>」,『抗日戰爭硏究』(1999-1).

3) David P. Barrett and Larry N. Shyu ed., *Chinese Collaboration with Japan 1932-1945 : The Limits of Accommodation* (Stanford University Press, 2001).

4) 張生 等,『日僞關係硏究 : 以華東地區爲中心』(南京 : 南京出版社, 2003) ; 李先明,「華東淪陷區日, 汪關係的實態-以汪僞組府爲中心的考察」,『貴州社會科學』總 198期, 第6期(2005. 11).

5) 문명기,「中日戰爭 초기(1937~39) 汪精衛派의 和平運動과 和平理論」,『동양사학연구』제71집(2000. 7) ; 문명기,「비판의 무기와 무기의 비판」,『중국현대사연구』11(2001. 6) ; 황동연,「중국현대사 이해의 문제점들과 그 극복의 전망」,『중국현대사연구』10(2000. 12) ; 황동연,「포폄, 실증, 목적론」,『중국현대사연구』12(2001. 12) ; 裵京漢,「中日戰爭 시기 中國에서의 東亞聯盟運動과 汪精衛政權」,『중국근현대사연구』21집(2004) ; 裵京漢,「중일전쟁 시기의 汪精衛政權과 新民會」,『동양사학연구』제93집(2005) ; 朴尙洙,「중일전쟁기

어느새 중국 근현대사 연구에서 꽤 열띤 논의 항목 가운데 하나가 되었다.

근래의 연구들이 우선 중점을 두고 있는 부분은 실증의 작업이다. 기존 연구들이 항전을 당위로 놓고 정부(正否)를 가르는 가운데 실증적 검토를 상대적으로 소홀해 왔다는 점을 지적할 수 있다고 할 때, 우선 왕징웨이 정권과 그 정권 인사들의 실상에 대해 실증 작업을 진행하는 것은 자연스럽다. 저조구락부(低調俱樂部) 등 실증적 검토가 필요한 대상들은 매우 많이 남아 있다고 판단되는데,[6] 이런 실증 작업들은 기존 연구의 취약점을 상당 부분 보완해 줄 것으로 기대된다.

그런데 이 실증 작업의 접근 방향에 대해서는 보다 신중한 고려가 더 필요하다고 생각된다. 왜냐하면 그들이 일본과의 화평을 주장한 나름대로의 동기, 의도 그리고 독립성 확보의 노력이 있었는가의 여부를 재론하는 정도의 실증 작업은, 비록 기존의 비실증적 비판의 취약점을 드러내는 데 성공할 수 있을지 몰라도 혹 그들의 선택을 양시론(兩是論)의 입장에서 하나의 선택으로 긍정해 줌으로써 결과적으로 그에 대해 학문적으로 면죄부를 주는 것이 될 위험도 있기 때문이다.[7] 따라서

中國의 對日 '協力'(Collaboration)에 관한 연구 시각과 전망 - 구미학계를 중심으로 - 」, 歷史學硏究會, 『史叢』 第61號(2005. 9).

6) 특히 왕징웨이 화평 주장의 동기와 의도를 '변절'한 왕징웨이 개인에 대한 평가가 아니라 보다 유기적인 논의 구조 속에서 접근해보아야 한다는 인식 하에 당시 협상을 통해 전쟁의 조기 종결을 주장했던 이른바 저조구락부라는 집단에 대한 분석의 필요성이 제기되고 있다. 胡春惠, 「汪精衛與"低調俱樂部"」, 『抗日戰爭硏究』(1999-1).

7) Timothy Brook의 "협력자의 민족주의"(collaborationist nationalism)에 대한 지적은 중국 민족주의의 다양한 모습을 설명하는 데 유용한 작업이라고 해도, 그것이 기존의 국민국가론, 민족주의 중심의 연구에 대한 하나의 대안적인 개념으로 받아들이기는 어렵다. '협력자'의 다양한 협력의 '논리'는 그 '민족주의적'인 동기나 의도와는 무관하게 그 논리 체계 자체에 대한 꼼꼼한 검토가 필요한 연구대상일 뿐이다. Timothy Brook, "Collaborationist Nationalism in Wartime

그들 주장, 행위의 '긍정적' 동기, 의도와 그 실현 노력 여부에 대한 실
증적 검토는, 그 논리 자체의 구조와 한계에 대한 검토와 함께 신중히
진행되어야 할 것이다.

이에 본 연구에서는 왕징웨이의 화평 논리를, 그 논리적 근거로 수
용된 동아시아론과의 관계를 중심으로 검토하면서, 그 화평론의 구조
와 한계에 대해 정리해보려고 한다. 왕징웨이의 화평론에서 동아시아
론은 가장 핵심적인 부분이라고 할 수 있다.[8] 그의 화평론은 당시 일
본 고노에(近衛) 내각이 제의한 이른바 '동아신질서(東亞新秩序)의 건
설' 주장에 호응하는 형태로 제기되었기 때문에 동아시아론과의 합류
를 주요 특징으로 한다. 이 점에서 그가 일본의 '동아신질서'론에 호응
하면서 화평론 속에 내포시키게 된 동아시아론이 어떤 성격을 갖고 있
으며, 또한 그것이 당시 상황에서 어떤 의미와 한계를 갖는가를 살펴
보는 것은, 그 화평론에 대한 평가에서 매우 중요한 문제가 아닐 수 없
다.

동아시아론과의 관련 하에 왕징웨이의 화평론을 검토하는 것은, 왕
징웨이 정권에 대한 재평가 논의의 등장 배경과 관련해서도 중요하다.
이미 언급했듯이 왕 정권에 대한 재평가 움직임의 배경에는 국민국가
론의 이완이라는 연구 시각의 변화가 개입되어 있다. 국민국가론의 이
완은 국민국가의 건설 과정을 중심으로 근현대사를 구성했던 기존의
방식에 변화를 모색하도록 자극하고 있는 바, 그런 가운데 국민국가
건설의 흐름 속에서 간과되었던 역사적 흐름에 대해서 재평가가 진행

Occupied China.", in *Nation Work : Asian Elites and National Identities*, ed. Timothy
Brook and Andre Schmid (Ann Arbor : University of Michigan Press, 2000), 159~
190쪽.

8) 동아시아론 외에 반공론(反共論) 등도 검토해 볼 대상이지만, 이 글에서는 우
선 동아시아론에 논의의 초점을 둔다.

되고 있다. 동아시아론이라는 초(超)국민국가론을 특징으로 하는 왕징
웨이의 화평론도 그 속의 일부라고 할 수 있다. 그렇다고 할 때, 왕징
웨이의 화평론을 검토하는 데 있어서 마땅히 이러한 변화된 연구사상
에 대한 문제 인식을 갖는 것도 아울러 필요할 것이다.

본문의 구체적인 구성은 다음과 같다. 우선 다음 장에서는 왕징웨이
화평론이 동아시아론에 접근해가는 과정을 살펴보고 그 화평론과 결
합된 동아시아론이 어떤 목표를 지향하고 있었는지에 대해 일단 정리
해 본다. 그리고 그 다음 장에서는 왕징웨이 집단이 신정부 성립 전에
일본정부와 진행했던 화평 교섭, 국교 조정 협상 등을 차례로 살펴보
는 가운데 왕징웨이 집단이 지향했던 목표가 성취되었는지를 검토하
고, 이어서 그들의 화평론 속에 내포된 동아시아론이 갖고 있던 한계
를 일본 우메키칸의 동아시아론과의 연관 하에서 설명할 것이다.

II. 화평론과 동아시아론의 결합

1938년 12월 19일 왕징웨이는 부인 천비쥔(陳璧君), 비서 쩡중밍(曾
仲鳴)과 함께 일본의 침략으로 충칭으로 피난해 있던 국민정부를 이탈
해, 이튿날인 20일 쿤밍(昆明)에서 비행기 편으로 베트남의 하노이로
갔다.[9] 그리고 왕징웨이의 이러한 행동과 때를 맞춰, 일본의 고노에 후
미마로(近衛文麿) 수상은 12월 22일 '동아신질서 건설'을 위해 중·일
양국이 '선린우호(善隣友好), 공동방공(共同防共), 경제제휴(經濟提携)'
를 진행할 것을 촉구하는 성명(제3차 고노에 성명)을 발표했다.[10] 충칭
의 장제스(蔣介石)는 12월 26일 그에 대해 반박 성명을 발표했는데, 왕

---

9) 『周佛海日記』(上)(中國社會科學出版社, 1986), 208~209쪽.
10) 「近衛聲明」, 『汪主席和平建國言論集』(宣傳部 編印, 1940. 10), 325~326쪽.

징웨이는 다시 12월 29일 이른바 '염전(艶電)'을 통해 국민당 중앙, 장제스, 중앙집감위원(中央執監委員)에 대해 '반공화평구국(反共和平救國)'을 진행할 것을 호소하고 나섰다.[11]

사실 왕징웨이와 일본정부의 이러한 동향은, 양측이 사전에 정해놓은 계획에 따라 진행된 것이었다. 양측의 접근은 1938년 1월 16일 고노에가 대일항전의 입장을 굽히지 않는 국민정부에 대해 "앞으로 장제스 정권을 상대하지 않겠다"는 성명(제1차 고노에 성명)을 발표한 이래 거의 1년 가까운 기간에 걸쳐서 진행되어온 것이었다. 그 상호 접근의 결과 양측은 11월 20일 이른바 중광탕회담(重光堂會談)에서 「일화협의기록(日華協議記錄)」이라는 화평 조건 협의안에 서명하는 단계에 이르게 되었다. 왕징웨이의 충칭 탈출과 그에 호응한 고노에의 성명은 바로 이 중광탕회담에서 약정한 순서를 그대로 밟았던 것이다.[12]

그렇지만 왕징웨이의 정권 수립은 그렇게 순조롭게 진행되었다고 보기 힘들다. 1940년 3월 30일 왕 정권이 정식 수립되기까지 양측은 그 뒤로 다시 1년 이상의 끈질긴 협상을 진행해야 했다. 첫 접촉부터 정권 수립까지는 2년 2개월 이상의 시간이 걸렸다. 일본정부와의 화평은 그들이 주장하는 '동아신질서' 속에서 양국 간의 새로운 관계를 설정해야 하는 것이었던 바, 그 속에서 양국 간의 관계를 어떻게 새롭게 조정할 것인가를 둘러싸고 양측의 입장 차이가 존재하지 않을 수 없었기 때문이다.

이때 왕징웨이가 일본과의 화평에 대한 입장을 정립하는 데 있어서, 그 논리적 과제로 던져졌던 문제는 화평을 '동아신질서'라는 일본의 동아시아 질서 구상과 적절히 연결해서 설명해내는 것이었다고 할 수 있

---

11) 「艶電」, 『汪主席和平建國言論集』, 1~3쪽.
12) 「上海重光堂秘密協議」(『周佛海日記』(下), 1201~1205쪽)의 "中國方面的行動計劃" 부분 참조.

다. 이와 관련해서 신정부 수립 이전 양측의 관계 조정 협의가 한창 진행되고 있던 무렵인 1939년 10월 1일『중앙공론(中央公論)』에 발표된 왕징웨이의 「중국과 동아시아(中國與東亞)」라는 글은 이 문제를 가장 직접적으로 다루고 있다는 점에서 주목된다. 이 글의 요점을 개략 정리해보면 다음과 같다.

소위 '동아협동체'니 '동아신질서'는 실로 여기에 착안하여 자유·독립의 정신으로 침략주의와 공산주의를 배제함으로써 동아에 화를 미치지 못하게 하고자 한 것이다. 그러나 중국 여론계는 동아협동체 및 동아신질서 건설에 대해 흥미를 느끼지 못할 뿐만 아니라 오히려 두려워하고 있다. 왜 그런가?……일본이 중국을 멸망시키려 한다는 데 있다.……중국인은 일본이 공산주의를 배제한다는 것은 잘 알고 있지만, 침략주의를 배제한다는 것은 잘 모른다. 중국인은 일본 역시 침략주의자로 보고 특히 중국에 대한 침략이 가장 심하다고 보고 있다.……일본이 중국의 책임 분담을 바란다면 중국의 독립과 자유를 침범해서는 안 되며, 중국이 독립과 자유를 침해받지 않으려면, 일본과의 공동목적을 홀시해서는 안 된다.……중국국민당 쑨원 선생의 대아시아주의(大亞洲主義)와 최근 중국국민당 육전대회 선언은 중국과 동아의 관계 및 중국인이 힘써야 할 부분에 대해 명확히 지시하고 있으니, 이를 근거로 스스로 힘쓰고 서로 힘써야 할 것이며, 또 일본 여론계에 권하는 것이다.13)

이 글은 왕징웨이와 일본정부 사이에 관계 조정 협의가 활발히 진행되던 가운데 발표된 글이다. 여기서 왕징웨이는 일본이 당시까지 제시해 온 '동아협동체', '동아신질서 건설'의 주장이 침략주의와 공산주의를 배제하자는 의도라는 것은 이해하지만 일본의 침략 행위로 중국인

---

13) 「中國與東亞」, 『汪主席和平建國言論集』, 101~104쪽.

들에게 그 본의가 전달되고 있지 못하며, 만약 일본이 그들이 주장하는 동아시아의 새로운 질서 속에서 중국이 책임을 분담하기 바란다면 중국의 독립과 자유를 침범해서는 안 된다고 하면서, 쑨원의 '대아시아주의'와 중국국민당 제6회 전국대표대회선언(1939년 8월 30일)을 양측의 관계 조정의 방향을 설정하는 근거로 내세우고 있다.

위에서 왕징웨이는 그의 화평론을 일단 일본의 동아신질서론에 접근시키고 있는데, 주목되는 것은 그가 일본 측의 동아신질서 구상을 쑨원의 '대아시아주의(大亞洲主義)'로 대체했다는 점이다. 쑨원은 1924년 11월 일본 고베(神戶)에서 각 상업단체를 앞에 두고 한 연설에서 대아시아주의를 내세운 바 있는데,[14] 왕징웨이는 그것을 동아신질서에 대한 자신의 해석 근거로 제시하고 있다. 사실 그의 이러한 수사법은 이미 새삼스러운 것은 아니었다. 1939년 6월 정부 수립 협의를 위해 일본을 방문했을 때 만주국 승인 문제에 대한 이타가키 세이시로(板垣征四郞)의 질문을 받고서, 그는 쑨원의 '대아시아주의' 관점에서 볼 때 만주 독립을 승인하는 것은 쑨원주의를 위반하는 것이 아니라고 답한 바 있었다.[15]

쑨원이 제창했던 대아시아주의의 요점은, 아시아가 연대하여 강권(强權), 공리(功利)를 중심으로 하는 유럽의 패권(覇道) 문화를 물리치고 인의(仁義), 도덕(道德)을 중심으로 하는 왕도(王道)문화를 토대로 새로운 아시아 질서 나아가 세계 질서를 구축하자는 것이었다. 이때 그가 말한 왕도를 토대로 한 질서는 중화질서를 의미하는 것으로, 그

---

14) 「對神戶商業會議所等團體的演說(1924. 11. 28)」,『孫中山全集』第11卷(北京 : 中華書局, 1987), 401~409쪽.

15) 影佐禎昭, 「我走過來的路」, 陳鵬仁 譯著,『汪精衛降日秘檔』(聯經, 1999), 34쪽. 이러한 왕의 답변에 대해, 가오쭝우는 "왕 선생은 일본의 국책을 너무 미화한다"고 비판했다고 한다(陳鵬仁, 「日本對汪精衛工作」, 앞의 책, 306쪽).

논리 속에는 패권주의적 경향이 다분히 잠복해 있었다고 할 수 있다.
그 질서 속에서 중심 역할을 담당할 국가는 중국과 일본이었다. 그런
관점에서 쑨원은 새로운 아시아 또는 세계 질서 속에서 일본이 장차
어떤 태도를 취해야 할 것인지에 대해 권고하면서 연설을 마무리 했
다. 그는 연설 말미에 다음과 같이 말하고 있다.

　일본 민족은 이미 유럽 패도의 문화를 이룩했고 또 아시아 왕도의
본질도 갖고 있습니다. 이제부터는 세계 앞날의 문화에 대하여 서방
패도의 주구가 될 것인지 아니면 동방 왕도의 간성이 될 것인지 여러
분 일본인 스스로 잘 살펴 신중히 선택하십시오.16)

　일본에 대해 패권을 버리고 왕도로 다른 나라를 대해야 한다고 한
쑨원의 결론으로 볼 때, 왕징웨이가 그 대아시아주의를 인용함으로써
하려고 했던 주장은 일본이 인의와 도덕 즉 왕도로 중국을 대할 것을
요구한 것이었다고 해석하는 것이 자연스러울 것이다. 말하자면 그것
은 중·일 양국의 새로운 관계를 규정할 일본의 동아신질서가 '왕도'의
질서여야 한다는 기대를 표현한 것이었다.
　이때 왕징웨이가 '평등한' 중·일 관계를 상정하고 있다고까지 말하
기는 조심스럽다. 왕도의 질서는 본래 불평등한 질서이며 그 질서의
중심이 분명히 언급되고 있지 않기 때문이다. 다만 당시 일본군의 침
입으로 중국이 수도 난징까지 빼앗긴 상황에서 그가 일본에 대해 평등
한 연합을 주장했다면, 그것은 비현실적이라고 할 수밖에 없었다는 점
만은 지적할 수 있다.17) 어쨌든 왕징웨이는 일본이 주도하는 동아신질

―――――
16) 「對神戶商業會議所等團體的演說(1924. 11. 28)」, 위의 책, 409쪽.
17) 문명기는 왕징웨이의 아시아주의적 해석은 아시아 민족의 평등한 연합이라는
　점에서 고노에 성명이나 동아신질서론의 불평등한 연합 주장과 차이가 있다
　고 하면서, 그것이 일본 우위의 동아 질서 구축 시도를 비판하고 그것의 수정

서 속에서 중국의 독립국가로서의 실존을 용인해 줄 것을 일본 측에 요구했다는 정도로 해석할 수는 있을 것이다. 그것은 후술하듯이 당시 양측의 관계 조정 협의가 진행되는 과정에서 '중국 주권의 존중'이라 는 표현으로 제기되었다.

이렇게 볼 때 왕징웨이의 화평론은 두 가지 동아시아론과의 결합 형 태로 제기되었다고 할 수 있다. 우선 그의 화평운동은 일본정부의 동 아신질서 건설에의 호응이라는 형태로 시작되었으며 그 과정에서 그 화평론은 표면적으로 동아신질서론이라는 동아시아론과 결합되었다. 그런데 그 동아신질서의 해석 과정에서 동아신질서는 대아시아주의로 치환되었으며, 그 결과 그 화평론은 이면적으로 대아시아주의라는 또 다른 동아시아론과도 결합되었던 것이다.

두 동아시아론, 즉 동아신질서론과 대아시아주의 간에는 아직 확인 되지 않은 편차가 존재하고 있었다고 할 수 있다. 요컨대 일본의 동아 신질서론 속에서 대아시아주의 속에 내포된 주권 확보에 대한 기대가 용인될 수 있을지는 미지수였다. 그들에게 있어서 그 편차를 좁힐 수 있을지 즉 독립국가로서 "중국의 주권을 존중"받을 수 있을지는, 그 화 평론과 정권의 정당성 내지 성패를 결정하는 중요한 문제였다고 할 수 있다.

대아시아주의와 동아신질서론의 결합 노력은, 왕징웨이 정권 하에서 꽤 장기간 진행되었던 것으로 파악된다. 왕징웨이는 1940년 7월 난징 에서 중일문화협회(中日文化協會) 창립식에 참석해서 "중일 양국은 문

을 요구하는 입장의 한 표현이었다고 지적한 바 있다(문명기, 앞의 논문, 144 쪽). 또 배경한도 그 해석을 바탕으로 대아시아주의의 평등한 연합을 "강조" 또는 "부정"하는 선택 속에 놓인 왕정권의 딜레마를 설명한 바 있다(배경한, 앞의 논문, 2004, 109쪽). 그렇지만 '협력자'들의 논리 속에서 "의존"과 "독립 지향" 즉 불평등과 평등의 개념은 대립적으로 존재했다고 보기 힘든 측면이 있다고 판단된다.

화적인 방면에서 공동노력을 통하여 동양 문화를 발양시키면서 쑨원 선생의 대아시아주의와 일본의 동아신질서 주장을 완전히 결합시켜가야 한다"라고 주장했다.[18] 이후 1942년 7월 1일 난징의 동아연맹운동(東亞聯盟運動) 통합 조직인 동아연맹중국총회(東亞聯盟中國總會, 1941년 2월 성립)가 『동아연맹월간(東亞聯盟月刊)』(1941년 8월 창간)과 『대아시아주의(大亞洲主義)』(1940년 8월 창간)를 『대아시아주의와 동아연맹(大亞洲主義與東亞聯盟)』으로 통합했던 것은 그러한 노력의 일환이었다. 그렇지만 그것이 양자의 성공적 결합이라고 볼 수 있을지는 의문이다. 그것은 주권을 '상실'한 정권 하에서 추진된 문화적 동화 노력이라는 혐의를 둘 수 있는 측면이 있다.[19] 그러한 정권 하의 노력과 분리해서, 우선 정권 성립 이전에 양자의 편차가 어느 정도 성공적으로 좁혀질 수 있었는지, 적어도 그 가능성을 확인할 수 있었는지 여부를 확인하는 것이 필요할 것이다. 이에 다음 장에서 왕정권의 정식 성립 이전 양측의 화평 교섭과 국교 조정 협상이 진행되는 과정에서 이 문제가 어떻게 처리되었는지 세밀히 검토해보려고 한다.

---

18) 「成立大會記事」, 『中日文化月刊』(南京), 1-1(1941. 1), 137쪽.

19) 그 발간사에서 린바이성(林柏生)은 대아시아주의의 유지를 받들어 동아연맹 운동을 진행하는 것이, 국민의 정신을 개조하는 국민운동으로서의 의미가 있음을 부각시키고 있다. 그 점에서 그 정권 하에서 전개된 양자의 결합 노력은 성립 이전의 화평론과 구별되어야 할 측면이 있다고 생각된다(林柏生, 「發刊詞」, 『大亞洲主義與東亞聯盟』 第1卷 第1期(大亞洲主義與東亞聯盟月刊社, 1942. 7. 1), 1~6쪽).

Ⅲ. 주권 확보 노력과 그 한계

1. 화평 교섭과 주권 확보 기대

왕징웨이는 1939년 7월 9일 상하이(上海)에서 방송을 통해, 자신이 1932년 1월 국민정부의 행정원장을 맡고 곧이어 외교부장을 겸임하면서 '일면저항, 일면교섭'을 제창한 이래 일관해서 화평 노선을 견지해 왔으며 당시 장제스도 자신과 같은 입장에 있다고 생각했다고 말했다.[20] 그렇지만 1937년 7월 7일 루거우치아오(蘆溝橋) 사건 발생 이후 양국 관계가 전쟁으로 내달리는 상황에서, 항전 노선을 바꾸지 않는 충칭국민정부를 탈출해 화평 건의를 하게 되었다는 것이다.[21]

사실 국민정부 내에서 화평 노선을 견지했던 것은 왕징웨이 혼자가 아니었다. 타오시성(陶希聖), 메이쓰핑(梅思平), 후스(胡適), 장지뤼안(張季鸞), 쩌우쉰성(左舜生), 사오리쯔(邵力子), 장쥔마이(張君勸), 리황(李璜), 천부레이(陳布雷), 구주퉁(顧祝同), 슝스휘(熊式輝), 천궁보(陳公博), 뤄쥔챵(羅君强), 가오쭝우(高宗武), 청창보(程滄波), 저우포하이(周佛海) 등 국민정부 내에는 일본과의 화평 교섭을 지속해 확전을 피해

---

20) 왕 정권 참여 인사들에게는 이러한 역할 분담론이 폭넓게 발견된다. 예컨대 추민이(褚民誼)는 화평운동에 참여하게 된 동기를 설명하는 중에 "당시에는 장 위원장과 왕 선생이 역할을 나누어서 항전 공작은 장 위원장이 맡고 화평 공작은 왕 선생이 맡는다는 이야기가 널리 알려졌다. 항전이 승리하면 화평은 자연히 취소될 것이고 항전이 실패하면 화평으로 전쟁을 종식시킬 수 있었다. 왕 선생은 나한테 장 위원장과 화평운동에 관해 얘기했는데, 장 위원장이 항전은 쉽고 화평은 어렵다고 하자, 왕 선생이 '당신이 쉬운 쪽을 맡고 내가 어려운 쪽을 맡겠다'고 말했다고 했다"고 말하고 있다(「自白書」(1945. 11. 11), 南京市檔案館 編, 『審訊汪僞漢奸筆談(上)』(江蘇古籍出版社, 1992), 276쪽).

21) 「我對於中日關係之根本觀念及前進目標」(1939. 7. 9), 『汪主席和平建國言論集』(宣傳部 編印, 1940. 10), 39~46쪽(『中華日報』 1939년 7월 10일자에 수록).

야 한다는 주장을 하는 인사들이 많았다. 그 가운데 왕징웨이 주변의
인물로 경제사학자이며 전 베이징대학 교수인 타오시성은 왕의 고문
과 같은 역할을 하면서 역시 화평 노선의 필요성에 대해 인식을 함께
했던 인물이었다. 또한 그를 통해 국민당 중앙선전부 부부장인 저우포
하이도 왕징웨이의 화평 노선 대열에 일찍이 합류했다. 그 외 후스, 메
이쓰핑, 가오쭝우 등도 인식을 공유했던 경우라고 할 수 있다. 그들은
난징 시류완(南京西流灣) 8호의 저우포하이 집에서 자주 모여 의견을
교환했는데, 자신들을 스스로 저조구락부(低調俱樂部)라고 지칭했다.
저조구락부란 당시 철저항전의 고조(高調)라는 '히스테리' 풍조에 반대
한다는 의미로, 그들은 국민당의 공식 입장과는 달리 일본과의 직접교
섭을 통해 전쟁을 조기 종결해야 한다는 입장을 취했다.[22] 이들 가운
데 후스를 제외한 인사들은 모두 왕징웨이와 함께 일본과의 화평 교섭
에 직접 참여했다(후스는 1938년 주미대사로 임명되어 저조구락부와
직접적인 연결이 단절되었다).

왕징웨이 집단의 일본과의 화평 교섭은, 1938년 1월 17일 가오쭝우
가 장으로 있는 외교부 아주사(亞洲司) 제1과장 동다오닝(董道寧)이,
만철(滿鐵) 난징사무소 소장 니시 요시아키(西義顯)를 접촉한 것으로
부터 시작되었다. 이 접촉은 하루 전인 1월 16일 일본 수상 고노에 후
미마로가 충칭국민정부와의 관계를 단절하겠다는 성명을 발표한 데
대한 반응으로 나온 것으로 판단된다. 이에 대해 니시 요시아키는 동
다오닝을 동맹통신사(同盟通信社) 상하이 분사 사장 마쓰모토 시게하
루(松本重治)에게 소개해 일본 방문을 주선하도록 하고, 자신은 먼저
일본으로 가서 참모본부 제8과장 가게사 사다아키(影佐禎昭)를 만나
동다오닝의 일본 일정을 안배해 줄 것을 요청했다. 또한 그는 귀국 길

---

22) 胡春惠, 앞의 책, 38~42쪽.

에 러하이(熱海)로 가서 귀국 중이던 그의 맹우(盟友) 이토 요시오(伊
藤芳男)를 찾아 동다오닝을 데리고 일본으로 가도록 요청했다. 2월 25
일 동다오닝은 마침내 상하이를 떠나 일본 방문 길에 올랐다. 도쿄 체
류 기간 동안 그는 가게사 사다아키의 인도 하에 참모차장 다다 하야
오(多田駿) 중장, 참모본부 제2부장 혼마 마사하루(本間雅晴) 소장, 참
모본부 지나 반장 이마이 다케오(今井武夫) 중좌 등 일본 군부 인사들
과 차례로 회견하면서, 양측의 화평 의지를 서로 확인했던 것으로 보
인다.23)

동다오닝의 방일 후 그 상사인 아주사장(亞洲司長) 가오쭝우가 직접
일본 방문에 나섰다. 가오쭝우가 방일을 결심한 것은, 니시 요시아키의
종용도 있었지만, 동다오닝을 통해 일본 측의 화평 의지를 확인한 데
다가 고노에 내각의 외상이 온건한 우가키 가스시게(宇垣一成)로 바뀌
어 양국의 화평에 대한 기대를 키우게 되었기 때문이다. 그는 6월 23일
홍콩을 출발해 7월 2일 밤 요코하마에 도착, 가게사 사다아키를 비롯
해서 이타가키 세이시로 육군대신, 고노에 후미마로, 마쓰오카 요스케
(松岡洋右) 등과 회견을 진행했다.

가오쭝우는 일본 측과의 회견을 통해, 일본의 화평 의지를 확인하면
서 장제스를 대신할 대안으로서 왕징웨이의 존재를 적극적으로 선전
했다. 그는 일본정부에게 왕징웨이가 그간 국민정부 내에서 중일문제
의 평화적 해결을 주장해왔지만 수용되지 않았으며 따라서 정부 밖에
서 국민운동으로서 화평운동을 전개해 장제스가 화평론에 귀를 기울
일 계기를 만들어내야 한다고 주장했으며, 대체로 그에 대한 동의를
얻었다고 한다.24)

가오쭝우의 방일을 계기로, 왕징웨이 집단의 충칭국민정부로부터의

---

23) 陳鵬仁, 앞의 책, 282~286쪽.
24) 陳鵬仁, 앞의 책, 286~290쪽.

이탈은 보다 가시화되었다. 가오쭝우의 방일 자체가 장제스와의 관계 단절을 무릅쓴 것이었을 뿐 아니라,[25] 그것을 통해 일본 측의 화평 의지와 왕징웨이에 대한 지원 의향을 확인하게 되면서 충칭국민정부의 바깥에서 왕징웨이를 중심으로 일본과 화평 교섭을 진행하는 작업을 보다 구체화하게 되었다.[26]

이후 양측의 화평 교섭은 메이쓰핑과 마쓰모토 시게하루를 중심으로 준비되었다. 메이쓰핑은 가오쭝우가 홍콩에서 병으로 입원한 뒤 저우포하이의 추천으로 화평 교섭을 맡게 되었다. 이어 양측은 1938년 8월 29일부터 총 5차에 걸쳐 회담을 진행해 초안을 마련했고, 다시 11월 12~20일 간 개최된 이른바 중광탕회담을 통해 「일화협의기록(日華協議記錄)」이라는 정식 안에 서명하기에 이르렀다.[27] 「일화협의기록」에서는 시국 해결을 위한 총 6개의 조건이 다음과 같이 명시되었다.

제1조 방공협정(防共協定)의 체결과 네이멍구(內蒙古)의 방공특수지구(防共特殊地區) 지정

25) 가오쭝우는 자신의 방일을 장제스에게 미리 보고할지 여부를 저우포하이와 상의했는데, 두 사람은 장제스가 미리 알면 막을 것으로 예상하고 가오쭝우가 먼저 일본으로 떠난 뒤 저우포하이가 보고하기로 했다. 가오쭝우는 귀국 시 체포될 것을 염려해 홍콩으로 몸을 피하고, 일본 방문 결과를 저우포하이를 통해 보고받은 장제스는 3일 뒤 가오쭝우와의 관계를 단절했다. 이후 저우포하이도 충칭국민정부를 탈출했다(周佛海, 「中日事變秘聞 : 我的鬪爭記」, 『周佛海日記』(下), 1232~1236쪽).
26) 하노이를 탈출해 일본을 방문하면서 충칭국민정부를 대신하는 정권 수립이 구체화되지만, 장제스에 대한 대안으로서 왕징웨이를 부각시키는 작업은 교섭 초부터 계속되었다.
27) 중광탕회담에는 중국 측에서 가오쭝우, 메이쓰핑, 저우룽샹(周隆庠)이, 일본 측에서 가게사 사다아키, 이마이 다케오, 이누카이 다케루(犬養健), 이토 요시오, 니시 요시아키가 참여했다. 그 가운데 토론에 경상적으로 참가한 것은 이마이 다케오와 메이쓰핑이었고, 저우룽샹이 통역을 맡았다.

제2조 중국의 만주국 승인
제3조 중국 내지에서 일본인의 거주, 영업 자유 승인
제4조 양국의 경제제휴에서 일본의 우선권 승인
제5조 사변으로 인한 중국내 일본 교민의 손실에 대한 중국 측 배상
제6조 양국 화평의 회복 후 협정 이외의 일본군 즉시 철수 개시

이 가운데 눈에 띄는 것은 양국이 화평을 회복한 뒤 협정 이외의 일
본군을 즉시 철수하기로 한 제6조로, 이 조항에는 "중국 국내 치안이
회복되고 2년 내에 철수를 완료한다"고 일본군의 철수 기간까지 명시
해 놓고 있는 부분이다.[28] 비록 일본 측에 대해 많은 양보를 해야 했음
에도 불구하고, 일본이 네이멍구를 제외한 지역에서 협정 이외의 일본
군을 철수하겠다는 것은 그들로 하여금 주권독립의 확보에 대한 기대
를 갖게 했다. 이 「일화협의기록」은 서명 후 일본정부와 왕징웨이의
동의를 거쳐 양측의 화평 조건으로 일단 확정되었다.

당시 그들이 실제로 충칭국민정부를 벗어나 일본과의 화평 교섭을
실행에 옮기게 된 것은, 일본 측과의 접촉 과정에서 얻어낸 일본 측의
호응을 통해 "중국 주권의 존중"을 보장받을 수 있을 것이라는 기대를
구체적으로 갖게 되었기 때문이었다. 특히 왕 측이 당시 주로 접촉한
니시 요시아키, 가게사 사다아키 등은 중국에 대해 군부의 강경파와는
구별되는 입장에 서 있던 인물들이었다. 예를 들어 가게사 사다아키는
루거우치아오 사건 이후 참모본부 지나과장(支那課長)이 된 뒤 참모본
부 제1부장인 이시하라 간지(石原莞爾)[29]의 영향을 받아 온건한 대외
정책의 성향을 갖고 있었다고 평가되던 인물이었다.[30] 가게사는 가오

---

28) 「日華協議記錄」, 『周佛海日記』(下)(北京 : 中國社會科學出版社, 1986), 1204
   ~1205쪽.
29) 王屏, 『近代日本的亞細亞主義』(北京 : 商務印書館, 2004), 187~205쪽.
30) 陳鵬仁, 「日本對汪精衛工作」, 『汪精衛降日秘檔』, 284~285쪽.

쭝우의 방일 당시 상황에 대해 다음과 같이 말하고 있다.

그것을 실행하기 위해서는 일본도 특별한 책임을 져야 했다. 즉 일본
은 반드시 사실로써 군사적, 정치적, 경제적으로 중국을 침략할 의도가
없다는 것을 증명해야 한다. 일본은 중국에서 생생히 발전하고 있는
민족주의를 부정하지 않고 편협하고 배타적이지 않은 온건한 민족주
의의 발전에 대해 충분한 이해와 동정으로 협조해야 했다. 그렇게 한
다면 일본을 의심하는 장제스의 태도는 사라질 것이고 또한 기왕의 항
전 주장을 벗어나 일본과 협력할 수 있었을 것이다. 만약 일본이 이렇
게 거시적인 시각을 갖지 않는다면, 가오쭝우의 의견은 사상누각과 같
았다.

여기서 그는 중국과 화평을 실행하기 위해서는, 일본이 중국을 침략
할 의도가 없다는 것을 증명해야 하며 중국의 '온건한' 민족주의의 발
전에 협력해야 한다면서 일본의 책임을 강조하고 있다. 육군의 대왕징
웨이 '모략'의 핵심 인물로 의심을 받기도 하는[31] 그의 이러한 진술을
그대로 받아들이기는 어렵겠지만, 이를 통해 가오쭝우와의 회견에서
대화의 분위기가 어땠는지는 어느 정도 짐작할 수는 있다. 이러한 기
대는 중광탕회담에서 일본군의 철군에 대한 구체적인 합의를 이끌어
냄으로써 더욱 커졌다.

그렇지만 이후 왕징웨이의 충칭 탈출(12월 19일) 이후 발표된 고노
에 성명(12월 22일)의 내용은, 「일화협의기록」과 다소 달랐다. 고노에
의 성명에는 중국에 대한 일본 측의 요구는 모두 그대로 포함되었지
만, 군대 철수에 관한 언급은 전혀 없었다. 그는 단지 "일본은 중국의
주권을 존중한다"고 하면서 중광탕회담에서 언급되지 않았던 조계 반

---

31) 田尻愛義, 「對汪精衛的謀略工作」, 255~268쪽.

환과 치외법권 폐지를 고려하고 있다는 짤막한 언급을 달아놓고 있을 뿐이다.[32] 사실 일본 내각회의는 11월 28일 「일화협의기록」을 전제로 「일지신관계조정방침(日支新關係調整方針)」을 결정했는데, 그 가운데 "2년 내에 철수를 끝낸다"는 문구를 "조속한 시일에 철수해야 한다"로 바꾸는 등 이미 수정이 가해진 상황이었다. 그런데 고노에 성명은 이 「일지신관계조정방침」을 기초로 하면서 아예 군대 철수와 관련된 문구를 빼버린 것이다.

왕징웨이 측으로서 이는 여전히 일본 측의 "중국 주권 존중"을 낙관할 수 없다는 사실을 인식하지 않을 수 없게 하는 상황이었다.[33] 따라서 중국이 화평 교섭을 통해 일본 측으로부터 독립국가로서 주권을 존중받을 수 있을지는, 이제 이후 진행된 양측 간의 구체적인 국교 조정 협상에서 여전히 확인해야 할 문제가 되었다.

2. 국교 조정 협상의 진행

충칭에서 하노이로 온 왕징웨이는, 충칭정부가 파견한 특무의 위협과 프랑스 당국의 비협조로 사실상 연금 상태에 놓였다. 1939년 3월 21일에는 특무의 습격으로 비서 쩡중밍이 암살되기도 했다.[34] 이에 대해 일본 측은 왕징웨이 구출을 위해 가게사 사다아키 등을 파견했고, 왕징웨이는 그들의 호송 하에 하노이를 탈출해 5월 6일 상하이에 도착했다.[35] 이후 왕징웨이는 곧바로 일본 방문을 추진, 일본정부와의 교섭에

---

32) 「近衛聲明」, 앞의 책, 325쪽.
33) 고노에 성명에서 철병에 관한 언급이 빠진 데 대해 이누카이 다케루, 니시 요시아키 등은 분노를 표시했다. 가게사 사다아키는 "철병" 두 글자를 뺀 것은 바로 군측의 요구 때문이었고 했다. 影佐禎昭, 앞의 책, 21~22쪽.
34) 汪精衛, 「曾仲鳴先生行狀」, 『汪主席和平建國言論集』, 29~34쪽.
35) 陳鵬仁, 앞의 책, 299~304쪽.

나섰다.

왕징웨이가 일본에 도착한 것은 5월 31일이었다. 중국 측 수행원은 저우포하이, 메이쓰핑, 가오중우, 저우룽샹(周隆庠), 동다오닝 등이었고, 일본 측에서는 야노 세이키(矢野征記), 시미즈 도조(淸水董三) 서기관, 이누카이 다케루(犬養健), 가게사 사다아키 등이 함께 했다. 이후 6월 10~15일, 왕은 히라누마 기이치로(平沼騏一郞) 수상(6월 10일),[36] 이타가키 세이시로 육군대신(11, 15일), 요나이 미츠마사(米內光政) 해군대신(12일), 이시와타 소타로(石渡莊太郞) 대장대신(13일), 아리타 하치로(有田八郞) 외무대신(14일), 고노에 후미마로 전 수상(14일) 등과 차례로 회담을 진행했다.[37]

일련의 회담을 통해 양측은 폭넓게 의견을 교환했다. 양측의 논의는 히라누마 수상의 위임을 받은 고노에 육군대신과 왕징웨이의 마지막 날(15일) 회견에 거의 반영되었다. 당시 양측 간의 논의에서 초점으로 다루어진 것은 국기(國旗) 문제와 임시(臨時), 유신(維新)정부의 처리 문제 두 가지였다. 왕징웨이는 먼저 신정부가 일본의 압박으로 성립되는 것이 아니라 국민정부의 법통(法統)을 계승하는 것이라는 사실을 보이기 위해서, 난징 환도의 방식을 취하고 청천백일기(靑天白日旗)를 사용하고 삼민주의(三民主義)를 지도이념으로 삼겠다는 방침을 전달

---

36) 고노에에 이어 수상이 된 히라누마는 고노에 성명을 계승, 견지하며 왕의 화평 방책에 대해서도 찬성, 지지, 원조를 표명했는데, 당시 히라누마가 주장한 '중일도의제휴론(中日道義提携論)'은 왕이 이후 부하들을 훈유할 때 자주 인용되었다고 한다(影佐禎昭, 앞의 책, 32~33쪽).

37) 「汪精衛與平沼會談內容(1939年 6月 10日)」;「汪精衛與板垣會談內容(1939年 6月 11日)」;「汪精衛與米內會談內容(1939年 6月 12日)」;「汪精衛與石渡會談內容(1939年 6月 13日)」;「汪精衛與有田會談內容(1939年 6月 14日)」;「汪精衛與近衛會談內容(1939年 6月 14日)」;「汪精衛與板平垣第會二次會談內容(1939年 6月 15日)」(黃美眞·張雲 編,『汪精衛國民政府成立』(上海：上海人民出版社, 1984), 88~116쪽).

했다. 일본정부는 그 가운데 난징 환도와 삼민주의에 대해서는 큰 이
의를 달지 않았지만 국기 문제에 대해서는 군사작전 시 충칭 측과의
식별이 어렵다는 이유를 들어 그것을 재고해 줄 것을 요구했다. 이에
왕징웨이는 화평반공건국(和平反共建國)이라고 쓴 노란 삼각보를 묶
는 방식을 제안했다. 또 임시정부, 유신정부에 대해 일본 측은 그 명의
만을 취소하고 실질적으로는 그 내용을 유지할 것을 제안했다. 그렇지
만 왕징웨이는 화북의 경우는 양보한다고 해도 난징과 가까운 곳에 위
치한 유신정부는 해산할 수밖에 없다고 주장했다. 결국 화북의 임시정
부는 정무위원회로 격하시켜 지방 정무를 위임하고 화중의 유신정부
는 해산하는 방향으로 대체로 의견을 접근시켰다.[38]

그렇지만 왕징웨이는 이 회담에서 일본 측으로부터 중국의 주권독
립을 보장하는 구체적인 조치들을 약속받지 못했다. 특히 중광탕회담
의 주요 조항이었던 일본군의 철수 항목에 관해서 진전된 논의를 진행
할 기회를 거의 만들지 못했다. 그는 단지 고노에와의 마지막 회견을
마무리 하면서 "작년 12월 29일 통전에서 신속하고 광범하게 일본군이
철수하길 희망한다는 구절에 대해, 여러 방면에서 고노에 성명과 불일
치한다고 오해하는 경향이 있지만, 그 전문 가운데 '협정 지점 이외'라
고 분명히 쓰고 또 이후의 구체적 방법 가운데 철수 시기와 방법에 대
해 상세히 의견을 밝혀 결코 고노에 성명과 모순을 일으키지 않는다"
고 변명조로 그 문제를 제기할 수 있었을 뿐이다.[39]

회담을 통해 일본 측으로부터 중국 주권 보장에 대해 충분한 답변을
듣지 못한 왕징웨이는 일본을 떠나기 전 6월 15일 그 요구 조건을 정
리한 「중국주권독립보장에관한최저조건(關於保障中國主權獨立的最

---

38)「汪精衛與板垣第二次會談內容」, 黃美眞·張雲 編, 위의 책, 109~116쪽 ; 影
佐禎昭, 앞의 책, 30~31쪽.
39)「汪精衛與板垣第二次會談內容」, 116쪽.

低條件)」을 일본 측에 전달하고, 가능하다면 저우포하이가 일본을 떠날 6월 26일까지 조속히 답변을 해줄 것을 요구했다.

그렇지만 당시 일본정부는 왕의 방일 이전인 6월 6일 오상회의(五相會議)를 통해 「신중앙정부 수립 방침(樹立新中央政府的方針)」을 이미 결정해놓고 있었다. 그 내용은 다음과 같았다.

(1) 신중앙정부는 왕징웨이, 우페이푸(吳佩孚), 기성 정권(역주 : 임시, 유신정부), 주장을 바꾼 충칭정부 등을 구성분자로 한다.

(2) 신중앙정부는 '일·중 신관계의 조정 원칙'(역주 : 1938년 11월 28일 결정한 「일지신관계조정방침」)을 준거로 일·중 국교를 정식 조정한다.

(3) 신중앙정부의 구성과 수립 시기는 전쟁의 전반 국면을 지도하는 단계에 적응해 자주적 관점에서 처리한다.

(4) 장래 중국의 정치체제는 분치합작주의(分治合作主義)를 원칙으로 한다. 일·중 신관계의 조정 방침에 의거해, 멍장(蒙疆)은 방공자치 구역으로 하고 화북은 국방, 경제상의 강도결합지대(强度結合地帶)로 하고 화남은 연해의 특정 도서에 특수한 지위를 부여하는 것 외에, 내정문제를 중국 측에 넘겨주는 것을 원칙으로 하고 가능한 간섭을 피한다.

(5) 국민당과 삼민주의는 용공, 항일을 포기하고 신일만(親日滿), 방공의 방침으로 수정하면 그 존재를 인정한다.

(6) 충칭 측이 항일, 용공 정책을 포기하고 필요한 인사 교체를 행하고 (1), (2)항을 수용하면 굴복으로 간주하고 신중앙정부의 구성분자로 받아들인다.[40]

---

40) 「樹立新中央政府的方針」, 『汪精衛國民政府成立』, 86~87쪽 ; 陳鵬仁, 「日本 對汪精衛工作」, 306~307쪽.

이러한 내용은 일본정부에게 왕의 신정부가 그 중국 지배 전략의 일부로 고려되었을 뿐이라는 점을 보여준다. 그들은 왕징웨이, 우페이푸, 임시정부(왕커민(王克敏)), 유신정부(량훙즈(梁鴻志)), 충칭국민정부 등 각 지역 권력들을 아우르는 구도 속에, 중국의 정치체제를 '분치합작주의'의 원칙으로 구성한다는 방침을 결정했다. 그들은 그 분치합작주의 하에 멍장, 화북, 화남 지역에서 각기 다른 형태로 영향력을 발휘하려고 했다. 요컨대 그들은 멍장 지역에 대해서는 방공자치구역으로 군사적으로 배타적인 영향력을, 화북 지역에 대해서는 군사적, 경제적으로 우세적 영향력을, 화남 지역에 대해서는 경제적으로 우세적 영향력을 발휘하려고 했다. 이는 분명히 중광탕회담의 내용에 비해, 중국의 주권에 대한 '배려'보다는 그에 대한 지배적 영향력의 확보 쪽에 무게가 두어진 방침이었다.[41]

일본정부의 이 「신중앙정부 수립 방침」의 시각에서 "중국 주권독립의 보장"을 요구하는 왕징웨이 측의 「중국 주권독립 보장에 관한 최저조건」은 쉽게 답할 수 있는 성격의 것이 아니었다. 그들은 왕징웨이 측의 조속한 답변 요구에 대해 곧바로 응할 수 없었다. 6월 26일 그들은 대체로 중국 측 의견에 동의하지만 "지역적으로 일본 측의 요구가 있으며, 시기적으로 사변 중에 임기응변의 조치를 취하지 않을 수 없다"는 단서를 달면서 일단 구체적인 상의는 가게사 사다아키와 하길 바란다는 짧은 코멘트를 다는 데 그쳤을 뿐이었다.[42]

---

41) 왕징웨이와 이타가키 간의 협의에서 일본 측이 임시정부를 정무위원회 형태로 존치시키려는 주장을 관철시켰던 것은 이런 분치합작주의의 구도에 따른 것이라고 할 수 있다(「汪精衛與板垣第二次會談內容」, 113쪽).

42) 「關於尊重中國主權原則等汪方要求中日雙方往返文書經緯」(1939年12月18日 梅(影佐)機關), 陳鵬仁 譯著, 앞의 책, 217~219쪽.

<표 1> 왕징웨이·일본정부 간의 주권 보장에 관한 의견 교환

항목	1939년 6월 15일 왕징웨이 측 요구	1939년 10월 24일 일본 측 답변	1939년 10월 27일 왕징웨이 측 답변	1939년 11월 1일 흥아원 회의 결정
중앙정부의 고문, 직원 채용	중앙정부에 일본 고문, 직원 두지 않음. 자연과학 부문에 한함.	일본 고문, 전문가 두는 것이 양국 관계에 도움. 자연과학 외 재정, 경제 부분도 필요.	조약상 규정하지 않지만 실제적 초빙.	고문, 전문가 두는 것이 양국 관계에 도움.
지방정부의 직원 채용	현정부, 보통시정부에 일본 직원 채용 않음.	사변 중 특정 지역, 특수 상황에서 채용 부득이 함.	"특정 지역", "특수 상황"에 대한 설명 요구.	특정 지역, 특수상황 시에 중국 측 마땅히 채용 승인해야 함.
세수행정의 독립	세수기관에 대한 직간접 점유, 조정 불가. 군사적으로 특수한 상황 발생 시, 곧바로 세수행정 정상 회복.	재정독립 존중에 노력. 군사적으로 특수한 상황이 발생할 경우, 사태의 평정에 따라 요구에 부합하도록 노력.	"사태의 평정"에 신중앙정부의 성립으로 인한 국부적 평정을 포함할 것을 요구.	세수기관 점유, 조종 의사 없음. 군사적으로 특수한 상황이 발생할 경우, 사태의 평정에 따라 요구에 부합 노력.
군사고문	최고 군사기관에 일본, 독일, 이탈리아 3국의 군사전문가로 조직.	중·일 간의 군사협력에서 방공(防共) 부분과 관련해서는 일본인 고문만을 두고, 제3국 개입 허용 않음. 일반 군사 건설에서 제3국 고문 초빙하는 것은 따로 협의.	중일 간의 군사협력은 네이멍 반공(內蒙 防共)지대만으로 제한하는 것으로 판단. 일반 군사건설에 관해서는 제3국인 초빙.	양국의 군사협력 사항에서 일본 군사고문만을 둠. 일반 군사건설 부분에 제3국인 초빙하는 것은 따로 협의.
군사전문가	중국군에 일본, 독일, 이탈리아 군사전문가 초빙 안 함.	특별히 중·일 군사협력이 필요한 지역의 특정 군대에 중·일 군사협력 사무에서 일본 군사 전문가 필요.	"특별히 필요한 지역", "특정 군대", "중일 군사협력 사무"에 대해 분명히 한 뒤 다시 연구.	

일본군 철수	중앙정부 난징 귀환, 중국군대 복귀하면, 협의를 통해 일본군 국부 철수.	주둔 지구마다 협의를 통해 다시 고려.	이의 없음.	주둔 지구마다 나누어 협의
일본군 점유, 몰수 재산의 처리	군사기간 일본 기관 또는 개인에 의해 점령, 몰수된 공영, 사영 공장, 광산과 상점을 조속 반환.	사태의 평정에 따라 합리적으로 처리. 사변중 군사상의 필요를 인정해야 하며, 또한 적성(敵性)의 존재로 인해 일본군이 이미 처리한 것에 대해 양해 바람.	"일본군이 이미 처리한 것"의 처리에 대해 구체적 설명 요구. "사태의 평정에 따라"에 신중 왕정부의 성립으로 인한 국부적 평정을 포함해야 함.	현재 관리 중인 재산들은 점유, 몰수된 것이 아니며, 적성자(敵性者)와 군사상의 필요 등 특수한 경우를 제외하고는 보호 조치 중임. 사태의 평정에 따라 합리적으로 처리.
합자기업 관리	합자 경영하는 공사 사업은, 일본의 자본액이 49%를 초과할 수 없다.	일·중 경제 강도결합지구(强度結合地區) 특히 해당 지구의 특정 사업에 대해 특별한 조치 필요.	"일·중 경제 강도결합지구", "해당 지구의 특정 사업" 및 "특별한 조치" 의미 불명확. 구체적 설명 후 다시 연구 필요.	일·중 경제 강도결합지구 특히 해당 지구의 특정 사업에 대해 특별한 조치 필요.
관세 처리	쇼킨긴코(正金銀行) 보관 중인 관세를 중앙정부 성립 이전에 차관 방식으로 제공하고, 성립 이후에는 중앙정부에 이관.	원칙상 동의. 단 화북 및 몽강 관세 수입에서 외채 담보를 제한 부분은 화북 및 몽강에 귀속하고. 상당 기간 관세 수입을 종전대로 정금은행에 보관.	관세 중앙 통할 원칙 확인. "화북 및 몽강 관세 수입에서 외채 담보를 제한 부분은 화북 및 몽강에 귀속"에 대해 동의하기 어려움. 단 화북, 내몽 관세 수입 중 40%를 협력자금으로 특별 지정해 해당 지역 건설사업으로 충당.	중앙정부 성립 이전 차관 방식의 제공은 추후 다시 협의. 중앙정부 성립 이후 관세 보관은 영일해관협정(英日海關協定)에 의거 쇼킨긴코가 계속 보관. 관세 수입 잉여의 일정 비율을 몽강, 화북에 교부 고려할 필요 있음.

근거 : 「關於尊重中國主權原則等汪方要求中日雙方往返文書經緯(1939年12月18日 梅(影佐)機關)」, 陳鵬仁 譯著, 『汪精衛降日秘檔』(聯經, 1999), 197~227쪽 ; 「對日本實行尊重中國主權原則之希望(1939年6月15日)」, 『汪精衛國民政府成立』(上海人民出版社, 1987), 408~412쪽 ; 「有關新

中央政府財政問題對日本方面的希望(1939年9月), 위의 책, 313~414
쪽 ; 「希望日本方面考慮之種種事項(1939年9月)」, 위의 책, 415쪽 ; 「日
本方面回答要旨(1939年10月30日)」, 위의 책, 416~420쪽.

　왕징웨이 측은 1939년 6월 15일 제시한 조건(「중국 주권독립 보장에
관한 최저 조건」)에 대해 기대했던 조속한 답변을 받지 못하자 9월 중
에 다시 재정 부분 등에 관한 보충 조건을 일본 측에 제출했다. 일본정
부는 그로부터 4달이 흐른 뒤인 10월 24일에야 비로소 정식 답변을 행
했다. 그에 대해 왕 측은 27일 곧바로 재답변을 통해 의견 접근을 시도
했다. 그리고 그 직후인 11월 1일 일본정부는 흥아원 회의를 통해 왕징
웨이 신정부에 대한 방침을 최종 결정했다. 이후 곧바로 양측의 국교
조정 협상['내약(內約)'의 체결]이 본격적으로 진행되었다. 이 과정에
서 양측 간의 주요 교섭 내용을 정리하면 대체로 위의 표와 같다.

　이 과정에서 드러나는 일본정부의 입장은 6월 26일의 간단한 답변
에서 "지역적으로 일본 측의 요구가 있으며, 시기적으로 사변 중에 임
기응변의 조치를 취하지 않을 수 없다"고 했던 의심스런 단서의 실체
를 확인케 하는 것이었다. 주권 보장은 왕징웨이 화평론의 실효성을
결정하는 핵심적인 문제였지만, 이후 교섭을 통해 실제로 확인된 일본
측의 입장은 그 화평론의 실효성에 확신을 갖기 어렵게 만드는 것이었
다.

　일본 측은, 멍장은 '방공자치지구', 화북은 군사·경제상의 '강도결
합지대', 화남은 경제상의 '강도결합지대'로 분리해, 멍장 지역에 대한
배타적인 영향권을 확인하는 것은 물론이고 화북과 화남 지역에 대해
서도 강한 영향력을 발휘하려는 의도를 드러냈다. 예를 들어, 왕 측은
중국 주권독립을 보장받기 위한 조건으로 "국민들이 일본이 내정을 간
섭한다는 의혹을 갖지 않도록" 중앙 및 지방정부에서 일본인 고문, 직

원을 초빙, 채용하지 않겠다는 방침을 조건으로 제시했는데, 그에 대해 일본 측은 일본인 고문, 직원을 둘 "생각이 없다"고 하면서도 '강도결합지대'에서 고문 초빙이 일·중 관계에 도움이 될 것이라고 지적해 실제로는 초빙하도록 압력을 가했으며,[43] 지방정부에 대해서도 '특정지역', '특수상황'에서는 아예 마땅히 채용해야 한다고 못 박았다.

또한 군사기관과 군대에서의 일본인 고문, 전문가 문제에 대해서, 왕 측은 최고 군사기관에 일본, 독일, 이탈리아 등 제3국을 포함한 군사고문을 두고 군대에서는 외국 군사전문가를 초빙하지 않겠다는 방침을 세웠다. 그러나 일본 측은 '중·일 간의 군사협력'에서 방공 부분과 관련해서는 일본인 고문만을 두고 제3국의 개입을 허용 않는다고 했으며, 중·일 군사협력이 '필요한 지역'의 '특정 군대'에서 "군사협력이 특별히 필요한 사무에서" 일본 군사 전문가가 필요하다고 했다. 이때 방공 부분과 관련된 '중·일 간의 군사협력'에 대해, 우메키칸은 일본의 의견은 네이밍 반공지대에 국한하지 않고 모든 반공과 관련된 군사시설에는 일본인만을 둘 수 있다는 뜻으로 이해된다고 주를 달고 있다.[44] 또한 재정 독립과 관련해서 중요한 관세 잉여의 보관에 대해, 왕징웨이 측은 관세의 중앙 통할 원칙을 확인하면서 쇼킨은행(正金銀行)에 보관 중인 관여(關餘)를 신정부에 이관하기를 요구했지만, 일본 측은 원칙 상 동의한다고 하면서도 화북과 멍장의 관세 수입은 화북에 귀속하고 관여는 계속 쇼킨긴코에 보관하는 것이 좋겠다고 답했다.

그렇지만 1939년 6월 중순 왕징웨이는 일본 방문에서 돌아온 뒤, 이

---

43) 우메키칸(梅機關)은 '강도결합지대'에 대한 중국 측의 의문 제기에 대해 "우리는 귀 측이 이미 화북, 멍장에서 군사, 정치, 경제, 문화 고문을 초빙하고, 신상하이(新上海)에서 경제, 문화 고문을 초빙하는 데 동의한 것으로 판단한다. 신상하이의 정치 고문은 섭외 사항의 명목으로 제3국 관계의 정치 고문을 동의할 수 있다"고 하고 있다. 위의 글, 205~206쪽.

44) 위의 글, 209~210쪽.

미 정권 수립을 위한 작업을 본격적으로 진행해가고 있었다. 그는 임시정부의 왕커민, 유신정부의 량훙즈 등을 차례로 만나고, 국민당에 대한 공작을 진행해 8월 말에는 국민당 육중전회(六中全會)를 통해 자신을 수반으로 한 새로운 정부 수립을 '공식' 결정했다. 당시 왕징웨이는 일본과의 화평 교섭에 대해 강한 기대를 표명하고 있는 것을 볼 수 있는데, 그는 7월 10일 방송을 통해서 일본과의 강화는 망국(亡國)의 조건이 아니라고 강조하면서 일본군의 철병, 주둔 문제가 협정을 통해 정해질 것이며 자신이 이미 염전을 통해 "최대로 내몽고 부근의 지점으로 한정한다"고 건의했다는 사실을 상기시키고 있다.[45]

그러나 위와 같은 일본정부의 입장은 그 화평론의 정당성을 의심케 할 수 있는 것이었다. 일본정부는 자신들의 군사적 영향력을 멍장 지역에 한정하지 않고, 화북, 화남 지역에 대해서도 그 군사적, 경제적 영향력을 유지하려는 의도를 강하게 드러냈다. 이런 상황에서 신정권의 '주권 독립 보장'은 기대하기 어려웠으며 그 정부로서의 정당성을 설득하기도 어려운 상황에 빠지고 있었다고 할 수 있다.

왕징웨이 측과 일본정부의 입장 차이가 꽤 확연했음에도 불구하고, 왕징웨이 정권 수립을 전제로 한 양측의 협상은 그대로 진행되었다. 11월부터 흥아원회의의 결정안을 토대로 왕·일 간의 국교원칙을 조정하는 협상이 진행되었다. 중국 측에서는 저우포하이, 메이쓰핑, 타오시성, 저우룽샹, 린바이성 등이 참가했으며, 일본 측에서는 가게사 사다아키, 이누카이 다케루, 야노 세이키, 시미즈 도조, 스가 히코지로(須賀彦次郎), 야하기(谷萩) 대좌(大佐), 오기(扇) 소좌(少佐), 가타야마(片山) 소좌, 고이케(小池) 촉탁(囑託) 등이 참가했다. 협상은 결코 순조롭게 진행되지 않았다. 양측은 1939년 11월 1~12일 상하이 위위안로(愚

園路) 60호 류산화원(六三花園)에서 7차에 걸쳐 격렬한 논의를 전개했지만, 주둔군, 철도 문제 등을 비롯해 많은 난제들이 해결되지 못하고 결렬 위기를 맞기도 했다. 이에 가게사는 일본정부의 입장을 재확인하기 위해 11월 16일 도쿄에 갔다 왔고, 이후 속개된 협상을 통해 결국 12월 30일 양 측은 새로운 국교원칙에 대한 비공개 합의안('내약')에 서명했다.[46] 그 뒤 1940년 3월 왕징웨이 정권은 정식 출범했으며, 그 정권 하에서 1940년 7월 5일~8월 28일 난징에서의 교섭을 거쳐 '내약'은 11월 30일 양국의 공식 조약으로 체결되었다.[47]

양측의 합의안이 중국의 주권 보장과 거리가 멀었던 것은 물론이다. 그것은 양측 관계 원칙의 기조를 다음과 같은 지역 분할 구도로 제시하고 있다. "화북과 멍장은 국방상, 경제상으로 일·중이 강도로 결합하는 지대로 설정하며, 멍장 지역은 이외에 방공을 위해서 군사상, 정치상으로 특수한 지위를 설정한다", "양쯔강 하류 유역에는 경제상으로 일·중의 강도결합지대를 설정한다", "화남 연해의 특정 도서에는 특수한 지위를 설정한다". 그 속에서 일본의 주둔 지역과 기간은 현저히 확대되고 경제적 영향력도 확대 보장되었다. 특히 화북 지역은 멍장 지역과의 연결성이 강조되어 왕 정권의 통제권으로부터 멀어졌다. 반면 화북정무위원회의 권한은 크게 확장되었다.[48]

양측의 국교 조정 협상을 거치면서, 왕징웨이 집단의 화평론은 사실상 그 결정적인 존립의 위기를 맞았다고 할 수 있다. 일본정부의 교섭 원안은, 일본정부를 대신해 협상을 진행했던 일본 측 인사들조차도 회

---

46) 「關於中日國交調整原則的協議會議紀要」, 陳鵬仁 譯著, 앞의 책, 80~195쪽 ; 「關于日華國交調整原則的協議會」, 『汪精衛國民政府成立』, 444~525쪽 ; 「關于日華新關係調整的協議書類」, 『汪精衛國民政府成立』, 558~577쪽.
47) 陳鵬仁, 앞의 책, 313~314쪽.
48) 「日支新關係調整要綱」, 『汪精衛國民政府成立』, 421~427쪽.

의적일 정도로 고노에의 성명과 많은 격차가 있는 것이었다. 우메키칸
의 시미즈 도조 등 2, 3인은 "일본정부의 원안을 기초로 왕징웨이와 교
섭하면 일본의 신의는 의심을 받게 될 것이고 (그것은) 일본에 극히 불
리하다. 설사 왕징웨이가 받아들이더라도 화평운동도 결코 효과적으로
진행할 수 없다. 그러므로 그것을 돌려보내서 상부에 재고를 요청하는
것이 좋겠다"는 의견을 표명했다. 그렇지만 "홍아원의 결정에 대해서
는 나도 언짢게 생각하며 마찬가지로 그것을 상부에 돌려보내 재고하
길 청하고 싶다. 그러나 이미 우리들에게 이 안으로 교섭을 하라는 명
령이 내려진 이상 우리는 마땅히 충실히 교섭을 진행하는 것이 옳다"
는 가게사 사다아키의 설득으로 교섭이 추진되었던 것이다.[49]

　주권 보장과 거리가 먼 국교원칙의 조정 결과는, 왕징웨이 진영의
동요를 가져왔다. 가오쫑우, 타오시성의 이탈은 그것을 단적으로 보여
주는 사건이었다. 가오쫑우, 타오시성은 왕 진영을 벗어나 1940년 1월
15일 홍콩 『다궁바오(大公報)』에 일본 측이 합의한 「일지신관계조정요
강(日支新關係調整要綱)」의 원문을 공개했다.[50] 그에 대해 왕징웨이
는 1월 24일 로이터사 특파원과 접견을 통해 두 사람의 발표 내용이
날조된 것이라고 반박했다.[51] 또 저우포하이는 일기에서 "두 짐승을
반드시 죽이겠다"며 두 사람에 대한 격한 분노의 감정을 표현하고 있
다.[52]

　전술했듯이 왕징웨이 집단의 화평론은 일본의 동아신질서론에의 접
근과 해석 과정에서 두 가지 동아시아론, 즉 동아신질서론과 대아시아

49) 影佐禎昭, 앞의 책, 43~44쪽.
50) 高宗武·陶希聖, 「致香港『大公報』信(1940年1月21日)」, 『汪精衛國民政府成
　　立』, 603쪽.
51) 汪精衛, 「關于高, 陶事件的談話(1940年 1月 24日)」, 『南京新報』 1940年 1月
　　26日(『汪精衛國民政府成立』, 605~606쪽 전재).
52) 1940년 1월 22일의 일기(蔡德金 編注, 『周佛海日記(上)』, 232쪽).

주의와 결합한 형태를 이루고 있었다. 두 동아시아론의 편차를 좁히는 것은 그 화평론의 성패를 결정하는 중요한 문제였다. 이때 일본정부가 동아신질서론 속에서 대아시아주의에 내포된 중국의 주권독립에 대한 기대를 허용할 수 있을지는 중요 관건이었다. 그렇지만 신정부의 수립에 이르기까지 양국 간에 조정된 새로운 관계 원칙은, 두 동아시아론의 편차를 오히려 극명하게 드러내주었다. 위에서 살펴보았듯이, 일본정부의 동아신질서론 속에서 중국의 주권독립은 크게 위축된 형태로 규정되었다.[53] 이러한 상황에서 화평론이 동아시아론과 같은 내용의 결합을 계속 유지할 수 있을지는 의문이었다.

이미 언급했듯이 왕징웨이 정권은 동아신질서론과 대아시아주의라는 두 동아시아론의 편차가 확인된 뒤에도 양자의 결합을 위해 노력했으며 그 가운데 정치 독립을 강조했다는 사실이 지적되고 있다.[54] 그렇지만 그 정권 성립 과정에서 일본정부의 주권 보장 의지가 부족하다는 사실을 이미 상당히 확인했던 그들의 입장에서, 그 화평론과 동아시아론의 결합을 정권 이전 단계와 같은 차원에서 설명하기는 어렵다. 그 점에서 그 정권 하의 화평론과 동아시아론('동아연맹론(東亞聯盟論)')의 관계에 대해서는 다른 차원에서 좀 더 면밀히 살펴볼 필요가 있을 것이다.

---

53) 일본정부는 가혹한 화평 조건은 그들이 본래 왕 정권의 이용 가치를 높이 평가하지 않았기 때문이며, 반면 경제력, 군사력에서 취약한 왕 정권은 그 가혹한 화평 조건을 받아들일 수밖에 없어 결국 전형적인 괴뢰정권이 되었다고 지적된다(劉傑, 「汪兆銘政權論」, 『支配と暴力』(東京 : 岩波書店), 2006).

54) 예를 들어 1938년경 일본 측이 제시한 동아연맹의 기초 조건은 군사동맹, 경제합작, 정치독립 세 가지였는데 그에 호응해 1940년 11월 동아연맹중국동지회(東亞聯盟中國同志會)가 창립되었을 때는 정치독립, 경제합작, 군사동맹, 문화소통의 순으로 그 순서가 바뀌어 "정치독립"이 맨 앞에 배치되고 있다는 사실이 지적되기도 한다(배경한, 앞의 논문, 2004. 113~115쪽).

3. 우메키칸(梅機關)과 동아시아론

　침략자에게 주권 보장의 의지를 기대하는 것은 상식적으로 이해하기 어려운 일이다. 왕징웨이 집단의 선택이 쉽게 이해되지 않는 것도 바로 그 때문이다. 그들은 어떻게 일본과의 화평 실현에 그렇게 강한 기대를 가졌던 것일까? 그들이 일본정부가 제시한 동아신질서 속에서 주권을 확보할 수 있다고 기대했던 근거는 무엇일까? 그들이 동아신질서론과 대아시아주의론이라는 두 동아시아론의 편차를 줄일 수 있을 것이라고 기대했던 근거는 무엇일까? 말하자면 그들의 화평론과 동아시아론은 어떤 현실적 토대 위에 세워졌던 것일까? 그에 대한 답을, 왕징웨이 집단이 교섭, 협상 과정에서 주로 접촉했던 일본 우메키칸 인사들과의 관련을 중심으로 생각해 보려고 한다.

　우메키칸이란 하노이로 피신해 있던 왕징웨이를 구출해 온 뒤 상하이에 남아 본국과의 연락을 유지하면서 왕의 화평운동을 지원했던 일본인들을 지칭한다. 그 명칭은 베이쓰촨로(北四川路)에 위치했던 그들의 사무소를 바이카도(梅華堂)로 명명한 데서 유래했다. 초기에 참여했던 인사는 육군 측에서 가게사 사다아키, 이치타(一田) 중좌(후에 야하기 대좌로 바뀜), 하루케 요시타네(晴氣慶胤) 중좌, 쓰카모토 마코토(塚本誠) 소좌, 오무라 가즈에(大村主計) 소좌 등, 해군 측에서 스가(須賀) 소장, 오기(扇) 소좌, 외무성 측에서 야노 세이키, 시미즈 도조 서기관, 민간인사로는 이누카이 다케루 등이 있었다. 후에 가장 많을 때는 그 수가 30여 명까지 늘었는데, 그 속에는 민간인사로 화베이대학(華北大學) 교수 기타야마 후쿠지로(北山富久次郎), 경제전문가 스에히로 고지로(末廣幸次郎), 아사히신문사 객좌 가미오 시게루(神尾茂), 전 상하이일보사(上海日報社) 사장 하타 히로시(波多博) 등이 있었고, 외무성의 오타(太田), 스기하라(杉原) 두 서기관, 나카네(中根) 영사, 홍아원

(興亞院)의 고이케 가케이(小池筧) 등이 포함되어 있었다.[55]

이 우메키칸의 성격에 대한 진술은 다소 엇갈리고 있다. 그 핵심 인물인 가게사 사다아키는 그것이 육군의 단독기관이 아니라고 강변한다. 그는 그것이 육군뿐만 아니라 해군, 외무성 등 지휘계통이 각기 다른 관원들과 개인 신분으로 참여한 민간 인사들의 '합작체', '동지적 결합체'라고 설명한다.[56] 그렇지만 외무성에서 파견한 다지리 아키요시(田尻愛義)는 우메키칸이 기본적으로 군부와 흥아원을 중심으로 한 지휘계통 하에 운영되었다고 보고, 외무성이 자신을 우메키칸에 보낸 것은 그것을 견제하는 '스파이' 역할을 기대했기 때문이라고 한다. 그는 "汪을 유혹해낼 때의 고노에 성명에 비해 앞으로 중·일 관계의 양해 사항의 요점은 아마도 더 심한 조건이 제출될 것이다. 외무성이 나를 우메키칸에 보낸 것도……내약이 지나치게 극단으로 가지 않도록 감시하려는 것이었다"고 말하고 있다.[57] 사실 그 조직의 형성[58]과 운영[59] 등에서 볼 때, 우메키칸이 육군 계통의 지휘를 비교적 강하게 받았던 것은 부정하기 어렵다. 그것이 어떤 형태로든 육군 주도의 대 왕징웨이 공작의 실행 기관으로서의 역할을 부여받고 있었다는 점은 대

---

55) 影佐禎昭, 앞의 책, 37~38쪽.
56) 影佐禎昭, 위의 책, 38~39쪽.
57) 田尻愛義, 앞의 책, 263쪽.
58) 가게사의 왕징웨이 구출 작전은 본래 육군대신의 명령으로 기획된 것으로 그 실행 과정에서 해군, 외무성, 흥아원 측의 파견 동의를 얻어 이루어진 것이었다. 육군 측의 요청에 대해, 해군 측은 스가 소장을, 외무성과 흥아원은 외무서기관 겸 흥아원 서무관인 야노 세이키를 파견하는 데 동의했다. 또한 고야마 마쓰토시(小山松壽) 중의원 의장의 협조로 이누카이 다케루가 중의원 의원의 신분으로 동행하기로 했다(影佐禎昭, 앞의 책, 23~24쪽).
59) 우메키칸의 사무실은 육군 자금으로 운영되었다. 가게사는 인사비, 교통비 등을 각기 부담했다는 이유로, 그것이 순수한 육군 기관이 아니라고 주장한다(影佐禎昭, 앞의 책, 38쪽).

체로 인정된다.

그런데 당시 일본 군부가 주도하는 대(對)왕징웨이 공작은 '모략'이라고 할 정도로 기만적인 요소가 적지 않았다고 지적된다. 우메키칸 성립 직전, 일본정부가 대중국정책을 결정, 실행할 핵심기구로 설립(39년 3월)한 홍아원[60]은 그 모략을 지휘한 중심 기관으로 지목되고 있다. 예컨대 홍아원은 그 초기 활동 가운데 가장 큰 업적을 왕징웨이 집단을 회유, 투항시키는 데 성공한 것이라고 들고 있다. 그 구체적인 방침을 결정했던 것은 홍아원 내무부 제1과였다.[61] 또한 이러한 왕징웨이에 대한 모략 공작에 대해서는, 당시 일본 내에서도 비판적인 시각이 적지 않았다.[62] 이렇다고 할 때, 왕징웨이 집단과 일본 측의 교섭, 협상은 결코 정상적인 소통 구조 속에서 이루어졌다고 보기 어렵다.

주목되는 것은, 그러한 일본정부의 왕징웨이 공작을 실행하는 역할을 부여받았던 우메키칸의 가게사 사다아키, 이누카이 다케루 등 적지 않은 인물들이 대중국 정책에서 군부 강경파가 주도하는 일본정부의 공식 입장과 구별되는 태도를 취하고 있었다는 점이다. 예를 들어, 이누카이는 홍아원의 결정안에 대해 "만약 이 안 그대로 실행된다면 사실상 화북은 앞으로 중국으로부터 독립하고 하이난다오(海南島) 섬은 일본 해군의 소유로 귀속될 것이다. 세상에 이보다 더 열악한 괴뢰정

---

60) 다지리 아키요시는 홍아원이 군부의 분점에 불과했다고 지적한다(田尻愛義, 앞의 책, 262쪽).

61) 臧運祜, 「"興亞院"與戰時日本的"東亞新秩序"」, 『日本學刊』 2006年 第2期, 137쪽.

62) 일본정부의 왕에 대한 공작은 쇼와 천황에게 보고되었는데, 그는 "모략, 이런 일은 믿을 만한 것이 못된다. 안 되는 것이 원칙이고, 되는 것이 오히려 이상하다"고 말했다고 한다. 또한 원로 사이온지(西園寺)도 "모략은 문명적인 정치 외교에서는 사용되지 말아야 한다. 만일 그렇게 했다면, 일본은 외교는 너무 저질이다"라고 지적하기도 했다(原田熊雄, 『西園寺公と政局』 第7卷(東京 : 岩波書店, 1967), 234, 235쪽).

권이 또 있는가?"라고 했다고 기록되고 있다.[63] 가게사도 화평운동의
성패와 관련해서 "충칭 측을 화평 쪽으로 전향하도록 하는 것은 방법
론의 문제가 아니라, 사실로써 충칭 측에 일본은 침략국가가 아니고
일본의 대중국정책은 침략주의가 아니라는 사실을 증명하는 것 말고
다른 길은 없다"고 했다.[64] 외무부의 시미즈 도조, 야노 세이키 등도
군부와 흥아원의 강경 외교에 대해 부정적인 입장을 취했던 경우였다.
사실 왕징웨이 집단과의 교섭, 협상에 실제로 참여했던 자들은, 일본
군부·흥아원의 대중국 정책의 방향과 부합한다고 보기 어려운 성향
의 인물들이었다. 그들은 동아시아의 신질서 속에서 중국의 국가적 독
립성 또는 '민족주의'의 성장을 용인하는 입장을 보였던 것으로 기록
되고 있다. 요컨대 당시 일본의 대중국 정책의 입안 집단과 실행 집단
인 우메키칸의 사이에는 상당한 거리가 존재했다는 사실이 확인된다.

그런데 더욱 흥미로운 것은 이러한 구도가 당시까지 진행되어온 일
본 동아시아론 내부의 분열 양상을 반영하고 있다는 점이다. 근래 지
적되고 있듯이 1930년대 초부터 주변 국가들과의 직접적인 분쟁이 확
대되는 것을 둘러싸고, 일본의 '아시아주의자'들 간에 분열이 있었다.
예를 들어 이시하라 간지는 만주를 점령하자는 '만몽점유론(滿蒙占有
論)'에서 일본, 중국인의 평등한 지위와 만주인의 자치를 주장하는 '만
주독립국론(滿洲獨立國論)'으로 전화하면서 만주청년연맹(滿洲靑年聯
盟), 대웅봉회(大雄峰會) 등 조직을 기반으로 '자치지도부(自治指導
部)'를 조직, 신정권 수립에 참여했지만, 1932년 3월 1일 만주국이 성립
한 뒤 일본 군부, 정부 측 인사들이 실권을 장악하자 건국이념의 공동
화(空洞化)에 대해 다치바나시 라키(橘樸) 등과 함께 저항했다.[65] 이후

63) 陳鵬仁, 앞의 책, 309쪽.
64) 影佐禎昭, 앞의 책, 68~69쪽.
65) 王屏,『近代日本的亞細亞主義』(北京 : 商務印書館, 2004), 187~195쪽.

군부 주도의 '아시아' 정책과 그에 동조하지 못한 '아시아주의자'와의
사이에는 일정한 대립 구도가 잠복해 있었다. 이미 지적한 바 있듯이
우메키칸을 이끈 가게사 사다아키는 바로 이시하라 간지의 영향을 받
은 인물이었다. 그는 루거우치아오 사건 이후 이시하라가 제1부장으로
있던 참모본부의 지나과장(支那課長)으로 파견된 뒤 그 영향을 받아
온건한 대외정책의 입장을 보이게 되었다고 평가되고 있었다.[66] 왕징
웨이 측에 가게사 사다아키를 연결해 준 니시 요시아키도 그를 다른
'정치군인'과 구별해서 높이 평가했던 것으로 알려져 있다.[67]

이렇게 볼 때, 일본 동아시아론 내의 대립적인 두 집단은, 왕징웨이
에 대한 공작에서 그 역할을 적절히 배분받았던 것으로 생각해 볼 수
있다. 말하자면 대중국 정책에서 강경, 온건 성향의 두 집단이 각기 그
정책의 입안과 실행으로 그 역할을 분담하는 형태를 이루게 되었던 것
이다. 이는 결과적으로 왕징웨이 측과의 교섭, 협상 과정에서 군부가
주도하는 강경한 대중국 정책이 격한 저항을 회피하면서 관철될 수 있
도록 하는 데 도움이 되었다.

그 과정에서 특히 가게사 사다아키의 역할은 좀 더 세밀히 검토해
볼 필요가 있다. 당시 그는 흥아원의 교섭 원안에 대해서 미스즈 등 우
메키칸 내에 반발이 제기되는 상황에서, "중·일 관계 조정 방침을 기
초했고 중·일 관계에 대해 공정하고 정확한 견해를 가진 호리바(堀
場) 중좌도 이런 원안을 가지고 올 수밖에 없다는 것은, 일본에 단견적
인 강경론이 절대적 우세를 점하고 있다는 것을 충분히 설명해준다.

---

66) 그는 루거우치아오 사건에 대해 군 수뇌부가 불확대방침을 취했다고 하면서,
   특히 이시하라 간지는 그 분규를 중지하기 위해서 일본군이 동북과 화북의
   경계 이북으로 후퇴할 수 있다고 생각했다고 말하고 있다(影佐禎昭, 앞의 책,
   14쪽).
67) 陳鵬仁, 앞의 책, 284~285쪽.

이런 상황 하에서 설사 원안을 돌려보내더라도 그 결과는 예상할 수 있다"고 하면서 그것을 교섭 원안으로 일단 수용하도록 만들었다.[68] 의도했건 안 했건 간에, 그는 일본의 강경, 온건 두 집단을 매개하는 역할을 적절히 수행했다고 할 수 있다. 그가 일본의 왕징웨이 공작에서 어떤 역할을 부여받았던 것인지는 좀 더 충분한 검토가 필요하다.

우메키칸을 둘러싼 이러한 일본 동아시아론의 배치 구도는, 왕징웨이 집단이 그 화평론의 실현에 어떻게 그런 강한 기대를 가지게 되었는지를 어느 정도 설명해준다. 말하자면 그들은 중국 정책에서 온건한 입장을 취했던 우메키칸 성원들을 통해 일본의 입장을 접하면서, 일본의 강경론 집단에 대해 상대적으로 경계감을 강하게 가지지 않고[69] 중국의 주권을 확보할 수 있을 것이라는 기대를 했던 것이 아닌가 생각된다. 그들은 일본의 두 동아시아론이 만들어 놓은 편차 속에서,[70] 그들 화평론에 내포된 동아신질서론과 대아시아주의라는 두 동아시아론의 편차를 좁힐 수 있을 것이라는 기대감을 키우게 되었던 것이다. 그렇지만 그것은, 의도했던 것이던 아니던 간에, 일본의 '모략' 속에 배치되었던 함정일 위험성이 농후했다.

---

68) 影佐禎昭, 앞의 책, 44쪽.

69) 본래 고노에 수상을 비롯해서 육군의 대부분 장관들은 왕징웨이를 신뢰하지 않는 입장이었지만 왕징웨이는 고노에와 회담 뒤에 그러한 일본 측의 입장을 거의 인식하지 못했던 것으로 보인다(原田熊雄, 앞의 책, 第7卷 233쪽 ; 第8卷 6쪽 ; 陳鵬仁, 앞의 책, 318쪽).

70) 이러한 편차는 이 시기 일본 동아시아론 자체의 한계를 보여주는 것이기도 하다. 미키 기요시(三木淸)는 1939년 12월 왕징웨이에게 보낸 공개서한에서 "동아협동체의 건설이야말로 중국의 독립 자유를 확보하는 길이라는 사실을 알지 않으면 안 됩니다"라고 한 것처럼 동아협동체론 속에서 중국 독립 자유에 대한 기대를 키우고 있지만, 그러한 의도와는 다르게 그의 동아시아론은 "시무(時務)"에의 참여를 통해 현실적으로는 일본 제국의 '동아신질서' 기획에 복무하는 역할을 담당했다고 할 수 있다(三木淸,「汪兆銘氏に寄巢す」,『中央公論』1939.12.(『三木淸全集』15卷, 東京 : 岩波書店, 1967, 392~393쪽).

IV. 맺음말

한 일본학자는 '확장된 내셔널리즘'으로서의 아시아주의가 '동양'
내지 '동아'라는 개념으로 전쟁이나 식민지 지배를 얼마나 정당화해
왔는가에 놀라워해야 한다고 지적했다.[71] 그에 따르면 일본이 이웃나
라를 침략하고 지배하는 과정에서 제시한 '아시아주의'는 초국민국가
론이 아니라 국민국가론의 연장이었다. 사실 왕징웨이 집단이 일본과
화평을 교섭하면서 수용해야 했던 동아신질서의 '동아'는 일본의 국체
를 동아시아를 무대로 확장한 지역 개념이라고 해도 무방할 것이다.

왕징웨이 화평론의 동아시아론 역시 중국의 국민국가적 이해를 일
정 반영하고 있다. 본문에서 살펴보았듯이, 왕징웨이는 일본의 동아신
질서론을 수용하고 해석하는 과정에서 쑨원의 대아시아주의를 끌어들
임으로써 두 개의 동아시아론을 내포하게 되었다. 이때 그가 두 동아
시아론을 화평론 속에 포함시킨 데는, 일본의 동아신질서 속에서 독립
국가로서 중국의 주권을 확보에 대한 기대가 작용했던 것으로 보인다.

그렇다고 한다면, 당시 왕징웨이 집단과 일본정부가 표면적으로 동
아시아론을 공유했던 것처럼 보이지만, 기실 양자의 관계 가운데는 국
민국가적 이해의 긴장 관계가 농후하게 존재한다고 할 수 있을 것이
다. 근대 동아시아에서 동아시아라는 지역 개념이 실체로서의 의미가
약하고 오히려 허구적 측면이 강했다고 할 때,[72] 양자가 공유했던 동
아시아론은 본래 취약한 토대 위에 서 있었다고도 할 수 있다.

실제로 왕징웨이가 동아시아론을 토대로 화평을 성취하는 것은 어

---

71) 山實信一, 「일본의 아시아주의와 아시아 學知」, 『대동문화연구』 제50집
    (2005), 62쪽.
72) 高柄翊, 「동아시아 나라들의 상호소원」, 『동아시아사의 전통과 변용』(서울 :
    문학과지성사, 1996).

려웠다. 일본의 동아신질서 속에서 중국의 주권이 확보될 수 있을지 여부는 그 화평론의 정당성 내지 성패를 결정하는 중요한 문제였지만, 그 정권 수립 과정에서 진행된 양측의 화평 교섭과 국교 조정 협상을 통해 볼 때 그것을 기대하는 것은 어려웠다. 중광탕회담에서 정권 수립 전 '내약' 체결에 이르는 과정에서 왕징웨이 측의 주권 확보 노력은 사실상 좌절되었다. 그럼에도 불구하고 그들이 일본의 동아신질서 속에서 주권 확보를 기대했던 데는, 당시 일본 동아시아론 내부의 분열 구도 속에 존재했던 공간이 개입되어 있었다. 특히 당시 그들이 주로 접촉했던 우메키칸의 인사들은 군부가 주도하는 일본정부의 강경론과 구별되는 온건한 대중국 정책의 입장을 취했던 사람들이었다. 그러한 일본 동아시아론 내부의 편차는 왕징웨이 화평론 내 두 동아시아론의 편차에 대응하는 측면이 있었다. 그들은 일본의 두 동아시아론 사이의 편차 속에서, 그들 화평론에 내포된 동아신질서론과 대아시아주의라는 두 동아시아론의 편차를 좁힐 수 있을 것이라는 기대감을 심었던 것이 아닌가 생각되는 것이다. 하지만 그러한 기대감의 토대는 매우 취약했고, 오히려 동아시아론의 매개를 통해서 일본 군부가 주도하는 강경한 대중국 정책이 왕징웨이 측에 관철되었다. 이런 측면에서 왕징웨이 화평론의 동아시아론과의 결합은, 일본의 모략이 관철되는 데 유효한 기반으로 활용되었다고 할 수 있다. 그렇다면 왕징웨이는 도덕적인 이유가 아니라 그 화평론 자체의 객관적 한계라는 점에서 '한젠(漢奸)'으로 비난받을 수밖에 없는 것인지도 모른다.

살펴보았듯이 왕징웨이의 화평론에서 동아시아론은 결코 공고한 토대가 될 수 있었다고 할 수 없다. 주지하듯이 동아시아론은 근대 동아시아 지역 내부로부터 발전해왔다. 그것은 서구적 의미의 동양론(오리엔탈리즘)과 달리 연대의식과 위기감을 특징으로 한다. 근대 서구의 압력 하에 성장한 연대의식과 위기감으로 인해, 이 지역민들에게 이러한 지역주의론은 비교적 쉽게 공유될 수 있었다. 그렇지만 그러한 실천적 과제에 비해 그 지역주의론이 공유할 수 있는 현실적 토대는 매우 취약했다고 할 수 있다. 이 점에서 왕징웨이 화평론의 동아시아론은, 지구화의 진행과 함께 일각에서 초국민국가론으로서 동아시아론이 활발히 제기되는 오늘날 상황에서, 그 동아시아론의 한계를 인식케 하는 데도 유효한 시사점을 제공하고 있다고 생각된다.

참고문헌

1. 자료 및 연구서

南京市檔案館 編,『審訊汪僞漢奸筆談(上)・(下)』(南京:江蘇古籍出版社, 1992).
大亞洲主義與東亞聯盟月刊社,『大亞洲主義與東亞聯盟』第1卷 第1期(1942. 7. 1).
王屛,『近代日本的亞細亞主義』(北京:商務印書館, 2004).
張生 等,『日僞關係研究:以華東地區爲中心』(南京:南京出版社, 2003).
陳鵬仁 譯著,『汪精衛降日秘檔』(聯經, 1999).
黃美眞・張雲 編,『汪精衛國民政府成立』(上海:上海人民出版社, 1984).
廣東省社會科學院歷史研究室・中國社會科學院近代史研究所中華民國史研究室・中山大學歷史系孫中山研究室 合編,『孫中山全集』第11卷・(北京:中華書局, 1987).
宣傳部 編印,『汪主席和平建國言論集』(1940. 10).
蔡德金 編注,『周佛海日記(上)・(下)』(北京:中國社會科學出版社, 1986).
David P. Barrett and Larry N. Shyu ed., *Chinese Collaboration with Japan 1932~1945 : The Limits of Accommodation* (Stanford University Press, 2001).

2. 연구논문

高柄翊,「동아시아 나라들의 상호소원」,『동아시아사의 전통과 변용』(서울:문학과지성사, 1996).
문명기,「비판의 무기와 무기의 비판」,『중국현대사연구』제11집(2001. 6).
문명기,「中日戰爭 초기(1937~39) 汪精衛派의 和平運動과 和平理論」,『동양사학연구』제71집(2000. 7).

朴尙洙, 「중일전쟁기 中國의 對日 '協力'(Collaboration)에 관한 연구 시각과 전망 - 구미학계를 중심으로 - 」, 歷史學硏究會, 『史叢』 第61號(2005. 9).

裵京漢, 「中日戰爭 시기 中國에서의 東亞聯盟運動과 汪精衛政權」, 『중국근현대사연구』 제21집(2004).

裵京漢, 「중일전쟁 시기의 汪精衛政權과 新民會」, 『동양사학연구』 제93집 (2005).

山寶信一, 「일본의 아시아주의와 아시아 學知」, 『대동문화연구』 제50집(2005).

황동연, 「중국현대사 이해의 문제점들과 그 극복의 전망」, 『중국현대사연구』 제10집(2000. 12).

황동연, 「포폄, 실증, 목적론」, 『중국현대사연구』 제12집(2001. 12).

王克文, 「戰爭與和平 : 試論汪政權的歷史地位」, 『國史館館刊』 22(臺北, 1997. 6).

劉傑, 「汪兆銘政權論」, 『支配と暴力』(東京 : 岩波書店, 2006).

李先明, 「華東淪陷區日, 汪關係的實態 - 以汪僞組府爲中心的考察」, 『貴州社會科學』 總198期, 第6期(2005. 11).

臧運祜, 「"興亞院"與戰時日本的"東亞新秩序"」, 『日本學刊』 2006年 第2期.

曾業英, 「簡評<戰爭與和平 : 試論汪政權的歷史地位>」, 『抗日戰爭硏究』 1999年 第1期.

胡春惠, 「汪精衛與"低調俱樂部"」, 『抗日戰爭硏究』 1999年 第1期.

三木淸, 「汪兆銘氏に寄巢す」, 『中央公論』 1939. 12.(『三木淸全集』 15卷, 東京 : 岩波書店, 1967).

Timothy Brook, "Collaborationist Nationalism in Wartime Occupied China", in *Nation Work : Asian Elites and National Identities*, ed. Timothy Brook and Andre Schmid (Ann Arbor : University of Michigan Press, 2000).

제3부
문화적 실천으로서의 반전

장용학 소설의 반전(反戰)인식과 개인주의적 아나키즘 특성연구[*]

최 성 실

I. 한국전쟁과 실존주의, 그리고 반전인식과 아나키즘

한국전쟁 이후 한국문학에 있어서 '전쟁'이란 소재 이상의 의미를 갖는다. 한국전쟁은 지난 경험(기억)의 차원에서 뿐만 아니라, 여전히 해결과제로서 남아 있는 역사적 실체다. 전후소설, 전쟁소설, 분단소설 등 이를 배경으로 한 소설의 하위 장르가 생겨날 정도로 한국문학사에서 전쟁은 중요한 사건이자 주제가 되고 있다.

사실상 전후소설에 대한 기존연구는 전쟁 경험과 트라우마에 맞추어져 있었고, 사상사적 차원에서는 주로 1950년대 유입된 서구 실존주의와 관련하여 이루어졌다.¹⁾ 실존주의로 표방되는 절망, 불안, 허무, 부조리 등이 전후문학의 주제로 부상한 것은 어떤 면에서 당연한 결과

* 본고는『우리말글』37(2006. 8)에 수록된 논문으로 단행본 체제에 맞춰 수정한 것이다.

1) 염무웅,「실존과 자유」,『한국현대문학전집』4(서울 : 신구문화사, 1967) ; 이철범,「장용학론」,『문학춘추』(서울 : 1965) ; 이재선,『현대한국소설사』(서울 : 민음사, 1991) ; 김윤식·김현,『한국문학사』(서울 : 민음사, 1972) ; 김용성,「장용학소설의 시간의식연구」,『한국학연구』(서울 : 인하대, 1991. 3) ; 김훈,「존재의 자각과 탐구」,『국어국문학』(서울 : 태학사, 1982, 12).

라고 할 수 있을 것이다. 1950년대 한국문학을 평가하는 데 있어서 실존주의와 불안, 휴머니즘을 함께 언급하지 않고서는 불가능하다는 인식이 지배적이었다는 것이다. "근대적인 개아가 전쟁, 집단에 의해서 말살되었을 때의 당연한 자아 사상으로서의 실존주의가 환영"[2] 받았던 것이다.

한국 전후문학은 그 내용의 질적·양적 수준과 무관하게 전쟁 자체에 대한 회의와 씻겨지지 않는 트라우마에 대한 강한 집착을 보였으며, 그것이 1950년대 한국에 수용되었던 프랑스 실존주의와 맞물렸던 것이다. 사르트르, 메를로퐁띠, 카뮈 등 1950년대 한국 전후문학에 지대한 영향을 끼쳤던 이들이 모두 전쟁 체험자이며, 사르트르의 경우에는 전쟁 포로이기도 했다는 것을 상기한다면 충분히 이해가 되는 부분일 것이다. 이렇게 유입된 서구 실존주의는 상당히 복합적이고 중층적인 역사적 산물이다. 그럼에도 불구하고 지금까지 전후문학과 실존주의에 관련한 연구들은 주로 이입양상에 논의의 초점을 두고 있어, 보다 내재적인 차원에서 특수성과 보편성의 길항, 혹은 봉합의 지점들에 대한 해석과 평가가 재대로 이루어지지 못했던 것도 부인할 수 없는 사실이다.

1950년대 한국전쟁은 프랑스 지식인들에게도 상당히 충격적인 일이었다. 제2차 세계대전 당시 전쟁 포로이기도 했던 사르트르는 한국전쟁에 대한 입장을 표명하는 동시에, 미국이 주도한 전쟁에 강하게 반발했고, 결국 완강한 공산주의자가 되기도 했다. 메를로퐁띠는 "북한을 사주하여 남한을 침공한 스탈린의 유죄성을 인정하면서(사르트르의 표현을 빌리자면), 한국전쟁을 계기로 반공주의자로 전향하게 된다."[3] 그

---

2) 고은, 「어느 실존주의자 작가의 체험」, 박창원 엮음, 『장용학문학전집 7』(서울 : 국학자료원, 2002), 6쪽.

3) 정명환 외, 「사르트르와 메를로퐁티의 이념논쟁과 한국전쟁」, 『프랑스지식인

는 소련을 미국과 마찬가지로 약탈국의 하나일 따름이라고 하면서 강력하게 비판했다. 그에게 있어서 1950년 한국전쟁은 "경찰국가, 약탈국가, 제국주의 국가의 모습을 가진 가면이 벗겨진 구소련의 실제 모습을 백일하에 드러내는 결정적인 계기"[4]가 되었던 것이다. 이들이 한국전쟁을 해석하고 평가한 부분에 관해서는 비판적인 이견이 있을 수 있다(사르트르는 이미 비판을 받은 바 있다). 그럼에도 불구하고 한국전쟁을 바라보는 이들의 공통점이 국가와 제도에 대한 강력한 반발과 지식인의 역할에 대한 중요성이었다는 사실은 다시 한번 상기할 필요가 있다.

특히 "'나'는 과연 누구인가"[5]와 같은 '주체'에 대한 관심, 그리고 이른바 휴머니즘이 부르주아 계급의 특권을 위한 이데올로기이며, 사회적 조건에 이미 사회적 불평등이 존재한다는 비판적인 인식은 사르트르에게만이 아니라 1950년대 한국작가에게도 중요한 인식론적 배경으로 작용한다. 지식인이 보편성을 지향해야 하지만 자신이 처한 환경과 상황에 따라 '특이화' 되어 있다는 사르트르의 주장은 되짚어 볼 필요가 있는 것이다(이것이 소위 그가 말하는 '특이적 보편성'[6]의 중요성이다). 이처럼 프랑스 실존주의를 받아들인 한국문학과 각 개별 작가의 특수성이란 무엇인가에 대한 연구는 전후 한국문학의 특수성과 보편성을 동시에 밝힐 수 있는 핵심적인 사안이 될 수도 있다는 것이다.

전후에 등장한 실존주의는 기본적으로 반전(反戰)사상으로부터 시작되었다고 해도 과언이 아닐 것이다. 이에 대한 구체적인 고민이 '나'(주체)란 무엇인가, '자유'란 무엇인가에 대한 것에 집중되었다는 사실이

　　들과 한국전쟁』(서울 : 민음사, 2004), 133쪽.
4) 정명환 외, 위의 책, 129쪽.
5) 정명환 외, 위의 책, 31쪽.
6) 정명환 외, 위의 책, 33쪽.

무엇을 의미하는 것인가에 대한 구체적인 논의가 반드시 이루어져야 한다.

지식인으로서 서로 이견을 갖고 있었으며, 신랄하게 논쟁을 벌인 적이 있음에도 불구하고, 사르트르와 메를로퐁띠가 끝까지 비판의 칼날을 놓지 않았던 국가주의, 제국주의 비판, 부르주아 휴머니즘 비판은 전후 한국문학을 해석하고 평가하는 것에도 중요한 의미를 갖고 있다는 것이다. 전쟁의 소용돌이 속에서 태어난 실존주의 문제가 단순하지 않은 것은 배경에 바로 이러한 복잡한 이면이 내재되어 있기 때문이다.

그러므로 그 복잡한 이면을 드러내는 '주체'와 '자유'에 대한 끊임없는 사유가 실존주의라는 거대담론 이전에 중요한 문제가 될 수 있다는 것이다. 그것은 실존주의의 보편성을 넘어서 개별적으로 존재하는 '개인'에 대한 인식론적 사유와 문학이 보여주고 있는 미학적 특수성 사이에서 길항하는 핵심적인 사안이다.

잘 알려져 있는 것처럼 사르트르나 카뮈 등 당시 한국 지성사에 지대한 영향을 끼쳤던 프랑스의 지식인들은 거의가 아나키스트였다. 그들이 제국주의와 국가주의적 폭력을 대변하는 전쟁에 강하게 반발하고, 비판하였던 것에는 아나키스트가 될 수밖에 없었던 지식인의 고뇌가 잠재되어 있다. 전쟁이 일어났을 때 가장 민감한 사회·정치적 이슈를 대변했던 운동의 대부분이 아나키즘적 사유와 밀접한 관련이 있다는 것은 흥미로운 사실이다. 특히 1960년대 베트남 전쟁이 한창이던 때 대학을 중심으로 일어난 반전운동은 국가의 계획과 통제를 비판했던 아나키즘 사상에 근거를 두고 촉발된 것이다.[7]

---

7) George Woodcock, *Anarchism : A History of Libertarian Ideas and Movment*, Harmonsworth, 1993, 280~286쪽 ; David Miller, *Anarchism*, London, 1984, 7~14쪽 ; Taylor, M, *Community, Anarchy And Liberty* (Cambridge University Press, 1982), 34

이런 면에서 본다면 그들에게 탐구의 대상이자 인식의 근원으로 작용했던 실존주의는 말 그대로 보편성과 특수성이 공존하는 당시 '뜨거운 감자' 중의 하나였던 것이다. 그러므로 사르트르를 비롯한 실존주의 철학, 문학을 언급하면서 죽음과 '불안'과 '허무주의'라는 징후에만 천착하는 것은 이들 문학의 해석지평을 좁히는 결과를 가져올 수도 있다는 것이다. 반전인식에 기반을 둔 이들 사유의 또 다른 근거지에는 프랑스 지식인의 역사가 녹아 있고, 그들의 특수성이 자리하고 있는 것이다.[8]

이러한 사실을 염두에 둔다면 1950년대 한국문학과 실존주의 문제는 불안과 허무주의뿐만 아니라 반전사상(反戰思想), 반국가주의, 아나키즘, 개인, 주체, 자유, (안티)휴머니즘 등 다층적인 차원에서 입체적으로 접근할 필요가 있다. 이는 반전사상과 실존주의, 그리고 실존주의를 인식론적 기반으로 하는 문학작품을 보다 다층적으로 조망하고, 이를 통해 한국문학에 있어서 반전사상과 실존주의의 특수성이 만나는 지점은 어디이며, '지금' 우리에게 어떠한 의미를 던져주고 있는가에 대한 현재적 해석을 통해서 이루어질 것이다.

사실 이러한 면에서 장용학 소설은 상당히 문제적인 지점에 놓여 있다. 누구보다 강력한 실존주의의 영향을 받았으면서도, 실존주의를 단순하게 이해하지 않고 한국전쟁 이후 한국적 특수성을 통해 미학적 차원에서 반전(反戰)문제에 천착하였던 작가가 바로 장용학이다. 다시 말해서 그의 소설은 전쟁을 배경으로 한 다른 소설들 보다 이러한 다층적인 층위들을 끌어안고 있는 전후문학의 '상징'이기도 하다. 전쟁의 피해의식을 단순한 트라우마나 허무주의로 치환하지 않으면서, 주체형

~46쪽.
8) 그런 면에서 본다면 앞서 언급한 정명환 외 여러 필자들이 집필한 『프랑스 지식인들과 한국전쟁』은 의미 있는 연구 성과물이라고 생각한다.

성과 자유, 개인적 윤리의 문제로 심화시키고 있으며, 나가서 반전의 문학적 실천의 가능성을 잘 보여주고 있는 것이 장용학 문학의 감수성 이자 전후(戰後) 한국문학의 특수성이기도 한 것이다.

II. 전후문학의 운명 – 보편성에서 특수성으로 나아가기

한국문학사에서 장용학 소설에 대해서 "리얼리즘에서 비껴난 한갓 알레고리로 되지 않으면 안 되었다. 보편적인 것에서 개별성에로 나아 가기, 그것이 알레고리의 방법론이었다. 개별성(특수성)에서 보편성에 로 나아가기인 리얼리즘이란 그에겐 생심도 할 수 없었다. 여기에 전 후소설의 최대특징이자 특권적인 비밀이 잠겨있다"9)라고 언급한 것은 상당히 중요한 의미를 갖는다. 다시 말해 "전후소설의 최대특징이자 특권적인 비밀"이 보편성에서 개별성에로 나아가기에 있다는 것인데, 이는 리얼리즘으로 불가능한 현실 재현의 또 다른 돌파구를 찾았던 장 용학 소설의 특수성이라는 것이다.

리얼리즘이란 생각도 할 수 없었던 세대의 작가란 1950년대 전쟁과 맞대면해야 했던 특수성을 껴안고 보편적인 세계인식으로 돌진해야 하는 암담한 현실에 놓여 있었음을 의미한다. 루카치 식으로 말하면 이제 하늘의 별을 보고 갈 길을 정할 수 있었던 시대의 희망과 행복은 끝이 난 것이다.

장용학, "그는 표면적으로 평범한 반면 지옥을 껴안고 있고, 비도덕 적 관능의 섬유질로 내면이 만들어져 있"으며, "그의 내면이야말로 어 느 문학지망자보다 가학적인 데카당스로 충만되어 있다"는 것과 "그가 다른 것을 모방하지 않고 썼다면 그는 천재다(이봉래)"10)라는 언급을

---

9) 김윤식, 『소설과 현장비평』(서울 : 새미, 1994), 274쪽.

통해서도 전후(戰後) 문학사에서 장용학의 위치를 짐작해 볼 수 있을 것이다.

장용학 소설이 실존주의 영향 아래 있었고, 사르트르, 도스토예프스키 문학과 밀접한 상관성이 있다는 것은 이미 잘 알려져 있는 사실이다. 중요한 것은 장용학 소설에서 실존주의가 어떠한 방식으로 구현되고 있는가에 대한 구체적인 표상을 따져보는 일일 것이다. '장용학은 실존주의 문학으로부터 무엇을 얻고자 했는가'라는 질문으로부터 장용학 소설에 대한 논의는 다시 시작되어야 한다는 것이다.

전후 실존주의와 리얼리즘, 모더니즘으로 귀결되는 장용학 소설의 보편적 층위가 아니라 이것이 해체된 특수한 문학적 실체에 대한 고민이 선행되어야 한다는 것이다. 즉 장용학 소설이 실존주의 사상 혹은 실존주의 문학을 얼마나 농도 짙게 수용하고 있는가의 문제보다는, 이를 통해 궁극적으로 말하고자 했던 소설적 진정성이 무엇이었는가에 대한 면밀한 검토가 필요하다는 것이다. 실존주의가 단순히 철학사조의 일환으로서가 아니라 1차 세계대전이라는 '전쟁체험'과 밀접한 관련이 있다는 사실에 대해서는 새삼 다시 언급할 필요조차 없을 것이다. 당시 실존주의를 받아들인 입장이 서구의 실존주의를 제대로 이해하고 있었는가, 아닌가의 문제도 물론 중요한 것이다.

그러나 이보다 더 중요한 것은 실존주의를 문학적 형상화의 방법론 혹은 인식론으로 받아들이면서 과연 작가들은 당시 한국의 전후 상황과 자신들이 처해 있는 실존적 현실을 어떠한 방식으로 드러내고자 했는가에 대한 언급, 다시 말하면 언어를 통해 표상화된 소설의 욕망과 작가의 욕망에 대한 구체적이고 특수한 논의가 필요하다는 것이다. 그것은 보편성을 통해 특수성을 어우르려는 미학적 논리와는 또 다른 차

---

10) 고은, 앞의 글, 50쪽.

원에서 특수성을 통해 보편성으로 나가고자 하는 미학적 욕망의 구현일 수도 있다는 것이다.

사실 장용학은『허구의 나라 일본』에서 그가 문학적 언어로 미처 구체화시키지 못한 전쟁에 대해 신랄한 비판을 전개한 바 있다. 1·2차 세계대전을 바라보는 그의 시각에는 제국주의와 국가주의에 대한 혐오와 그 안에서 오용되고 있는 휴머니즘의 허상을 낱낱이 고발하고 있다. 물론 장용학 소설에 관념적이고 상징적이며 우화적인 부분이 존재한다. 그러나 장용학 소설에 등장하는 관념적이고 상징적인 서술과 더불어『허구의 나라 일본』에서 보여주고 있는 지극히 구체적인 현실인식에 대해서도 함께 언급해야 한다. 사실 그의 소설과 단상적 비평에는 현실에 대한 리얼리티의 포기라는 수동적인 인식이 아니라, 우화적인 언어의 다중성으로 표현하지 않으면 안 되는 '현실'이 존재하고 있었던 것이다.

이 연구논문에서는 장용학의 연작소설을 중심으로 그의 작가적 자의식이 반전 의식을 필두로 어떻게 개인과 주체, 자유와 윤리의 문제로 구체화되는가를 살펴보고자 한다. 이를 통해 주체의 형성과정과 자유의 문제에 전착했던 장용학 소설의 특성이 한국문학에 반전 의식의 특수성과 보편성과 어떻게 길항하는가를 연구해 보고자 하는 것이다. 뿐만 아니라 장용학 소설의 미학적 리얼리티를 움직이는 욕망의 기저에 개인주의적 아나키즘의 창작방법론이 작동하고 있다는 사실을 밝힘으로써, 전후문학에서 반전인식의 실체를 보다 분명하게 규정해 보고자 한다.

III. 규범적 권력과 '응시'-강박증과 히스테리의 징후들

장용학 <요한시집>[11]의 지호는 정신적 강박증에 시달린다. 이러한 주인공의 특성을 먼저 언급하는 것은 그의 소설 대부분이 이런 강박증이나 히스테리에 시달리는 인물의 의식에 대한 기술로부터 시작되기 때문이다. 그리고 이처럼 정상적인 일상생활을 하지 못하는 인물의 정신적 편린들이 장용학 소설의 서사적 중심에 놓여 있다. 사실 일상적인 차원에서 정상적인 생활을 하는 사람들이 등장하지 않기 때문에, 그의 소설에서 정상인과 비정상인을 구별하는 것조차가 의미 없는 것이다. 정상인과 비정상인의 구분을 희석시키는 장용학의 서사적 전략은 의미가 없는 것이다, 하지만 그들의 시선에서 상황을 해석하고 이해한다면 너무도 당연한 공포이고 지극히 정상적인 반응임을 알 수 있다.

<요한시집>, <비인탄생>, <역성서설>에 등장하는 주요 인물들은 일상적 차원에서 본다면 다들 제정신이 아니다. 이들은 주로 '이미 주어져 있는 것'에 대해 거부감을 일으키며 자살을 하거나 환각 증상을 보인다. 재미있는 것은 소설의 주인공 격인 '나', '지호', '삼수'는 결코 자살을 하거나 환상, 환각에만 몰입하지 않는다. 이들은 오히려 규범적이고 권위적이며, 제도적인 국가와 전체의 응시 대상으로 존재한다. '나'(지호이기도 하고 삼수이기도 한)만이 죽고 싶어도 죽지 못하며, 미치고 싶지만 미치지 못한다. 그리고 인간과 초인의 경계선에서 버틴다. 장용학 소설에서 '나'만이 유일하게 그 경계선에 있으며, 보이지 않는 응시의 실체와 갈등하며 고통스럽게 대결하고 있는 것이다.

---

11) 본고에서 인용하는 장용학 소설은 『장용학』(서울 : 동아출판사, 1995)을 출처로 한다. 이하 작품 인용은 <요한 시집>은 '요한', <비인탄생>은 '비인', <역성서설>은 '역성'으로 표기하며, 쪽 수를 명기한다.

어느 날 아침 조회 때, 천 명이나 되는 학생들의 가슴에 달려 있는
단추가 모두 다섯 개씩이라는 것을 발견하고 현기증을 느꼈다. 무서운
사실이었다. 주위를 살펴보니 주위는 모두 그런 무서운 사실 투성이었
다. 어느 집에나 창문이 있고, 모든 연필은 다 기름한 모양을 했다. 모
든 눈은 다 눈썹 아래에 있었다. 그래서 나는 상급생을 보면 신이 나서
모자에 손을 갖다 붙였다. (요한, 332)

그가 거부하고 싶었던 것은 이름 붙여진 것들, 명명된 것들이었다.
장용학이 가장 힘들어 비판하고 있는 것은 '명목(名目)'이다. 이름은
논리라는 조작에 의해 인간을 실체와 떼어 놓는다. 그는 명목을 인간
적(人間的)이라는 관형사로, 실체를 인간(人間)이라는 관념어로 표상한
다. 심지어 "自由, 平等, 平和, 正義 등등의 모든 관념적인 어휘들을
허구라고 생각하며, 진정한 인간이 되기 위해서는 모든 위장"을 벗어
버리지 않으면 안 된다고 주장한다. "어눌한 문체, 관념적인 地文, 관
능, 近親相姦, 그리고 이데올로기의 희극성 등이 범벅이 되어 있는 그
의 소설은 인간의 이데아를 찾으려는 그의 플라톤주의의 극단적인 표
현"이나, 이는 "삶은 名目과 반대되는 것이 아니라, 그것을 만들어내는
실체라는 것을 역설적으로 입증"하는 것이며, "그의 소설에는 그 어느
다른 소설가에게서도 볼 수 없는 강렬한 비판의식"[12]이 드러나 있는
것이다.

이름 붙여진 것들에 대한 지호의 강박증은 학창시절부터 시작되었
다. 하지만 구체적으로 자신이 왜 나란히 달려 있는 단추 때문에 공포
에 떨어야 하는지, 모든 집에 다 창문이 달려 있다는 사실이 왜 무섭
고, 공포의 대상이 되는지에 대해서 알지 못한다. 어린 지호는 그저 시
키는 대로, 지식(앎)에 의존하여 반응할 뿐이다.

---

12) 김윤식 · 김 현, 『韓國文學史』(서울 : 민음사, 1973), 254~255쪽.

엄밀하게 말해서 이 시기 지호의 현기증과 무서움은 보이지 않는 규칙과 낯선 규범에 대한 반응이었다. "진화론 강의를 듣고 대학을 졸업했다. '우연(偶然)'이 강자(强者)라는 것을 아직 몰랐고, 따라서 존재가 죄악이라는 것도 깨닫지 못했다. 다만 두 개의 세포로 분열된 나의 그림자를 물끄러미 내려다보고 있는 나를 거울 속에 느꼈을 뿐이다."(요한, 333). 그 이후 전쟁이 터졌고 지호는 급기야 전쟁 포로가 되기에 이른다. "돌아보니 섬은 포수의 자루처럼 수평선에 던져져 있었다. 한 줌의 평화도 없이 비바람에 훑이고 씻긴 용암의 잔해. 한류와 난류가 부딪쳐서 뒹구는 현대사의 맷돌이었다. 그 바위처럼 누르는 돌 틈에 끼어, 찢어지고 으스러져 흘러 떨어지는 인간의 분말. 인류사의 오산(誤算)이 피에 묻혀 맴도는 카오스!"(요한, 316)일 뿐인 곳, 바로 거제도 수용소에 끌려오게 된 것이다.

　　그것은 이 년 전 어느 일요일이었다.
　　발광한 이리떼처럼 '괴로군'은 일요일을 잘 지키는 '미군'의 진지로 돌입하였다. 여기저기 흩어져 있는 레이션 상자 속에는 먹다 남은 칠면조의 찌꺼기가 들어 있는 것도 있었다. 정치 보위국 장교는 그것은 '일요일의 선물'이라고 하였다. 그들은 뭐든지 어떤 한 가지를 모든 것에 결부시켜서 종내는 그것을 말살시켜 버리는 것이었다. '일요일의 공세'. '승리의 일요일', '일요일의 후퇴'……'일요일 휴가' '인민'도 그랬고 '자유'도 그랬고 '마르크시즘'도 그렇게 해서 지워버리는 것이었다. 우리 의용군 고아들은 한 손에 닭다리를, 한 손에 수류탄을 움켜쥐고 '50년 전의 자본주의'를 향하여 만세 공격을 되풀이하였다. (요한, 314)

"뭐든지 어떤 한 가지를 모든 것에 결부시켜서 종내는 그것을 말살시켜버리는 것", 지호는 전쟁 포로가 되고서야 교화와 훈련에 의해서 통제되는 훈육(disciplinary)의 공간이 어떻게 일상에 존재하는가에 대해서 깨닫기 시작한다. 누구를 위한 전쟁이고 무엇을 위한 싸움인지 모르게 되어버린 상황 속에서 자신을 괴롭히는 것은 인간의 목소리가 아닌 괴물의 구호일 뿐이다.

구호가 되어버린 꿈과 희망은 아무런 의미를 갖지 못한다. 지호가 속해 있는 거제도 수용소의 풍경은 환상이거나 환각적인 것이 아니다. 지극히 리얼한 현실이었던 것이다. 장용학 소설에서 과장되고 그로테스크한 수사적 기교는 머릿속에서 언어로 재구성되어 펼쳐지는 지극히 현실적인 '장면'이다. 기괴하게 일그러진 언어적 표상이 아니고서는 도저히 담아 낼 수 없는 형상화 이전, 감각의 파노라마인 것이다.

거제도 수용소는 살기 위해서 죽이고 고발하는 야만적 폭력 그 자체였으며, 권위적 '응시'의 대상들로 넘쳐 나는 지옥이었다.[13]

> 미군은 수용소 내부에서 몇 백 명의 살인 사건, 린치 사건을 일으켜도 그것을 알 수 없었다. 그 안에서 반공포로들은 지리멸렬했다. 반공포로에 포함된 작가를 제외하고는 단결력이 없었고 단결의 지도자도 없었다. 그래서 좌익분자에게 밀고해서 저 자신의 급식에 만족한 배당을 받는 배신자도 있었다. <요한시집>에서 자유를 매도하는 것도 그 때문인지 모른다. 철저한 집단체제의 좌익포로들에 대해서 반공포로는 무능했다. 특히 반공포로는 포로라고 할 수 없는 민간인이 대부분이었다. 대학교수에서부터 나무꾼까지 잘못 붙잡혀 와서 포로로 낙인찍힌 것이다. 앞에서 말한 9세의 반공포로가 그것을 입증한다.[14]

어디를 가도 출구가 보이지 않는 포로수용소의 생활은 급기야 지호의 분열증을 가속화시킨다. 자유라는 것도 결국은 더 이상 출구가 보이지 않을 때 외쳐대는 관념적 허상이라는 생각이 지호를 집요하게 괴

---

13) Foucault, Michel. *The Foucault Reader*, Ed. (NY : Pantheon, 1984), 340쪽.
14) 고은, 앞의 글, 50쪽.

롭히는 것이다. "마음은 그렇게 뛰는데 그의 발은 움직여지지 않아합니다. 바깥 세계는 이때까지 생각한 것처럼 그저 좋기만 한 곳 같지 않아지게도 생각되는 것이었습니다. 훗날, 그때 도로 돌아갔더라면 얼마나 좋았을까 하고 얼마나 후회를 했는지 모릅니다만, 그러나 그때 누가 있어 '도로 돌아가라' 했다면 그는 본능적으로 '자유(自由) 아니면 죽음을! 하는 감상적인 포즈"(요한, 308)를 취했을 것이라는 발언에서 알 수 있는 것은 '자유'에 대한 믿음이 아니라 엄밀하게 말하면, 이에 대한 강한 '불신감'이다. 자유를 믿고 외쳐대는 것 자체가 낭만적 유토피아를 그리는 어리석은 짓임을 지호는 순간 직감했던 것이다. 이곳에서 그가 할 수 있는 일이란 아무것도 없었다. 그는 국가와 권력의 응시 대상에 불과하며, 앞으로도 완벽하게 그 시선으로부터 벗어날 수는 없을 것이란 사실을 알고 있었던 것이다.

　　얼마 후, 나는 요기저기 살이 찢어져 피를 줄줄 흘리면서 닭다리를 손에 꼭 쥔 채로 '일요일의 포로'가 된 동호를 거기서 발견했다. 가슴에 걸린 'P·W'라는 꼬리표를 턱 아래 보았을 때 동호의 눈에서는 서러운 눈물이 수없이 흘러 떨어졌다. 턱받이, 침을 흘리던 어린 시절의 그리운 눈물이 그 꼬리표를 적셨다. 거기에 서 있는 것은 어린애였다. 턱받이를 한 어린애였다. 그가 거기 서 있었다. 이방(異邦)의 어린애가 거기 멍하니 서 있었다. 이 나와 저 나를 같은 나로 느낄 확고한 근거는 없었다. 나는 나를 나라고 서슴지 않고 부를 수가 없었다. 발도 손도, 기쁨도 슬픔도 나의 것 같지 않았다. 나의 몸에 붙어 있으니까 마지못해 나의 것으로 해두고 있는 것에 지나지 않는 것 같았다. 그래서 나의 집에서는 나는 손님에 지나지 않았다. 나의 옷을 입었으면서도 나는 내가 아니었다. 누가 내 대신을 하고 있는 것이었다. (요한, 315)

이처럼 응시의 강도를 강하게 느낄수록 지호의 정신세계는 더욱 분열되어간다. 이제 '나'는 '나'를 더 이상 '나'라고 부를 수 없게 되었다. 손도 발도, 그러니까 육체도 이미 나의 것이 아닌 것이다. 몸에 붙어 있다는 형상만을 감지할 수 있을 뿐이다. 정신과 육체가 자신에게 속해 있지 않다는 이 감각은 어린 시절 운동장에서 느꼈던 공포와 두려움의 실체가 무엇이었는가를 깨닫게 해주는 것이기도 하다. 전쟁이 가져다 준 충격은 단지 핍진한 생활, 죽음에 대한 두려움, 살고자 하는 욕망으로 귀결되지 않는다. 급기야는 자신보다 먼저 죽어간 인간의 마지막까지를 지켜봐야 하는 저주를 감당해야 하는 운명에 처하게 된다.

아래 인용문은 철조망에 목을 매어 자살한 누혜의 유서 중에 일부다. 이 글에서 그가 끝까지 견뎌내지 못한 것이 무엇인지 알 수 있다. 자유가 주어지고 나니 거기에 노예가 되어버린 상황. 자유의 노예가 되고 나니 이로부터 자유로울 수 없다는 현실은 그를 더욱 막막하게 했다.

> 나는 인민의 벗이 됨으로써 재생하려고 했다. 당에 들어갔다. 당에 들어가 보니 인민은 거기에 없고 인민의 적을 죽임으로써 인민을 만들어내고 있었다. (중략) 포로가 되었다. 외로웠다. 저 복도에서처럼 나는 외로웠다. 직원실로 내려다보는 안경도 거기에 없었다. 그 외로움은 절망 속에서 나는 생활의 새 양식을 찾아냈다. 노예. 새로운 자유인을 나는 노예에서 보았다. 차라리 노예인 것이 자유스러웠다. 부자유를 자유의사로 받아들이고 이 제삼노예가 현대의 영웅이라는 안식에 도달했다. 그 인식은 내 호흡과 꼭 맞았다. (중략) 그 노예도 자유인이 아니라 자유의 노예였다. 자유가 있는 한 인간은 노예여야 했다. 자유도 하나의 숫자. 구속이었고, 강제다. 극복되어야 할 그 무엇이었다. '뒤'의 것이었다! 신(神), 영원(永遠)…… 자유에서 빚어져 생긴 이러한 '뒤에서 온 설명'을 가지고 '앞으로 올 생을 잰다는 것은 하나의 도살이요, 모독(冒瀆)이다. 생은 설명이 아니라 권리였다! 미신이 아니라 의욕이었다! 생을 살리는 오직 하나의 길은 신, 영원……자유

가 죽는 것이다. '자유' 그것은 진실로 그 뒤에 올 그 무슨 '진자(眞者)'를 위하
여 길을 외치는 예언자, 그 신발 끈을 매어주고, 칼에 맞아 길가에 쓰러질 요
한에 지나지 않았다! (요한, 334~335. 강조 필자)

그에게 당은 과연 무엇이었나. 인민의 동지가 되고자 선택했던 당은
인민의 적을 죽임으로써 인민을 만들어내는 거대 집단에 불과한 것이
었다. 전쟁은 적을 죽임으로써 만들어낸 인물들을 인형으로 내세워 피
바다를 이루게 한 그들의 명분이었던 것이다. 전쟁 포로인 '나'에게 주
어진 자유는 이미 죽어버린 자유였다. 노예에 불과한 자신에게 자유란
엄청난 구속과 다름없는 것이었다.

푸코에 의하면 자유란 행동할 수 있는 주체에게만 주어지는 것이다.
권력관계는 항상 행동할 수 있는 능력 때문에 행동하는 주체와의 관계
속에서 생겨난다. 행동하는 주체는 자유롭다. 따라서 권력은 자유로운
주체에 대해서만, 그리고 주체가 자유로운 한에서만 주체에게 행사되
는 것이다. 즉 주체들이 자유롭지 않으면 권력관계란 있을 수 없다는
것이다. 만약에 주체의 자유가 박탈된다면, 권력관계도 존재하지 않는
다. 따라서 자유란 권력행사를 위한 조건이 되는 것이다.[15] 권력이 항
상 행동하는 주체를 상정한다면 당연히 권력관계 안에 저항과 투쟁 역
시 포함되어 있다고 보아야 한다. 자유를 갈망하는 쪽에서 완고하게
반항한다면 저항의 도피처, 혹은 수단을 배제한 권력관계란 있을 수
없다는 것이다. 그러므로 문제는 주체가 어떻게 권력에 맞서 도피하고
행동하는가에 있다는 것이다.

15) 양석원, 「미셀 푸코 이론에서의 주체와 권력 : 응시의 개념을 중심으로」, 『비
평과 이론』(서울 : 이론과 실천, 2003, 봄·여름호), 53~55쪽 ; Foucault, Michel,
The Archaeology of Knowledge, Trans, A. M Sheridan Smith (NY : Phantheon, 1972) 참
조.

사실 누혜는 행동할 수 없는 주체로, 포로였으며 언제 죽을지도 모르는 운명에 처해 있었다. 그런 그에게 주어진 자유란 오히려 생에 대한 모독이었고, 저항할 수 없게 만드는 족쇄였던 것이다. 그의 자살은 도저히 저항할 수 없는 자, 행동할 수 없는 주체가 선택할 수밖에 없는 저항이었고, 행동이었던 것이다. 현실의 어떠한 것도 개인을 주체로 인지할 수 있게 할 수 없었던 것이다.

그러나 지호는 누혜와는 달랐다. 지호는 누혜처럼 죽지 못한다. 죽음만이 자유를 쟁취할 수 있는 마지막 길이라는 사실을 모르지 않지만 그것 또한 현실을 바로 보지 못하는 극단적인 행위에 불과하다는 것을 지호는 알고 있다. 행동하는 주체에게 작동하는 권력과 주어지는 자유란 단순한 방식으로 작동하지 않는다. "자유란 무거움과 설레임으로 떠 안겨진 또 다른 포로수용소로 가는 문에 불과한 것"이었다. 바로 이러한 상황에도 그럼에도 불구하고 지호는 살아가야 했던 것이다.

<비인탄생>은 인간 지호가 어떻게 주체로 형성되어 가는가, 그리고 인간이 스스로 자신을 어떻게 주체로 만들어 가는가에 관한 고민의 연장선에 있다. 인간해방을 명분으로 일어난 전쟁을 더욱 신랄하게 비판하는 방식은 트라우마를 곱씹으며 상처를 되새기는 것이 아니라, 오히려 권력이 작동하는 방식을 알고, 사회적으로 '만들어지는' 주체가 아니라 인간 스스로 자신을 주체로 만들어가는 것이다.

온전한 주체, 완성된 주체란 과연 있을 수 있는가. 국가와 전체적인 것의 응시로부터 우리는 과연 자유로울 수 있는가. 혹시 이 모든 것들도 이데올로기적 허상이며 우리에게 주어진 '이름'에 불과한 것은 아닌가. <비인탄생>은 그 질문에 답을 찾아가는 과정, 그 두 번째 단계에 해당한다.

IV. 자율적 주체의 탄생 – 초월적 주체의 부정, 광인으로 살아가기

<비인탄생>은 <요한시집>의 연장선에 있는 작품이다. <요한시집>과의 연속성을 위해서 작가는 소설 앞머리에 지호의 학교 공포증을 다시 상기시키고 있다. 장용학은 유달리 통치 국가에 의해서 결정되는 개인의 운명 비판에 강한 집착을 보이는데, 이는 전쟁에 대한 반발심과 제도적 통제로 대변되는 정치권력에 대한 저항 등과 밀접한 관련이 있다. 특징적인 것은 이에 대한 반발이 실제적인 의식에 의한 객관적인 외부 상황의 '사건'이라기보다는 내면적 독백에 가까운 무의식적 진술에 의존한다는 것이다. 전쟁이 끝나고 휴전이 된 상태에서도 자신의 운명, 개인의 운명까지 결정하는 '국가적인 것'에 대한 저항은 계속된다.

  아홉시 병(九時病)
  아홉시가 가까워 오면 배탈이 나는 아이가 있다. 아홉시는 아동들이 학교에 가는 시간이다. (중략) 그렇게 자란 아이는 군대에 들어갔다. 비 오는 날 탄약고 같은 데 보초를 서라면 배탈이 났다. 전쟁이 일어나서 일선으로 나갔다. 작전 명령만이 내리면 배탈이 났다. 의심을 품은 중대장은 군의(軍醫)에게 철저히 진찰을 받게 했다. 배는 정말 아픈 것이다. 홀로 벙커에 남은 그의 눈에서는 두 줄기 눈물이 흘러내렸다. 비겁한 자! 전우에 대하여, 조국에 대하여 자기는 배신자인 것이다! 인간을 모독하고 있는 것이다. 그러나 어찌할 도리가 없는 것이다. 무슨 명령만 내리면 뱃속에서 벨이 비비 꼬여들면서 꼼짝할 수 없는 것이다. (중략) 전쟁은 끝났다. 군대에서 제대한 그는 은행에 취직했다. 숫자만 보면 배탈이 나는 것이었다. 학교로 직장을 바꾸었다. '질문 있습니다' 하는 소리만 들으면 배탈이 났다. 배를 부둥켜안고서라도 직업이라는 것

을 가지고 있어야 했다. 그러는 사이에 그는 배탈의 아픔을 느끼지 않
게 되었다. 그의 생리는 배탈에 아주 물들어 버린 것이다. 건강체가 된
것이다. 모든 사람은 말하자면 그런 건강인지도 모른다. 그렇다면 그들
은 지금 무슨 아홉시 병에 걸려 있는 것인가?…… (비인, 304~341)

학교와 전쟁터에서 반복적으로 일어난 배탈은 어떤 의미가 있는가.
특히 전쟁터에서 더 극단적으로 시달리는 이 아픔에 대한 강박증은 어
디서부터 비롯된 것일까. "내부에서 바라본다면 그것은 화가로서 커다
란 정신적 외상(外傷)을 입은 노이로제 환자의 기록"이며 일명 "아홉시
병의 우화에는 적어도 두 가지 정도의 의미가 숨겨져 있다. 먼저 내면
에서 보면 노이로제 환자의 병상기록"16)이다. 그가 환자의 언어로 발
설하고 있는 것은 불명료하고 혼란스럽고 비합리적인 소용돌이가 아
니다.

오히려 내가 '나 자신을 선택할 수 있게' 해 주는 결정의 행위를 대
변하는 것이며 의식의 토대가 되는 것이다. 나의 의지 속에 속하지 않
은 것처럼 보이지만 사실은 자신을 드러내는 가장 고귀한 행동, 실존
주의자의 용어를 빌어 말하면 "나의 근본적인 프로젝트"17)인 것이다.
광인(狂人)의 말과 의식에 깊이 침잠하면서, 나는 점점 '나' 자신의 존
재에 대한 확신을 잃어간다. 그러나 아이러니 하게도 그 순간 가장 순
수한 자신과 대면하게 된다.

"의식이 박탈당했다. 숫구멍에 말뚝이 박혀든 것 같다" (중략) 그 순
간 "난 지금 어디에 있어? 머리 위에 있는 건가? 호주머니 속에 들어가
있는 건가?……내가 너무 많아. 저기에 가도 있고, 여기에 가도 내가

---

16) 김윤식 · 김현, 앞의 책, 97쪽.
17) 슬라보예 지젝, 『무너지기 쉬운 절대성』(서울 : 인간사랑, 2004), 110쪽.

있다. 내가 가는 곳에 내가 없는 데가 없다. 어느 것이 낸지 분간할 수
가 없다. 모두가 나라는 것이다." (비인, 386~387)

그를 괴롭히는 것은 전쟁터에서 죽어가는 전우를 두고 자신만이 살
아남았다는 죄책감, 조국을 위해서 최선을 다하지 못한 군인이었다는
책임의식 등이다. 이런 자신의 태도를 인간에 대한 모독이라고 치부하
면서도 한편으로는 어찌할 도리가 없었던 배탈, 그것도 명령만 내려지
면 자신도 모르는 사이에 온통 뱃속을 요동치는 불가항력적인 고통을
받아들일 수밖에 없었다고 진술하고 있다. 밖으로부터 주어진 강박적
인 '양심'과 싸우면서, 분명 그는 구성되는 주체가 아닌 새로운 주체
구성의 과정을 경험하고 있음에 틀림없다. 그는 자신의 반응을 역사적
인 실체이며 현실적인 저항이라고 단순화시키지도 않는다. 오히려 지
나가는 순간의 흐름 속에서 자신의 상태를 받아들이지 않고 자신을 복
잡하고 어려운 "정교화의 대상으로 받아들이는 태도"를 보여준다. 인
간이 현재와 맺는 관계를 부정하고 인간의 역사적 존재양식을 문제화
하는 태도, 즉 '자율적 주체'[18] 탄생의 여정에 놓이게 되는 것이다.

내 속에 내 아닌 것이 있는 셈이다. 나의 의지에 속하지 않는 나의
기능이 있다. 인간 속에 인간에 속하지 않는 영역이 있다. 이것이 무
(無)이라는 건가. (중략) 무(無)가 유(有)를 제거하고 있다. 과거가 현재
에다 구멍을 내고 있는 것이다. 그 구멍을 메우는 작업이 생이라는 말
인가. 그래서 아무리 나를 꽉 붙잡으려고 나를 꼭 껴안아도 어디론지
내가 흘러 나가 버리고 마는 것인지도 모른다. 나는 나의 땅이 아닌 땅
에서 나의 땅을 살고 있는 것이다! (중략) 구(舊) 신대륙에서는 자유라

---

18) 양석원, 앞의 글, 55쪽 ; 밀러, 김부용 역, 『미셸 푸코의 수난1』(서울 : 인간사
    랑, 1995) ; 밀러, 김부용 역, 『미셸 푸코의 수난 2』(서울 : 인간사랑, 1995), 1, 2
    장 참조.

는 집시가 왕 노릇을 했지만, 이제 올 신세계에서는 반드시 그것이 명
사여야 하는 법은 없다. 부사인지도 모르고 접속사인지도 모른다. 팔
품사 이외에 어떤 품사인지도 모른다. 모르는 것은 모르는 것이다. (비
인, 345~346)

　인간이 아닌, 엄밀하게 말하면 인간의 영역이 '아닌' 곳에 존재하는
'인간성'이란 무엇을 의미하는가. 그것은 바로 광기이며, 동물성[19]에
가까운 징후들로 나타난다. 의식 안에 웅크리고 있던 동물성, 비합리적
인 소용돌이와 로고스적인 것들이 충돌하면서 점차적으로 이성적 세
계와 차별화되는 또 다른 세계를 경험하게 되는 것이다. 화자의 목소
리와 작가적 서술이 서로 얽혀지면서, 이중의 내면적 독백을 만들고
있는 아래 인용문은 그 갈등의 징후들이 무엇인지 다소 분명하게 보여
준다. 전쟁터에 남겨진 것은 온통 쓰레기 더미일 터, 그것은 '근대적인
것'으로 대변되는 문명의 쓰레기인 것이다. 전쟁은 바로 그 한가운데
있는 것이다. 신화의 숲, 신화에 대한 믿음으로 만들어진 헛것들의 숲.
거기에서는 양담배 서너 갑과 목숨이 흥정되며, 도저히 일어날 수 없
는 일들이 일어난다.

　사람의 미골(尾骨)은 꼬리가 있었던 기념이 아니라 이제부터 거기서
꼬리가 생겨날 징조인지도 모른다. 파리가 이렇게 번식하는 공기 속에
서 그렇게 딴딴하게 달려 있었던 꼬리가 없어졌을 리 없다. 그렇게 미

---

19) 바타이유는 일찍이 "우리의 한 연장인 동물의 삶과 마찬가지로 우리에게 침
　투불가능 것은 없다"라고 하고, 동물성과 인간성이 관련된 문제는 인간과 동
　물이 유지하는 관계의 문제를 드러낸다고 한 바 있다. 인간들이 동물성을 위
　해서 인간성을 부인하는 것은 인간적 비전에 대한 부정적 인식에 기인하는
　것이다. 물론 여기서는 근대성 비판과도 밀접한 관련이 있다. 도미니크 르스
　텔, 김승철 역, 『동물성』(서울 : 동문선, 2001), 53~55쪽.

학적인 인간이 그렇게 미학적인 꼬리를 없애버렸을 리 없다. 그렇게 고적보존회(古蹟保存會) 회원이 되기를 무상의 영광으로 생각하는 그들이 그 '고적'이 인멸되어가는 것을 그대로 내버려두었을 리 만무하다. 이제 거기서 꼬리가 나보라. 인생이 얼마나 부드러워지고 세계가 얼마나 밝아질 것이겠는가. 사람들은 우선 자기가 땅의 아들이었다는 것을 깨치게 될 것이고, 하늘이 높다는 것을 알게 될 것이다. 서 있는 것이 어쩐지 무엇을 잃어버리고 있는 것처럼 설레어질 것이고, 마침내 두 손으로 땅을 짚을 것이다. 마음에는 지동설의 현기증이 비쳐올 것이다. 그렇게 되면 손은 물건을 만들어내는 것을 그만둘 것이다. 그러면 만들어내도 소용이 없다는 것을 알게 될 것이다. 그러면 모든 물건은 필요 없게 될 것이다. 모든 물건이 없어질 것이다. 이름이 없어진다. 이름이 죽는다. (중략) 저 쓰레기 더미를 그래서 아름답게 표현하면 신화(神話)의 숲이다. 거기서는 생각할 수 없는 일이 공공연하게 횡행하고 있는 것이다. 양담배 서너 갑과 목숨이 흥정되는 수도 있다. 서너 갑이 아니다. 두 갑이었다. 그 병역 기피자는 러키 스트라이크 두 갑을 주고 순경의 손에서 벗어났다. (비인, 347)

전쟁터에서 돌아온 지호는 학교 선생이 된다. 그러던 어느 날 졸업반 가운데 내내 우등생이었던 학생이 새로 실시한 등록제의 결석 일수 때문에 졸업을 앞두고 자격을 상실하게 되자 교장과 크게 다투는 사건이 발생한다. "그래, 아까는 뭐가 어떻다구 말했지요? 법이란 지킬 필요가 없다. 그런 말씀이 되지요? 그렇지 않던가요? 법, 법 하시지만 선생님은 그 법을 얼마나 지키고 계십니까? 이 문제만 해도 그렇습니다. 등록제 때문에 출석일수가 부족 되어 원급에 머물러 있어야 할 학생이 졸업반인 저의 학급에만 해도 오륙 명이 됩니다. 전교를 통하면 백 명은 넘을 겁니다. 이 학생을 모두 법에 따라 낙제시킬 수 있습니까?"(비인, 356)라는 것이 지호의 주장이다.

등록제라는 학교의 규범 때문에 개개인으로 존재하는 학생에게 가해지는 폭력은 전쟁터에서 그가 상사로부터 받았던 명령과 유린당한 자유에 대한 분노를 상기시킨다. 이미 내 안에 또 다른 자신이 있다는 사실을 점차 깨닫게 된 지호는 이제 배탈이나 착란의 징후로 이러한 현실을 돌려서 표상하지 않는다. 만들어진 '현실'의 온갖 제도들에 대한 불평을 통해 소극적이었던 자신과의 싸움을 더욱 적극적인 방식으로 몰아가기 시작한다. 그러나 그의 저항에도 불구하고 법에 불복종할 수 없다는 의견을 끝까지 개진했던 교장은 그를 결국 파면시킨다.

그런 투로 말하면 학교라는 제도두 모순이라는 말이군요. 그렇지요?" "제도라는 것을 선생님처럼 생각하신다면 차라리 그런 제도는 없애버리는 것이 사리가 될 것입니다." "말을 좀 삼가시오! 가만히 보니 선생의 사상은 철저히 파괴주의입니다. 이 사회완 도저히 용납이 될 수 없는 겁니다!" "전 이 사회에 용납이 되지 않는 말을 한 적이 없습니다. 저의 말을 선생님처럼 해석하면 몰라두……" "그래 아까는 뭐가 어떻다구 말했지요? 법이란 지킬 필요가 없다, 그런 말씀이되지요? 그렇지 않던가요?" "법 법 하시지만 선생님은 그 법을 얼마나 지키고 계십니까?" (비인, 355~356)

이와 같이 장용학 소설에서는 도저히 이해가 되지 않는 상황, 현실의 극단적인 모순에 봉착하게 했을 때 튀어나오는 동물이 있다. 바로 쥐이다. 이제 지호의 눈앞에 분명하게 쥐의 실체가 드러난다. 그것도 살아 있는 쥐가 아니라 죽어 있는 '쥐' 말이다. 말할 것도 없이 쥐는 동물이다. 그것도 가장 미천한 동물로 거의 미물에 가까울 정도의 취급을 받는 동물인 것이다. 가장 도덕적이고 야심적인 상황 판단을 가로막는 현실적인 절망 앞에서 왜 하필이면 죽은 쥐를 떠올리게 되었을까. "법에 항거해 보다가 지고 나서 그것을 쥐에게 돌려 붙인다는 것은

온당하다고 할 수 없는"(비인, 357)일 임에도 불구하고 쥐가 떠오르는
이유는 바로 쥐를 통해 다시 한번 자신 안에 웅크리고 있는 저항과 반
항의 심리를 표면으로 끌어 올릴 수 있었기 때문이다. 그리고 그에게
이 땅에 인간다운 인간, 전능한 신이란 과연 존재하는가 라고 묻게 하
는 것이다.

이에 대한 해답은 <요한시집>에서도 찾을 수 있다. 누혜의 어머니
가 죽기 전까지 목숨을 연명했던 식량 대용품이 바로 죽은 쥐 아니던
가. 그는 죽은 쥐를 통해 그의 어머니가 살아남았다는 사실을 회상하
며 절대로 인간적인 연민에 빠지지 않는다. 오히려 아들의 죽음을 뒤
로 하고 목숨을 연명하겠다고 죽은 쥐를 먹고 살아 남은 인간에 대한
강한 비애감이 그를 엄습했던 것이다. 여기서 지극한 모성애, 그리운
어머니의 상 이런 것들을 느낄 수 있는가. 그의 어머니는 지극한 모성
애의 소유자가 아니라 굶주림에 허덕이는 한 인간, 개인일 뿐이다.

> 그곳에는 노파 하나가 고양이가 잡아온 쥐를 먹고, 목숨을 연명하고
> 있었다. 이 노파는 고양이가 잡아 온 쥐를 먹고 목숨을 이어온 것이다!
> 담요의 얼룩점은 쥐의 피임이 분명하다. 산기슭에서는 셰퍼드까지 쇠
> 고기를 먹고 있는데 이 못난 병신이. (요한, 320)

지호에게 모성이나 여성의 신화적 이미지는 만들어진 것에 불과한
발명품일 뿐이다. 지호는 어머니를 통해 신성한 모성애를 그리워하는
인물이 아니다. 비너스의 얼굴을 통해서도 지호는 풍성한 여성미의 극
치를 발견하는 것이 아니라 오히려 마녀의 얼굴을 떠올린다. 이런 그
의 모습이 소위 애인이라고 할 수 있는 종회에게 이상하게 비치는 것
은 당연한 일, 그런 종회에게 지호는 "무의식이라는 귀신이 알아주지"
(비인, 362)라고 대꾸한다.

그것은 자신의 어머니를 대하는 태도에서 극명하게 드러난다.[20) 지호는 주인집에서 쫓겨나 달리 갈 곳이 없어 동굴이기도 한 방공호에서 어머니와 살아간다. 그가 학교에서 해직되고 어머니는 채석장에서 돌을 캐는 생활을 하다가 이 지경에까지 이른 것이다. 동굴이나 방공호는 환상적이고 관념적인 공간이 절대 아니다. 그 곳을 중심으로 피폐한 삶을 더욱 극단으로 몰고 가는 사건이 벌어진다. 바로 산 속에서 살고 있는 지호가 도둑으로 몰려 감옥살이를 하게 되었던 것이다. 매일 마을과 산을 오가는 지호를 본 동네 아낙은 마을에서 도둑질을 하는 인물이 지호라고 단정을 짓게 되었으며, 아낙을 따라온 순경조차 상황에 밀려 그를 끌어다 유치장에 집어넣게 되었던 것이다. 물론 진범이 잡혀 풀려나게 되지만, 상황은 거기서 그치지 않는다. 굴 안에서 아들을 기다리던 어머니가 죽은 시체로 발견된 것이다.

굴속은 피와 누르스름한 고름의 바다였다. 중단된 까마귀들의 향연, 생물실의 해부대였다. 시체가 아니라 어머니는 내포로 변했었다. 배가 터져서 흘러나온 창자의 진득진득한 중량감. (중략) 구천(九天)에 사무치는 원한을 품었을 눈알은 뽑혀 나가서 거기에 없고, 생을 악물었던 이빨의 한가로운 혼기(魂氣), (중략) 비린내 나는 악취로 마비된 아들의 눈에는 더 비쳐 들 자리가 없었다. (중략) 막대기를 비비고 있는 그의 몸에서는 사나운 짐승의 체위가 풍기었다. 유치장의 이틀 밤을 한잠도 붙이지 못했던 그의 눈은 뿌옇게 빛나고 있었다. 갑자기 세상이 푹 꺼졌다. (중략) 동굴 앞에 들어앉아서 일심불란으로 불을 만들어 내는 사내. 그것은 하나의 고분벽화였다. 원시시대의 한 모퉁이었다. 저기 제

---

20) 이 대목에서 전후문학에 등장하는 여성성문제의 새로운 패러다임을 발견하게 된다. 어떤 측면에서 장용학 소설은 1950년대 구성되지 않는 주체로서의 여성성이란 민감한 문제에 중심에 놓여 있다고도 할 수 있다, 이 논의는 다른 지면을 통해 좀더 구체화 시키고자 한다.

단 위에는 시체가 받쳐져 있고, 저 아래 평지에는 희미한 등불이 여기에 하나, 저기에 하나 황량한 태고의 애수를 자아내고 있었다. (비인, 390~394)

지호는 어머니의 주검을 태우면서 다시 인간이 되기로 결심한다. 그것은 자신이 "사람의 아들이기는 한 모양"(비인, 394)을 확인하는 것으로부터 시작된다. 이때 지호가 깨달은 인간의 아들, 즉 자신도 인간이란 사실에 대한 자각은 이전에 부정하고 싶어 했던 인간의 본성으로 돌아온 자신을 받아들이는 것과는 전혀 다른 차원의 문제다. 오히려 그것은 "인간의 아들이었다는 사실에 대한 원한이요, 참회"(비인, 395)인 것이다. 진정한 인간이란 바로 광기에 가득 찬 비인의 탄생을 염원하며, 점차 정상적인 인간과 미친 자의 영혼이 섞이고, 인간과 동물의 광기가 만나는 바로 그 곳에서 자생적으로 거듭 생성되는 것이다.

인간에서의 퇴거(退去)증명서에 지나지 않았다. 암호가 아니라 생이 인간이었던 것이다. (중략) 생밖에 인간이 있는 것이 아니다. 인간은 그 자체가 원인이요, 그 자체가 목적이었다. 인과(因果)의 고리가 인간이었던 시절은 이미 지나갔다. 인간은 폐기 되었다! 일련번호가 내가 아니다. 이웃사람이 내가 아니다. 아들이 내가 아니다! 내가 내다! 인간은 비인으로서 인간(人間)이었다! 효자가 인간이 아니라 탕아(蕩兒)가 인간이었다! (비인, 398)

근대문명의 산물로서의 전쟁, 그리고 외부로부터 주어진 휴머니즘은 거짓이고 헛것이었다. 인간은 그 희생의 산물일 뿐이다. 그러므로 진정한 인간성을 회복하기 위해서는 원시적 인간의 모습을 다시 찾아야 한다. 동물성에 대한 그리움은 이로부터 비롯된 것이다. 그러나 삼수는 녹두노인처럼 네 발로 기어다니고 꼬리가 나오는 것을 상상도, 실감도

하지 못한다. 왜냐하면 그는 아직까지 인간에 대한 희망을 버리지 못
하고 있기 때문이다.

　그러나 정작 여기서 중요한 것은 삼수가 다시 발견해야 한다고 외치
는 '인간'이란 나누어지고 분리된, 그리고 근대적 산물로서의 휴머니즘
의 산물이 아니라는 사실이다. 이 부분에 장용학 소설의 중요한 의미
가 숨겨져 있다. 그는 분명 비인으로서의 인간, 그리고 아들로서의 '나'
가 아니라, '내'가 '나'임을 외쳤다. 먼저 아들로서의 나가 아니라는 것
은 무엇을 의미하는가. 사회적인 윤리와 도덕에 얽매여 있는 인간이란
진정한 의미의 인간적 가치를 갖지 못하는 것이다. 근친상간이란 단순
히 비도덕적인 의식을 갖고 내면에 불순하고 퇴폐적인 인식을 품고 있
어서가 아니다. 아들로서의 나, 도덕군자로서의 나, 성실한 사회적 윤
리의 신봉자로서의 나는 이미 죽고 없다. 그런 외압적 권력과 제도, 규
범으로부터 자유로운 인간, 그것이 바로 비인이며 '나'인 것이다. 휴머
니즘을 거세하고 다시 태어난 인간이 비인이면서 동시에 인간이라는
것이다.

　　그렇다. 나는 살아 있어야 한다. 왜? 어머니를 위해서다. 그래서 너는
어머니가 돌아가셨으면 하는 게로구나. 뭐? 뭐라구! 내가? 내가 어머니
가 돌아가셨으면, 이라구? 넌 정말 상놈이다! 거지다! 그렇다. 나는 거
지다. 너희들이 내게 인간의 주권을 바쳤을 때부터 말이다. 그것은 네
근성을 몰랐을 때의 감상이었다. 이제는 지긋지긋하다! 그런 민주주의
는 우리 손으로 불태워버린 지 오래다. 타 버리지 않았다. 너무 울고불
고하기 때문에 외면하고 있는 것뿐이다. 아 내 순결을 증명하기 위해
서 나는 내 어머니가 돌아가시기를 원한다. 그러면 나두 죽는다. 그러
면 너도 나를 믿게 될 것이다. 나는 인간을 믿지 않는다. 인간의 핑계
가 인간의식의 생리다. 너 같은 놈은 처음 봤다. 늘 처음으로 보인만큼
나는 늘 새롭다.……내 순결을 증명할 수 있는 방법이 하나 있다. 그것

은 이제 죽어 버리는 것이다. 순서를 거꾸로 해서 어머니가 돌아가시기 전에 네가 먼저 죽어 보이는 것이다. 그러면 너는 초인(超人)이 될 것이다. 그건 못하겠다. 그렇다면 인간답게 살아라. 인간답게 살든가 초인이 되든가, 둘 중에 어느 것을 택하는 것은 네 자유다. 둘 중에 어느 것을? 그래 이 세상에는 두 가지 밖에 없단 말인가? 자유란 원래 둘 중 하나를 택하는 자유다. 그건 자유가 아니라 벽 사이에 끼어 있다는 것이다! 그렇다 자유란 둘 사이에 끼어 있다는 자유다. (비인, 379~380)

그는 분명 자신은 초인이 될 수 없다고 했다. 초인이 되는 것은 오히려 인간을 포기하는 것이 된다고도 덧붙이고 있다. 그러면 어떻게 살아야 하는가. 그는 이제 해답을 얻었다. 바로 그 사이에서 인간답게 살 수 있는 '자유'를 향해 끝까지 견뎌내야 한다는 것. 자유란 원래부터 모든 것으로부터 (말 그대로) 자유로운 것이 아니라 선택이라는 조건 속에서의 '자유'인 것이다. "바위처럼 얼어붙는 것이다. 나는 암석에 끼어들어 숨이 막힌다. 자유다. 뜨거워서 더 참을 수가 없다. 움직이는 것이 귀찮다. 싫다. 나는 자유다. 이대로 잠이 되어 버렸으면 좋겠다"(비인, 389). 그렇게 자유로워지는 순간 "그는 그를 이별했다"(비인, 389).

V. 절대적 자유의지-개인적 윤리의 발견

이렇게 해서 지호는 죽었다. 그리고 <역성서설>의 삼수(森守)로 다시 태어난다. 짐작할 수 있듯이 <요한시집>에서 <비인탄생>을 거쳐 <역성서설>에서 지호는 마지막으로 삼수라는 인물로 환생하게 된다. 도대체 장용학은 왜 한번 죽은 지호를 삼수로 다시 살려 낸 것인가가 중요한 문제점으로 놓여 있다. 여기에 무엇보다 중요한 장용학 소설의 핵심이 놓여 있다는 것이다. 전쟁을 겪고 초토화된 상태에서 사회인으로 살아갔던 지호는 결국 죽었다(물리적인 죽음이 아닌 정신적이고 상징적인 죽음). 그렇게 죽고 난 지호가 삼수가 되어 다시 전면에 등장하게 된 것에는 중요한 의미가 있다는 것이다.

<역성서설>의 삼수는 <비인탄생>의 지호처럼 현실과 광기와 환상을 구분하려 하지 않는다. 이미 그는 그 많은 고통을 겪고 나서 '자율적 주체'의 의미를 내면으로 승화시킨 후 의식의 변화를 보이기 시작한다. 삼수는 지호와 달리 광기(狂氣)와 환(幻)과 현실(現實)은 함께 공존하는 것이란 사실을 인정한다. <역성서설>에 이르면 광인과 정상인, 이성과 비이성, 현실과 비현실 등 모든 이분법적 논리가 급격하게 와해된다. "광(狂)이란 환(幻) 속에서 노는 일인지도 모른다."(역성, 411). 그 믿음은 있는 힘을 다하여 환상과 현실의 경계를 허물고 그 사이에서 흘러나오는 중얼거림을 만들어 낸다.

이전 소설에 비해서 <역성서설>에는 내적 독백에 서사의 모든 힘이 쏠려 있으며, 소설의 주제도 바로 그 중심을 향해서 치닫고 있다. 이제 지호는 소년으로 다시 태어나 죽음의 관문을 빠져나온 인간의 마지막 자유를 향해 자신의 마지막 힘을 다한다. 그는 이제 분명하게 존재한다고 믿었던 것들, 혹은 그렇기 때문에 중요하다고 판단했던 것들이 갖고 있는 허상을 직시할 수 있으며, 그렇기 때문에 자신을 버리고 돈 많은 노인과 결혼한다던 종회(설사 그것이 동생을 살리기 위한 핑계라 할지라도(<요한시집>))가 아니라, 눈 먼 종회의 동생 유희를 찾기 시작했던 것이다.

여기에서 그의 소설에서 광기와 환상과 현실의 차이가 무엇인지가 분명하게 드러난다. 바로 얼마나 실감하고 있느냐에 달려 있는 것이다. 금물이 흘러내린다는 생각을 하면서 반 졸고 있는 삼수에게 찬물을 뒷덜미에 흘렸음에도 불구하고 "앗 뜨거워"라고 소리를 지르는 것은 정말 뜨거운 물이 존재해서가 아니라는 것이다. 단지 자신 스스로가 '뜨겁다'고 생각하면서 심지어는 실제 감각으로 느끼는 것처럼 착각을 하는 것이다.

쌀가루 물도 녹두대사의 입에 흘러 들어가면 장탄식이 되어 나오는 것이다. 그러나 이 정도는 그래도 좀 나은 편이다. 밤이 새는 것도 잊어버리고 떠벌리는 그 변설은 가위 경천위지(經天緯地)였다. 초저녁에 하는 말에는 그래도 좀 들을 만한 데가 있다. 삼경 때가 지날 쯤이면 동쪽에 가서 뻔쩍 서쪽에 가서 번쩍, 홍길동도 이를 따를 수 없다. (중략) 바람이 부는 대로이다. 그의 논리는 가을바람에 구르는 낙엽과 같았다. 물밥을 먹고 언제 끝날지 모르는 그러한 패설(悖說)을 고맙게 듣고 있어야 하는 밤은 고역이 아닐 수 없었다. (역성, 429~430)

노인의 입장 또한 그렇게 간단한 것만은 아니다.[21] 노인도 국가나 제도가 조작하는 권력의 어두운 면에 대해서 누구보다 비판적인 입장에 있는 인물이다. 노인은 폭격을 맞은 사람들이 오백 명 쯤 된다고 한다고 하자. 그런데 당국에서는 삼백 칠십 삼명이 폭격에 맞았다고 발표를 한다고 가정한다면 나머지 백 이십 칠명은 어디로 갔느냐고 반문한다. 그런데 엉터리 같지만 약 백 이십 칠명이란 숫자가 주는 실감 때

---

21) 이 대사는 이미 <비인탄생>에서 등장했다. 어머니의 죽음 앞에 서 있는 그에게 녹두대사는 이렇게 말했다.
"인간을 버리구 좀 천진난만하게 살란 말이야. 툭툭 앞질러 가면서 자기가 자기의 주인답게 살란 말이야⋯⋯." 가만히 서 있지 못하겠다는 듯이 이리 갔다 저리 갔다 한다. 안타깝다는 것이다. "이를테면 이렇게 살란 말이오." 두 손을 내들더니 앞으로 엎어진다. 네 발이 된 것이다. 네 발 걸음을 하는 것이다. "이러면 얼마나 간단해⋯⋯." 여기도 가보고 저기에도 가보고 하는데 조금도 서투름이 없다. 여러 번 그런 연습을 해본 것 같다. 땅 냄새가 그리운 듯 개처럼 거기를 맡아 보는 것이었다. "여기에 이제 이렇게 고랑지가 나봐⋯⋯."(비인, 377).

문에 사람들은 당국의 말을 믿는다는 것이다. 숫자가 주는 실감 때문에 당국은 당당하게 발표를 하는 것이고, 이 실감 있는 발표야 말로 오늘날 가장 권위 있는 권력의 실체라는 것이다. 그런데 그 실감이란 무엇인가 하면 바로 '홀림'과 같은 것이라고 한다. 바로 구미호에게 홀리는 것처럼 인간은 그 실감에 홀려서 꼼짝을 하지 못한다는 것이다.

> 이리하여 구미호는 있다. 그렇지만 이 구미호가 전 인구의 몇 퍼센트를 차지하고 있는지는 아무도 모른다. 그들은 각계각층에 잠입하고 있다. 이웃에 살고 있는 박 서방이나 김 계장님도 실은 구미호인지도 모른다. 전찻 간에서 바깥을 내다보며 싱글싱글 웃고 있는 저 과부도 실은 구미호인지도 모른다. (중략) 그들이 그들의 비밀을 지키려는 일념은 거의 선천적이어서 자기가 구미호라는 것을 모르고 있을 정도이다. 구미호라기보다 유태교도라고 하는 것이 더 적합한 표현일는지 모르겠다. 그들은 교만한 선민의식(選民意識)과 불타는 신앙을 품고 있다. 그들은 스스로도 의식하지 못하면서 무엇을 음모하고 있는가? 인간의 구제. 합리적인 부조리가 빚어낸 메커니즘에서의 인간구제(人間救濟). 이것이 그들의 메시지다. (역성, 432)

삼수는 이런 노인의 언변에 젖어 들어가는 자신을 발견한다. "자기도 모르는 사이에 녹두대사의 논리학에 젖어들었단 말인가? 그는 자기 자신이 하나의 환상인 것 같았다"(역성, 434). 그는 종회가 아닌 유회를 만나고 서러워진 가슴을 안고 돌아오기를 반복한다. 정상인인 종회가 아니라 눈이 먼 유회에 대해서 떨칠 수 없는 연민의 감정을 느끼고 있던 것이다. 그러나 이에 대해서도 노인은 "넌 열심히 유회를 만나고 있는 것 같다마는 건 신기루야 신기루. 물 속에 있는 관세음이 비쳐 오른거란 말이다. 넌 망령(亡靈)과 교통(交通)하고 있단 말이다"(역성, 435)라고 비꼰다. "무의식을 조종하고 있는 것은 지금은 생이 아니라 망령이다. 하나의 우연에 의하여 말살된 얼마나 많은 망령들이 울분과 설움을 참고 우리 머리 위를 떠돌고 있는지 아느냐"(역성, 436)는 것이다.

> 말하자면 이것이 지금 내가 구상하고 있는 역성서설(易姓序說)이라는 논문의 서장(序章)쯤 되는 부분이야. 역성혁명(易姓革命). 왕의 성을 갈아보잔 말이다. 합리다 자유다 인과율이다 선이다. 진리다, 또 뭐다 뭐다 하는 봉건 제후들의 싸움에 우리 백성들은 이젠 더 시달리기 싫단 말이다. 이들은 인지(人知)가 깨지 못했던 야만시대에 어찌어찌해서 왕위에 오른 것들이다. 신이 죽은 지 이미 언제인데 상기 왕권신수설(王權神授說)이냐 말이다. 남 보기 창피하단 말이다. 의식계(意識界)에도 산업혁명이 일어나서 민주주의 시대가 올 때쯤 되었단 말이다. (중략) 오고야 만다. 너는 그 묘목(苗木)이고 이를테면 나는 그 원정(園丁)이랄까…… (역성, 436~437)

삼수는 그가 실어증에 걸렸다고 생각하면서 발길을 돌려버린다. 대사는 용궁이 있다고 믿고 있으며, 달나라의 토끼를 말살한 것이 인간이라고 생각하고 있다. 대사는 과학이 신화가 되어버린 현실을 비유적으로 비판하며 무릉도원을 없애버린 망원경을 저주한다. 그러면서 언젠가 다시 '기적'이 일어나거나 '돌연변이'(역성, 444) 상태를 겪은 국가가 올 것이라고 단언한다. 그러나 "나를 믿어라. 정말이야"(역성, 444)라고 강요하는 대사 앞에서 삼수가 본 것은 일종의 환각이다. "환각이었던가? 바위에서 뛰어내린 삼수는 화강의 기암을 돌아 나가서 폭포수가 떨어지는 발 그늘을 살펴보았으나, 아무 그림자도 찾아 볼 수가 없었다"(역성, 445). 절간에 돌아왔지만 녹두대사의 모습은 보이지 않았다. 이 대목에서 장용학은 망원경을 저주하고 과학을 비판했던 대상의 실체란 과연 무엇인가와 돌연변이의 과정을 거쳐 도래할 국가란 무엇인가에 대한 나름대로 해답을 제시해 놓고 있다.

녹두대사의 언변은 결국 국가, 혹은 국가권력을 정당화하는 기만적인 언사로 환원될 수 있는 것이다. 인간이 경계해야 할 것이 바로 이 부분이다. 저항과 비판을 통해 또 하나의 가상적 유토피아를 상정하고 결국은 미래상을 실현할 수 있는 집단을 꿈꾸는 것이다. 여기에 개인을 집단에 종속시켜 온 역사적 기만이 숨어있다고 장용학은 인식하고 있었던 것이다. 역사적 실체를 부정할 수는 없지만 도래하지도 않은 미래의 필연성을 상정하면서 개인에게 복종을 강요하는 것은 또 다른 억압, 폭력을 낳을 수 있다는 것이다. 진정한 의미에서의 윤리란 국가에 의해서 강요되는 것이 아니라 개인에 의해서, 안으로부터 만들어지는 것이 아닌가 하는 것이다.

결국 녹두대사를 찾아 절간으로 간 삼수는 차디차게 식어 있는 녹두대사의 육체, 바로 대사의 주검을 발견한다. 과학문명과 근대적인 산물을 비판하며 원시성을 그리워하던 녹두대사는 삼수와 달리 돌아올 미래의 또 다른 가능성에 대해 믿었다. 그것은 시간을 거슬러 올라가 인간도 동물에 불과하며 진화가 아닌 퇴화의 과정 속에 놓여 있을지도 모른다는 '근대비판'의 얼굴과는 또 다른 것이다.

인간의 진화한 문명을 비판하며 과학이 신화가 되어버린 현실에 대해 낙담했던 녹두대사는 그 모든 진보가 남긴 현실의 쓰레기를 딛고 일어설 또 다른 인간의 미래를 믿었다. 그것이 가져다줄 돌연변이, 기적을 믿었던 것이다. 그런 녹두대사는 누구인가. 바로 로봇이었던 것. 산화가 되어버린 과학의 최고봉, 가장 인간다운 얼굴을 하고 인간에 가까운 사고를 하는 로봇에 불과했던 것이다.

가슴 복판이 뚜껑이 잘 덮이지 않은 것처럼 네모로 드러났고, 그 속에는 시계의 내부처럼 지지레한 기계가 꽉 차 있는 것이었다. 로봇이었다! 대사는 로봇이었다! "아-인조인간! 세계는 벌써 여기까지 왔단 말인가?!" 다음 순간 정을 거꾸로 세워 쥔 삼수의 손이 희미한 등불 빛에 번득 올라갔다. 그의 눈에서는 자기도 모르게 눈물이 와르르 흘러 떨어졌다. "오직 인간, 인간을 위하여" 모든 힘을 다해 대사의 가슴을 내리찍었다. 푹. (역성, 462)

과연 로봇에게 진정한 인간의 고민과 고통을 물을 수 있겠는가. 근대적인 과학문명을 비판하면서 원시적 시간을 그리워하고, 급기야 네 발로 기어다니는 동물이 되기를 원했던 대사는 말 그대로 입력된 정보에 의해서 움직이는 로봇이었던 것이다. 대사는 저능한 인간의 머리를 부정하면서도 믿었고, 신뢰했다. 이 딜레마를 온전히 간직하고도 미치지 않고 살아남을 수 있었던 것은 그가 인간이 아니었기 때문이다. 현실을 부정하고 비판했던 대사가 꿈꾸었던 유토피아란 또 다른 국가의 탄생을 기다리는 기만, 그 이상의 의미를 갖지 않는 것이다.

삼수가 녹두대사의 행위와 언사를 끝까지 환각이나 환영이라고 생각했던 것은 그것이 현실과 다른 환상의 세계, 혹은 환상의 인물이 만들어낸 헛것이었기 때문이 아니다. 그것은 더 지독한 현실인식에서 비롯된 자의식 때문이다. 그 자의식의 실체란 무엇인가가 중요한 것이다. 바로 인간이 만들어가야 하는 미래, 혹은 인간이 만들 수 있다고 믿는 유토피아에 대한 이것이야 말로 말 그대로의 환상, 환각이기 때문이다. 이제 관념적이고 사변적인 문명비판과 낭만적인 현실인식에 대한 철저한 자기반성과 비판의지를 확인한 삼수에게 남은 것은 무엇인가에 대해서 살펴보아야 할 것이다.

삼수가 끝까지 포기하지 못하는 것은 낭만적 유토피아의 도래도 아니고 돌연변이도 아니라는 사실이 대사의 죽음을 통해서 분명하게 드러났다. 이제 삼수에게 남아 있는 것은 바로 자유에 대한 강한 의지뿐이다. 이것은 완벽한 자유가 주어질 것이라는 믿음과는 전혀 다른 '의

지'이다. 그가 포기하지 못하는 것은 그 자유를 향한 인간의 강한 의
지, 그리고 이를 찾아가는 '과정'에서 개인의 윤리적 감각에 대한 믿음
이다. 자신이 육체에 갇힌 수인(囚人)이라는 사실을 거듭 확인하는 것
은 갇힌 존재의 비애감에 대한 반복적인 확신 때문이 아니다.

> 돌층대 위에 두 팔을 쳐들고 선 것은 동물성은 동물성이지만 동물이
> 라기보다 유동체(流動體)였다. 삼사 개월쯤 된 무근 짐승의 태아가 그
> 모양대로 햇빛을 받고 굳어진 것 같은 괴물. 크기는 거인의 두배 세배
> 로 커 보이고, 더 작게도 보이는 흐들흐들한 그 괴물은, 저 기계의 난
> 가리를 지키고 있었던 불가사리. 그것은 내 그림자였다! (역성, 465)

드디어 괴물과 나의 한판 승부가 시작된 것이다. 이 대목이 중요한
이유는 장용학이 반전인식으로부터 시작된 그의 소설을 통해 궁극적
으로 말하고자 하는 자유의 의미가 가장 구체적으로 드러나 있기 때문
이다. 여기서 그림자의 의미가 중요하게 부각된다. 그림자란 해가 떠올
랐을 때 생기는 나의 잔영이다. 그림자는 단순히 '나'의 무의식이 아니
라, 원인이 있어서 생기는 결과물에 불과하다. 오히려 무의식의 혼란에
가까운 존재는 현실 속에 존재하는 '나'이며 그림자는 그 옆에 따라다
니면서 끊임없이 인간적 윤리와 도덕이라는 명분을 상기시켜 주었던
또 다른 나의 실체다. 그렇기 때문에 장님이었던 유희에 대한 책임감
을 일깨워주었던 것도 그림자이고, 육체에 갇혀 있는 수인이라는 사실
을 받아들일 것을 강요했던 것도 그림자이다. 그렇다면 그런 그림자와
의 싸움은 무엇을 의미하는가.

> 뻗어버리는 괴물. 그림자는 죽었다! 인과율은 타서 재가 되었다! '일
> (一)'이 '다(多)'를 죽이던 야만의 시대는 끝났다! (중략) 손금이 손이 아

닌 것처럼 인간성이 인간이 아니었다! 인간성이란 인간의 일면(一面), 그 일면을 가지고 인간을 덮을 때 인간은 병들고 왜소해지고, 기만과 나태. 반인간이 된 것이다! 반인간으로 봤을 때 비인(非人)이 인간이다! 인간은 인간이 되기 위해 비인이 되어야 한다! 인간성을 파기하고 인간으로 돌아가야 한다! 그는 흥분을 못 이기고 그 자리에 쓰러졌다. 아 인간은 고별(告別)되어야 할 것. 거룩한 이름이여, 나에게 인간을 고별할 힘을……. (역성, 466~467)

이 부분에서 삼수가 녹두대사의 말과 행동을 현실 속에서 일어나는 구체적인 상황이라고 인식하지 못했는지가 분명하게 드러난다. 삼수는 사실 대사의 말들을 환각 혹은 광기어린 자의 중얼거림에 불과하다고 생각하면 할수록 점점 자신의 또 다른 자신인 '그림자'의 실체가 무엇인지에 대한 확신을 굳혀간다. 정상인과 실어증 환자, 혹은 미친 자의 목소리는 서로의 경계를 넘나들면서 섞이며, 점점 더 혼탁해진다.

그는 누구인가? 나인 것처럼 행세하고 있는 그는 누구인가? 그가 내 인가? 무엇을 가지고 그를 나라고 할 수 있단 말인가. 그가 내라는 것을 어떻게 증명할 수 있는가. 증명에는 보조선(補助線)이 필요하다.
그런데 그와 나 사이에는 보조선을 그을 자리도 없는 것이다. 그와 나는 같은 위치인 것이다. 다만 방향이 다르다. 그는 동쪽으로 가는 길에 여기에 들렀고, 나는 서쪽으로 가는 길에 여기에 들렀다. (역성, 447)

참된 인간을 발견하게 하는 것은 자신의 외상을 비추는, 혹은 의식의 이면에 존재하는 그림자를 통해서가 아니다. 오히려 철저하게 비인(非人)이 되어야 인간의 의미를 알 수 있다는 것이다.
그러한 의미에서 장용학이 부정과 역설이라는 기제를 통해 '인간'을 확인하기 위한 글쓰기를 했으며, 그의 문학적 작업이 인간으로 돌아오기 위한 것[22])이었다는 지적에 앞서 비인이란 어떤 존재인가에 대한 분석이 선행되어야 하는 것이다. 과연 비인이란 무엇을 의미하는가. 바로 현실적 조건에서 인간적인 것, 혹은 인간은 이러해야 한다고 규정했던 관념적 휴머니즘을 철저하게 부정하고 나서야 얻을 수 있는 또 다른 '나', 그것이 바로 비인이었던 것이다. 비인이 되기 위해서 끝까지 포기해서 안 되는 단 한 가지 욕망이 있다면, 바로 절대자유를 향한 개인의 의지다. 절대자유를 위해서 개개인 자신의 윤리적 감각을 잃지 말아야 하며, 단순한 휴머니즘이나 낭만적 유토피아를 위한 수단으로 이용해서는 안 된다는 것이다. 왜냐하면 진정한 자유는 낭만적 유토피아가 아니라 지극히 현실적인 공간에 존재해야 하는 것이며 (앞에서도 잠시 언급한 바와 같이) 온전한 자유를 얻었다고 하더라도 그것은 "벽 사이에 끼어 있는" 것에 불과한 것이다. 그러므로 문제는 벽 사이에 끼어 있는 자유의지가 어떻게 현실 속에서 새로운 주체탄생의 욕망으로 작동 하는가에 있는 것이다. 그 자유의지는 밖으로부터 주어진 것이 아니라 개인의 윤리적 감각에 의해서 자율적으로 실현되는 것이다.

결국 지호, 삼수를 통해 장용학은 개인이란 그 자체가 목적이며 가장 소중한 가치를 지닌다는 것과, 이를 위해서는 끝까지 국가주의와 전체주의에 저항해야 한다는 것, 그리고 무엇보다 주어진 관념적 이데올로기로부터 자유로워져야 한다는 것을 분명히 한다. 장용학은 한번도 집단의 자유를 언급한 적이 없다. 그가 관심을 갖고 있는 것은 '개인의 자유'다. 구체적인 인간인 개인만이 궁극적인 가치가 있고, 국가, 조직, 이념 등 나머지 것들은 모두 그 자체로서의 가치가 없다는 것이다. 그러므로 오직 중요한 것은 개인의 자유를 극대화해야 한다는 것이다. 그것도 단순한 개인이 아닌 윤리적 감각을 지닌 개인인 것이다.

---

22) 김혜연, 「탈출과 귀환으로서의 글쓰기」, 『韓國文學硏究』 제18집(서울 : 국학자료연구원, 1995, 12), 230쪽.

자율적 주체의 의지로 개인을 수단시하여 희생시키는 국가주의적이고 전체주의적 침해에 대해서 강력하게 맞서 싸워야 한다는 것이다.[23] 이 점이 장용학 소설의 아나키즘적 특성, 엄밀하게 말한다면 개인주의적 아나키즘의 특성이 구체적으로 드러나는 부분이다.[24]

바로 전쟁은 그 극단의 표상이다. 전쟁이야말로 국가가 어떻게 개인의 운명을 결정하고 통제하며, 부당하게 침해하는가를 보여주는 폭력 행위의 정점에 있기 때문이다. 그리고 이것이 개인주의적 아나키즘의 인식론과 맞닿는 부분인 것이다. 장용학이 주장했던 절대자유의지란 개인주의적 아나키즘의 기저에 흐르고 있는 개인의 자유에 대한 확고한 신념, 그렇지만 또 다른 유토피아를 상정하고 변혁적 집단을 만들어 다시 전체의 권력을 정당화하는 기만적 환원론으로부터 벗어나기[25] 란 것이었으며, 여기에 장용학 소설의 중심이 놓여 있는 것이다.

---

23) 국가를 부정하고 개인의 자유를 보편적인 가치로 인식하면서 그것에 기초한 사회에 대한 본격적인 모색을 시작한 것은 프랑스 혁명 이후의 일이다. 잘 알려진 바와 같이 프루동, 바쿠닌, 코로포트킨, 터거 등 다양한 이들의 사상의 공통점은 첫째, 국가를 비롯한 기존 제도에 대한 철저한 비판에 있다. 아나키즘을 특징짓는 중요한 요소 중의 하나가 반국가주의인 것이다. 국가는 체제유지를 위해서 공권력을 행사한다는 점에서 강제적이다. 국가는 계급성을 반영하는 각종 법규와 제도를 통해 다수의 노동력과 생존권을 위협한다. 국가란 강제성, 착취성, 파괴성을 지닌다는 것이 아나키스트들의 주장이다. 국가는 인간의 세계관을 편협하게 만드는 각종 수단—언론, 공공윤리, 교육, 종교등—을 이용하여 사생활을 규제하고 인간의 자율성을 빼앗는다. 김은석, 『개인주의적 아나키즘』(서울 : 우물이 있는 집, 2004), 24쪽 참조.
24) 김은석, 『개인주의적 아나키즘』(서울 : 우물이 있는 집, 2004) ; 박홍규, 『아나키즘 이야기』(서울 : 이학사, 2004) ; A. Carter, *The Political Theory of Anarchism* (London : Rourledge, 1971) ; R. Rocker, *Anarcho-Syndicalism* (London : Pluto, 1989).
25) 이러한 장용학의 인식은 신 아나키스트라고도 규정되는 푸코의 사상과도 일맥상통하는 면이 있다. 이념을 모조리 부정했던 엄격한 반유토피아주의자의 태도를 견지했던 푸코와 장용학의 반유토피아주의는 허무주의가 아니라 철저한 현실인식에 기반하고 있는 비판론이다.

Ⅵ. 맺음말—반전인식과 반(反)유토피아주의

이상에서 살펴본 바와 같이 장용학은 반전(反戰) 문제와 관련하여 국가 권력, 제도적 응시, '나'(주체), '자유'의 문제에 누구보다 천착해 온 작가다. 그의 소설이 우화적 표현에 의한 환상적 서사를 중심으로 이루어졌다고는 하나 이는 소설적 기법의 문제이지 그의 인식이 추상적이거나 관념적인 것에 기인하는 결과론적 산물이 아니다. 오히려 그가 끈질기게 탐구해 온 주체와 자유의 문제는 가장 현실적이고 구체적인 상황의 산물이라는 것이다.

장용학의 문학은 한국문학 중에서 전쟁을 배경으로 한 소설들 가운데 가장 치열한 방식으로 '절대자유'와 '자율적 주체형성'의 문제를 다층적인 차원에서 접근하고 있다고 할 수 있을 것이다. 이를 낭만적 유토피아의 낙관론으로 혹은 운명론적 비극으로 환원시키지 않으면서, 그 봉합되는 갈등과 모순적인 이면에까지 섬세한 촉수를 뻗치고 있는 소설은 드물 것이다.

뿐만 아니라 장용학 소설의 미학적인 근원에는 무기력한 허무주의가 아니라, 반전인식에 기반을 두고 개인의 자유를 절대적 가치로 삼는, 아나키즘적 성격이 잠재되어 있다. 장용학 소설을 소위 관념소설로 분류하여 비현실적이며 관념적 상상의 산물로 쉽게 치부할 수 없는 이유가 바로 여기에 있다.

그리고 그의 소설에서 그려지는 비현실적이고 파편적인 인식의 흐름은 철저하게 스토리에 몰입되거나 감정이입을 방해하면서 끝까지 비판적인 인식을 견지하도록 하는 일종의 소격효과를 노리는 서사적 전략이라고 보아야 한다. 보편성에서부터 특수성으로 나가기가 아닌, 특수성에서부터 보편성으로 나아가기란 전후 한국문학에 있어서 반전의식을 표면화시킨 미학적 방법론이었던 것이다.

참고문헌

1. 자료
『장용학』(동아출판사, 1995) /『장용학 문학전집』(국학자료원, 2002) 재수록.

2. 연구서
김윤식 · 김현, 『한국문학사』(민음사, 1972).
김은석, 『개인주의적 아나키즘』(우물이 있는 집, 2004).
도미니크 르스텔, 김승철(역), 『동물성』(동문선, 2001).
박창원 엮음, 『장용학 문학전집 7』(국학자료원, 2002).
박홍규, 『아나키즘 이야기』(이학사, 2004).
슬라보예 지젝, 『무너지기 쉬운 절대성』(인간사랑, 2004).
이재선, 『현대한국소설사』(민음사, 1991).
정명환 외, 『프랑스지식인들과 한국전쟁』(민음사, 2004).
Carter, A, *The Political Theory of Anarchism* (London : Rourledge, 1971).
Foucault, Michel, *The Foucault Reader* (Ed. Pantheon, 1984).
Miller, David, *Anarchism* (London, 1984).
Rocker, R, *Anarcho-Syndicalism* (London : Pluto, 1989).
Taylor, M., Community, *Anarchy And Liberty* (Cambridge University Press, 1982).
Woodcock, George, *Anarchism : A History of Libertarian Ideas and Movment*
      (Harmonsworth, 1993).

3. 연구논문
김용성, 「장용학소설의 시간의식연구」, 『한국학연구』(1991. 3).
김혜연, 「탈출과 귀환으로서의 글쓰기」, 『韓國文學硏究』제18집(1995. 12).
김훈, 「존재의 자각과 탐구」, 『국어국문학』(1982. 12).
염무웅, 「실존과 자유」, 『한국현대문학전집 4』(신구문화사, 1967).
이철범, 「장용학론」, 『문학춘추』(1965).

일본 대중문화의 반전(反戰) 이미지*

『반딧불의 묘(火垂るの墓)』의 변신

표 세 만

I. 머리말

현실은 인간의 머릿속에 다양한 이미지를 만든다. 이렇게 형성된 심상(心象) 이미지는 현실 속에 새롭게 투영되어 또 다른 현실세계를 구축한다.

메이지유신 이후부터 1945년 패전에 이르기까지 일본 제국주의가 수행한 수많은 전쟁은 일본인의 의식에 다채로운 심상 이미지를 제공하였고, 전쟁에 관한 기억과 이미지는 다시 대중문화에 반영되어 현실 속에서 재현된다. 그리고 대중문화에서 다루는 전쟁 이미지는 현대 일본사회와 일본인의 전쟁에 관한 담론, 나아가 실질적인 반전운동의 방향성까지 규정한다.

1945년 8월 15일 정오, 천황 히로히토(裕仁)는 전날 심야에 녹음한 종전(終戰)의 조서(詔書)를 발표한다. 이로써 제국주의 일본은 멸망한다. 그와 동시에 역설적으로 전쟁종결의 조서는 새로운 시대의 개막을 알리는 문장이 된다. 종전의 조서는 현대 민주주의 사회를 향한 출발

---

* 본고는 2007년 9월 한국 일본어문학회, 『일본어문학』 제34집에 수록되었던 논문으로 단행본 출판 체제에 맞춰 약간의 수정을 가하였다.

의 문장이었지만 그 속에 담긴 전쟁책임과 아시아 침탈에 관한 천황의 인식태도에는 과거 침략행위에 대한 여러 문제점을 내포한다.

그 단적인 예가 종전조서에 나타난 전쟁책임 회피의 태도다. 이는 곧바로 일본국민의 전쟁책임에 관한 왜곡된 인식의 틀로 연결된다. 천황은 8월 15일 라디오 방송을 통해 "세계의 대세와 제국의 현 상황을 감안하여 비상조치로써 시국을 수습코자" 전쟁종결을 선언한다고 주장한다. 그동안의 전쟁은 "제국의 자존과 동아의 안정"을 위한 것으로 "타국의 주권을 배격하고 영토를 침략하는 행위는 본디 짐의 뜻이 아니었다"[1]며 일본의 제국주의적 침략 야욕을 부정한다.

국정 책임자인 천황의 전쟁책임 회피 발언은 평범한 일반 국민들이 일본의 아시아 침략행위에 관해 반성할 여지조차 앗아가 버린다. 패전 이전의 식민지 쟁탈 경쟁과 그 과정에서 야기되었던 전쟁에 대해 침략국 국민으로서 당연히 짊어져야 할 윤리적 책임을 천황이 그러했던 것처럼 일본인 개개인들도 외면해 버린 것이다.

그리고 전쟁책임에 관한 모호한 감수성만이 일본 대중문화 속에 스며들어 간다. 이를 일본 국내는 물론 세계적으로도 유명한 반전 애니메이션 『반딧불의 묘(火垂るの墓)』를 중심으로 구체적으로 살펴보고자 한다.

14살 중학교 소년 세이타(淸太)와 4살 소녀 세쓰코(節子)가 주변의 무관심 속에 비극적으로 죽어가는 이 이야기는 1967년 10월 유행작가 노사카 아키유키(野坂昭如)가 자신의 전쟁체험을 바탕으로 쓴 소설[2]

---

1) 이에 관해 고모리 요이치(小森陽一)는 "책임을 회피하고 '국체 수호'를 실현하기 위한 수사"(송태욱 옮김, 『1945년 8월 15일, 천황 히로히토는 이렇게 말하였다』(뿌리와 이파리, 2004. 7))에 불과하다고 비판한다. 인용한 종전조서의 번역문 또한 위의 책에 의거하였다.

2) 이 소설은 현재 敎育出版 고등학교 교과서인 『精選現代文』 등에 수록되어 청소년들에게 읽혀지고 있다. 본고에서의 인용문은 『アメリカひじき・火垂

에서 출발한다. 1988년 4월 16일, 스튜디오 지브리의 다카하타 이사오 (高畑勳) 감독은 이를 애니메이션으로 제작, 발표한다. 이후에도 그 인기가 지속되면서 급기야 2005년 11월 1일 요미우리신문(讀賣新聞) 계열의 니혼 텔레비전(日本テレビ)에서는 종전(終戰) 60주년 특별 기획드라마로 이 작품을 상영한다.

이처럼 텍스트『반딧불의 묘』는 표현양식이나 시공간의 경계를 뛰어넘어 약 20여 년 간격으로 재구성되어 문화 향유자들에게 소개된다. 전달매체의 변화에도 불구하고 최초의 소설 이후 대중적 관심은 지속되었고 나아가 전쟁에 관한 대중적 심상 이미지 형성에 큰 영향을 끼친다.

특히 애니메이션『반딧불의 묘』는 이를 논하는 것 자체가 식상할 만큼 한국 내에서도 많은 논쟁을 불러일으켰다. 그러나 비단 애니메이션에 국한시켜 바라보는 것이 아니라 1945년 일본의 패전 이후 현재까지의 일본 사회의 전쟁의식을 이해하는 데『반딧불의 묘』는 시사하는 바가 크다. 또한 패전 직후 소설에서 출발한 전쟁인식의 태도가 시대적 변화와 함께 현실의 전쟁 담론이나 현대 일본인의 반전 의식과 어떻게 연동하는지, 그 메커니즘을 이해하는 데 이 텍스트는 유효한 단서를 제공한다.

본고에서는 애니메이션『반딧불의 묘』를 통해 우리들에게 이질감을 주었던 일본인의 전쟁 인식 태도를 원작 소설 및 새롭게 제작된 드라마와 관련시켜 살펴보았다. 전달매체, 창작주체와 무관하게『반딧불의 묘』가 그린 전쟁 이미지가 현대 일본사회에 어떠한 전쟁기억과 반전의 의미를 제공하는지 살펴봄으로써 현대 일본인의 과거전쟁에 관한 인식 태도의 출발과 전개, 그리고 그 현상(現狀)까지를 이해해 보고자 한다.

るの墓』(新潮社, 1972. 1)에서 인용하였으며, 괄호 안에 인용한 쪽수를 표기하였다.

II. 소설 『반딧불의 묘』의 피해의식

소설 『반딧불의 묘』가 발표된 1967년은 일본 사회가 베트남전쟁 특수 등으로 10%이상의 실질 경제성장을 이룩한 해다. 미군정의 식민지 통치 이후 대중적 소비사회가 완성되면서 실추되었던 자국 문화에 대한 국민적 자긍심이 심화, 발전한 시기이기도 하다.[3] 또한 이 무렵 전공투(全共鬪) 운동은 최고조에 달하였으며 1965년 미군의 폭격으로 시작된 베트남전쟁이 본격화한다. 오키나와(沖縄)와 요코스카(横須賀)에서 출격하는 미군 비행기의 병참기지로 전락한 일본은 과거 침략전쟁의 기억이 환기되면서 시민운동 차원에서의 반미, 반전운동이 크게 일어난다.

전후 20주년을 맞이하여 이부세 마스지(井伏鱒二)는 『검은 비(黒い雨)』(1965. 1~1966. 9)와 같은 원폭문학(原爆文學)을 썼으며, 『아버지의 전기(父の戰記)』(1965. 12)로 대표되는 일반 서민들의 전장(戰場) 체험 전기(戰記)가 대중매체를 통해 유행한다. 과거 전쟁에서 겪었던 일반인들의 기억이 베트남전쟁과 연동하며 회자되었고, 그러한 상황 하에서 노사카의 『반딧불의 묘』는 나오키상(直木賞)을 수상한다.

발표 당시에도 그러하고 지금 현재까지도 이 작품은 작가 노사카 자신의 개인적 체험과 관련시켜 이해되곤 한다.[4] 어른도 어린이도 아닌

---

3) 靑木保 『日本文化論の変容』(中央公論社, 1990. 7)에서는 이 시기를 '긍정적 특수성의 인식시기'라 말한다.

4) 초기의 利澤行夫, 「野坂昭如における浪漫的庶民性」, 『國文學』(1972. 6)나 栗坪良樹, 「「火垂るの墓」-<生き恥>のはじまり」, 『解釋と鑑賞』(1972. 6) ; 菊地昌典, 「野坂昭如-昭和一桁世代の反國家的原型-「火垂るの墓」と戰爭体驗」, 『國文學』(1974. 12)부터 伊藤忠, 「『火垂るの墓』論-おぞましい<劇空間>の隱れた作者」, 『近代文學硏究』(1987. 8), 淸水節治의 일련의 논문과 그것을 모아 발행한 단행본 『戰災孤兒の神話』(敎育出版センター, 1995. 11)도 노사카의 실제 경험과 관련시켜 작품을 분석했다. 이는 최근의 梅澤亞由美,

십대 초중반이라는 어중간한 시기(early teens)의 전쟁경험, 특히 그 과정에서 어린 여동생을 실제로 잃었던 작가의 경험은 작품 창작의 주요한 모티브가 되었다.

그래서 노사카는 이 소설이 '반전'을 그린 작품이 아니라고 주장한다. 그는 "나오키상(直木賞)을 수상한 두 작품은 모두 극히 소박한 나의 심정(心情)에서 나온 소설이다. (중략) 전쟁반대의 목적도, 죽어버린 육친(肉親)이나 생활에 대해 진혼(鎮魂)할 생각은 없다"[5]고 말한다. 어린 여동생이 잠을 설치며 보챌 때 주먹으로 때렸던 기억이나 동생 것을 뺏어먹는 자신의 에고이즘을 되돌아보며[6] 전쟁 기간 중 완수할 수 없었던 "동생에 대한 애정을 완성"[7]시키고자 소설을 쓴 것이다.

이기적이었던 현실 속 작가 자신에 대한 반대급부 때문인지 작품 속에서는 한없이 자상한 오라버니가 연출된다.

　　인형을 안고 누워 꾸벅꾸벅 잠들어가는 세쓰코를 바라보며, 손가락잘라 피라도 먹이면 어떨까, 아니 손가락 하나 정도 없어도 상관없어, 손가락의 고기 덩어리라도 먹일까, 「세쓰코 머리카락 성가시지?」, 머리

「特集・戰爭と私小說・野坂昭如の「私小說」」, 『私小說研究』(2003. 3. 31)에 까지 이어진다. 또 團野光晴, 「"國民的映畵"の成立 - 映畵『火垂るの墓』と戰爭の"記憶"」, 米村みゆき編, 『ジブリの森へ - 高畑勳・宮崎駿を讀む』(森話社, 2003. 12. 15)나 越前谷宏, 「野坂昭如「火垂るの墓」と高畑勳『火垂るの墓』」, 『日本文學』(2005. 4)처럼 애니메이션과의 비교연구도 주목할 만하다.
5) 野坂昭如, 「燒け跡闇市派宣言」, 『新戰後派』(每日新聞社刊, 1969. 3).
6) 노사카는 기회가 있을 때마다 죽은 여동생에 대한 죄의식을 고백하는데 예를 들면 "1945년 여름, 14살 소년이 1년 3개월 된 어린애를 키우지 못했다고 해서 특별히 죄스러워 할 필요는 없을 것이다. (중략) 그러나 1년 3개월짜리 어린애 먹는 것을 빼앗아 먹으며, 그 머리를 팼던 기억이 없어지는 것은 아니다. 울기만 하다 죽어버린 여자아이, 너무나도 불쌍하다. 나는 게이코를 생각하면 뭘 어떻게 해야 할지 모르게 된다"(「燒跡闇市派宣言」) 등이 그것이다.
7) 利澤行夫, 앞의 논문, 101쪽.

카락만큼은 생명력이 가득 차 힘차게 자랐으며, 일으켜 앉혀 세 갈래
로 머리를 땋자, 손가락 사이로 이가 닿는데, 「오빠, 고마워.」, 머리가
정리되자 움푹 들어간 눈자위가 새삼스럽게 눈에 띈다(『반딧불의 묘』,
39쪽).

마침표를 찍지 않고 게사쿠(戲作)나 고단(講談)처럼 주절주절 얘기
하듯 전개되는 문장과 "손가락 잘라 피라도 먹일까"란 일상생활 감각
을 토대로 한 서민적 언어표현은 노사카 문학의 특징을 잘 나타낸다.

지루한 수식의 반복을 강조하는 만연체와는 달리, 쫓기듯 다음 문장
을 내뱉는 작가의 성급함이 고스란히 드러난 문장은 정제되지 않아 순
수하고 "소박한 나의 심정"이 잘 표현된다. 대중적 감성에 직접 호소하
는 거친 언어표현과 이상적으로 증폭된 여동생에 대한 애틋한 사랑은
대중들의 감성을 자극하기에 충분하다.

노사카의 표현은 전시 하 인간 군상들의 거침없는 에고이즘을 있는
그대로 표출시켜 작품 내 리얼리티를 지탱시킨다. 아무런 제약도 없이
"우물가에서는 근처 출정 병사의 아내와 도시샤(同志社) 대학 사각모
쓴 반나체의 학생이 손을 잡고 나타나"(24쪽)는 일상적 비윤리성과 비
속한 일탈은 이미 사회전반에 만연했다.

14살 소년 세이타와 4살 소녀 세쓰코는 이처럼 부도덕한 세상에 내
팽겨 진다. "돈은 있어도 암시장에서 물건 살 지혜는 없는"(27쪽) 두 남
매는 무방비 상태에서 '세상 사람들'과 대립하며 살아간다. 마치 자신
들을 역신(疫神)처럼 여기는 친척 아주머니에게 철저하게 이용당하고,
농작물을 훔친 세이타를 흠씬 팬 후 경찰서에 넘긴 동네 농부나 죽어
가는 세쓰코를 냉담하게 밀어내는 의사 앞에서 그들은 무기력하게 죽
어간다.

미망인 친척 아주머니는 이후에 다룰 애니메이션이나 드라마와는

달리 철저하게 몰염치하다. 그리고 그녀의 행동과 언설은 두 남매를
둘러싼 사회 전체의 냉정함을 구체적으로 대표한다. 세이타가 공습을
피해 집안에 숨겨두었던 비상식량을 찾아왔을 때의 광경이다.

　현관으로 들여 놓으니, 여기서도 미망인은 「군인 가족만 사치하는
군.」하며 투덜거리면서도, 기뻐하며 마치 자기 물건인 양 주변사람들
에게 매실 장아치를 나눠줬고, 단수가 계속되자 남자인 세이타의 도움,
300미터나 떨어져 있는 우물물 길러오는 것도 고마워해야 할 터였
다.(24쪽)

　그러나 아버지의 사촌동생 부인의 친정집이라는, 세이타 남매와 거
의 연관이 없는 미망인 집에서 이들은 편하게 지낼 수 없었다.
　노사카 스스로가 이야기하듯이 작품에서 어른들을 꽤나 나쁘게 그
렸지만 그 자신이 죄의식을 느낄 만큼 허구적인 것도 아니었다.[8] 대부
분의 일본인들에게 자기 목숨 하나 부지하기에도 급급할 정도로 절박
한 시대였기 때문에 이러한 비극적 리얼리티가 독자들을 작품 속에 몰
입시킨다.
　작가처럼 태평양전쟁 기간 동안 십대 초, 중반을 보낸 세대들만큼
가치의 전도를 격심하게 경험한 세대도 드물다. 불우했던 전쟁 기간
중, 십대 초중반을 지냈기에 십대 후반처럼 군 입대 후 전쟁을 체험한
세대도 아니다. 또 그보다 훨씬 어려서 일상과도 같은 전쟁을 "비판하
거나 한 적이 한 번도 없었다. 아니, 오히려 전쟁에 의한 일종의 해방
감"[9]까지 느낄 만큼 아무 생각이 없던 어린아이도 아니었다.

---

8) 野坂昭如, 「アニメ恐るべし」, 『小説新潮』(1988. 7).
9) 清水哲男는 「野坂昭如 - 燒跡派の韜晦的反抗」, 『現代の眼』(1973. 10)에서 패
　전 당시 7살이었던 자신의 경험과 비교하면서 노사카 세대와의 감성적 차이
　에 대해 설명하고 있다.

그래서 세이타는 모순으로 가득 찬 어른들의 이기적 심산을 꿰뚫어 본다. 이는 어른의 대명사인 미망인 묘사에 극명하게 드러난다.

미망인은 세이타에게 어머니의 기모노를 쌀과 교환하자고 제안하면서 죽은 어머니도 기뻐할 것이라 위로한다. 그러나 세이타는 노련한 손놀림으로 옷상자를 뒤지는 미망인을 보면서 자신들이 집에 "없는 동안에 무지하게 뒤졌군."(28쪽)이라고 생각한다. 미망인의 구박을 견디지 못해 남매가 그 집을 나올 때도 미망인이 마치 "떼다 붙인 듯 웃는 얼굴을 보이고는 얼른 집안으로 들어가"(32쪽) 버리는데, 이때도 세이타는 미망인의 가식적 태도를 날카롭게 포착한다.

세이타, 나아가 작가 노사카 또래의 사람들은 패전과 함께 신성불가침의 천황제 가치질서와 국가에 대한 믿음이 하루아침에 무너지면서 미국 민주주의라는 새로운 가치와 이념을 수용해야만 했던 세대들이다. 국가와 천황은 절대 선에서 절대 악으로 전락해 버렸으며 여기서 그들은 기성세대들이 일구었던 사회적 가치체계의 모순을 비판적으로 인식한다.

실제로 전쟁의 가장 큰 피해자는 어린이들이었고 특히 부모를 잃은 전쟁고아였다. 그들은 어떠한 생계의 수단도 갖질 못한 채 길거리에 방치된다. 1946년 일본의 후생성 발표에 의하면 전국에 약 4000여 명의 전쟁고아가 있다고 추정하지만, 1948년 2월 보고서에 의하면 부모가 죽거나 잃어버린 어린이가 12만 3510명이라고 발표한다.[10] 이들 전쟁고아야말로 제국주의 일본의 최대 피해자이며 그 부조리함을 가장 첨예하게 느낀 사람들이다.

『반딧불의 묘』는 전쟁을 일으킨 당사자인 어른들, 즉 "「국민」, 피해의 시선"[11]이 아닌 14살 전쟁고아의 시선을 견지하였기 때문에 말할

---

10) ジョン・ダワー(John W. Dower), 『敗北を抱きしめて(上)』(岩波書店, 2004. 1), 56쪽.

수 있는 내용들이다. 기성세대들이 만든 전시체제인 '일본 국민', '일본 공동체'로부터 세이타 남매가 철저하게 고립되었기 때문에 노사카 자신은 부정하지만 반전과 평화의 메시지를 전할 수 있었다.

동시에 14살 소년의 감수성으로 포착된 현실 인식은 이 작품의 한계를 노정시킨다. "전쟁에 책임질 어떠한 가담도 없었음에도 전쟁의 참화만큼은 홀로 뒤집어써야 했던 10대 초중반의 이야기"[12)인 이 작품은 결국 독자들에게 피해자로서의 자의식만을 선명하게 각인시킨다. 전쟁의 전체상을 파악하지 못함으로써 전쟁의 가해자라는 자의식을 희석시키고 국소적인 자기피해만이 확대, 과장된다. 1960년대 후반, 경제적 안정과 더불어 아직 전쟁의 기억이 생생한 독자들에게『반딧불의 묘』속에 그려진 전쟁 피해자들에 대한 살아남은 자들의 죄스러움과 독자 자신의 피해에 대한 추체험은 전쟁에 대한 국민적 면죄부를 부여하는 계기가 된다.

Ⅲ. 애니메이션『반딧불의 묘』의 거리감

1980년대 중후반은 세계적으로 냉전체제가 붕괴하면서 일본의 외재적 위험요소가 감소한다. 그리고 미일의 무역구조가 역전됨으로써 일본의 버블경제가 최고 지점에 도달, 일본사회는 패전이후 망실했던 사회 각 분야의 자신감을 완벽하게 회복한다. 마침내 일본도 미국을 향해『「NO」라 말할 수 있는 일본』(盛田照夫, 石原愼太郎 공저, 1989. 1)이 된 셈이다.

바로 그 즈음인 1988년, 스튜디오 지브리에서는 미야자키 하야오(宮

---

11) 菊地昌典, 앞의 논문, 58쪽.
12) 菊地昌典, 위의 논문, 57쪽.

崎駿) 감독의 『이웃집 토토로』와 함께 다카하타 감독이 동시상영의 형태로 『반딧불의 묘』를 발표한다. '잃어버린 것을 돌려주러 왔습니다(忘れものを, 届けにきました)'를 캐치프레이즈로 제작한 이 애니메이션은 종전 기념일의 아이콘처럼 8월 15일을 전후하여 종종 지상파 텔레비전을 통해 방영된다. 2005년까지 8회나 상연되었으며, 평균 시청률 17.2%라는 높은 수치를 기록[13]한다. 이 작품은 이제 반전영화의 상징처럼 일본의 '국민적 영화'[14]가 된다.

다카하타 감독의 『반딧불의 묘』는 노사카와 마찬가지로 반전을 주장하려 만든 영화가 아니다. 극장용 선전 팜플렛에도 "이 영화는 결코 단순한 반전 영화도 아니며 최루성 전쟁 희생자의 이야기"[15]도 아니라고 설명한다. 다카하타 감독도 기회가 있을 때마다 "반전의 메시지를 전하고자 이 영화를 만든 것은 아"[16]니라고 주장한다.

그는 현대 소년이 시간을 뛰어넘어 그 불행한 시대에 휩쓸려 버린 듯 하다면서 "전후 40년을 통틀어 현대만큼 세이타의 삶과 죽음을 (중략) 공감할 수 있는 시대가 없다"고 말한다. 1940년대의 현실 속에서는 좀처럼 찾아보기 힘들 만큼 프라이드 강한 세이타의 성격이 타인과의 접촉에 애써 무심한 현대 젊은이들의 감수성과 닮았고, 그 점이 그다지 큰 저항 없이 관객을 어두운 과거 역사로 인도하는 계기가 되었다

---

13) URL : http://www.sanspo.com/geino/top/gt200508/gt2005080501.html.

14) 團野光晴, 앞의 논문.

15) スタジオジブリ編 『スタジオジブリ作品關連資料集Ⅱ』(德間書店, 1996.8) 37쪽.

16) 『映畵を作りながら考えたこと』(1988. 12. 이후에 『映畵を作りながら考えたこと』(德間書店, 1991. 8)에 재수록), 443쪽. 또한 2004년 11월 24일, 영화인 「9조의 모임」 결성 집회 기념강연에서도 「戰爭とアニメ映畵」란 연설을 통해 「眞の意味で反戰ということでいうならば, こういう映畵は眞の「反戰」たりえない」라고 말했으며, 2006년 5월 한국을 방문한 자리에서도 반전영화가 아니라고 말하고 있다.

고 한다.[17]

1980년대의 감수성에 기반을 둔 애니메이션의 인물설정은 노사카의 세이타와는 이질적인 분위기를 연출한다. 원작에서의 세이타는 자신의 의지와는 무관하게 세상과 단절되었다. 오히려 어머니의 사랑처럼 누군가의 보호를 마음 깊은 곳에서는 갈망한다. 어머니의 무한정한 사랑을 현실에서 기대하는 것은 불가능한 일이기 때문에 그에 대한 갈망은 마음 속에서 한 없이 커진다. 이상화된 어머니의 사랑은 14살 소년 세이타에게 에고이즘으로 점철된 어른들의 파행적 행동을 더욱 비판적으로 바라보게 만든다.

세계를 향해 열린 노사카의 세이타에 비해 다카하타의 세이타는 스스로의 의지로 세계와의 관계를 끊는다. 세계와의 단절은 세이타가 "해군 대위의 장남이면서도 전혀 군국소년(軍國少年)다운 부분이 없다"[18]는 점과 통한다. 바로 그 점이 현대 정치에 무관심한 젊은 관객들의 감수성과 부합되는 부분이기도 하다.

그러나 아이러니컬하게도 다카하타 감독이 세이타의 조형에서 군국소년과의 거리감을 유지하고자 하면 할수록 감독 자신은 물론 관객들 또한 '전쟁'을 의식한다.

원작에는 없지만, 애니메이션에서는 미군의 소이탄(燒夷彈) 공격으로 고베의 거리가 불타는데, 그 때 "천황 폐하 만세"를 외치는 일본인이 등장한다. 또 공격이 끝나 폐허가 된 거리에서 스쳐지나가는 잡담처럼 어떤 사람이 "우리 집만 타지 않았더라면 진짜 창피할 뻔 했어. 하하하, 다 타버려서 속이 시원해."라 말한다. 다소 과장된 것 같지만 다카하타 감독은 천황제 지배구조에 완벽하게 침윤된 서민들의 의식과 이를 먼발치에서 바라보는 세이타를 대비시킨다.

---

17) 「高畑勳INTERVIEW」, 『アニメイト』(1988. 3. 5).
18) 高畑勳, 「「火垂るの墓」と現代の子供たち」, 『キネマ旬報』(1988. 4. 15).

애니메이션에 등장하는 세이타는 세상과 거리를 두고 싶어 하였고 그러한 거리감은 전쟁에서 생활하는 삶을 객관적으로 부감(俯瞰)하게 만든다. 천황에 대한 맹목적인 충성과 비상식적 담론구조의 일상화는 세이타의 담백한 무관심과 대비되면서 작품의 반전적 의미를 뚜렷하게 부각시킨다.

이는 세이타와 전쟁 상황 하의 국가 권력, 또는 천황과의 거리를 그리는 경우도 마찬가지다. 애니메이션에서는 세이타가 도나리구미(隣組)에 참여하지 않는 이유에 대해서 특별히 설명하지 않는다. 그러나 원작에서는 세이타 정도라면 원래 시민 방화활동의 중심에 서야 할 나이지만 비행기에서 떨어지는 폭탄의 "낙하음(落下音)과 불길의 속도를 피부로 느끼면"(30~31쪽) 겁나서 대항할 마음이 없다고 설명한다. 근로동원으로 고베제철소(神戶製鐵所)를 다니며 전쟁에 협력했던(12쪽) 소설과는 달리 애니메이션 속 세이타는 근로동원이나 도나리구미 같은 전시체제에서 완전히 일탈해 있다.

전쟁을 두려워하는 노사카의 세이타에 대해 전쟁에 초연한 다카하타의 세이타는 그 차이만큼 국가권력이나 천황제 시스템과의 거리감을 의식적으로 나타낸다. 그것은 반국가적 이미지, 반전 이미지를 조장하기에 충분한 거리다. 이러한 우회적 거리감이 결국 관객에게 전쟁을 환기시키면서 영화의 반전 이미지를 유추케 만든다.

1945년 9월 21일 죽은 세이타가 내레이터로 화면에 나타나 각 상황을 차분하게 설명함으로써 그러한 거리감은 더욱 효과적으로 표현된다. 소설에서 세이타가 자신의 '소박한 심정'을 직접 쏟아내며 독자의 감수성을 자극했다면 애니메이션에서는 세이타가 자신의 죽음이 어떠한 과정을 통하여 이뤄졌는지, 마치 다큐멘터리의 영상처럼 담담하게 보여줌으로써 관객들을 설득한다.

보다 정확하게 말하면, 세이타와 세쓰코 두 남매의 죽음에 이르는 도정, 나아가 내레이터로서의 역할에 충실한 세이타보다는 세쓰코의 죽음에 더욱 시선을 집중시킨다.[19] 큰 눈과 통통한 볼 살, 둥근 얼굴 윤곽과 귀여운 언행, 실사를 방불케 할 정도로 섬세하게 묘사된 우는 모습 등은 소설에서 구현해 낼 수 없었던 세쓰코에 대한 연민의 정을 최대한 증폭시킨다.

B29기의 소이탄 공격과 불탄 시체, 폐허, 비무장 민간인을 향한 비행기 기관총 난사 장면 등 군사적 폭력 상황이 심각하면 할수록 세쓰코의 연약함은 저절로 강조된다. 애니메이션은 전쟁이라는 폭압적 상황 속에서 한없이 순진무구하고 미약한 '여자', 그리고 '어린아이'를 강조함으로써 전쟁으로 야기된 비극적 상황을 효과적으로 연출한다.

그런데 이러한 비극적 상황을 위한 거리감은 세이타 남매를 죽음으로 내몰았던 미망인 친척 아주머니의 무책임함을 애매하게 만든다. 원작에서 미망인의 포악함이 남매 가출의 원인이었다면 애니메이션에서는 그녀의 악행보다 세이타 남매의 세계와의 거리, 즉 자존심을 가출 원인으로 설정한다.

다카하타 감독은 결코 세이타나 세쓰코의 입장에서 미망인을 그리지 않는다. 내레이터인 죽은 세이타의 냉철한 시선과 마찬가지로 객관적 거리를 유지하면서 미망인을 그려낸다.

"좋아, 밥 따로 하자고, 그럼 불만 없겠지?", "그렇게 목숨이 아까우면 동굴 속에서 사는 게 낫지." 내뱉는 말도 그것을 입에 담는 마음도 분명 냉혹한 것이지만, 미망인은 남매가 진짜 그렇게 할 수 있을 것이

19) 실제로 다카하타 감독은 위의 「高畑勳INTERVIEW」에서 "당연히 원작에서는 세이타 중심으로 이야기가 전개되고 있다. 그러나 영화화되면 세이타만이 아니라 세쓰코라는 4살짜리 여자 아이가 어떠한 운명을 걸어갔는지, 어떤 식으로 짧은 삶을 살아갔는지가 영화 안에서는 구체적으로 보여진다"고 말했다.

라 생각 못했을지도 모른다.[20]

다카하타 감독의 미망인에 대한 배려 때문에 완전한 악인이었던 친척 아주머니는 자신의 행동에 대해 변명할 기회를 얻는다.

예를 들면, 원작에는 없는 미망인과 그 딸의 대화를 들 수 있다. 각종 생활도구를 사들고 들어와 스스로 자취 생활을 시작한 남매에 대해 미망인의 딸은 어머니가 심한 소리를 해서 그런 것 아니냐고 힐문한다. 이에 대해 미망인은 "그렇지만, 미안하단 말 한마디 없이 풍로를 비롯해 전부 다 사들고 온 게, 마치 빈정대는 듯" 하다며 남매의 매정한 태도를 비판한다. 세이타 남매의 도발적인 행동과 표현양식 또한 쉽게 이해할 만한 것은 아니지만 애니메이션의 미망인은 자신의 잘못을 부인하지 않는다. 미망인 또한 마치 "미안하단 말 한마디"라도 있으면 모든 것을 용서할 태도다.

양비론적 인물설정은 소설 속에서 노사카가 상정하였던 '세상 사람들'과 어린 남매라는 대립구도의 붕괴를 초래할 만큼 중대한 변화를 불러일으킨다. 나아가 이러한 구성은 두 남매의 죽음에 대해 친척 아주머니로 대표되는 세상의 죄가 희석될 위험까지 내포한다.

일본 버블 경제의 최전성기인 1988년, 대미 무역마찰의 심화와 반미적 사회 분위기가 가공할 파괴력을 지니고 과도하게 민간인을 공격하는 미군 비행기로 현현되었을지 모른다. 그런데 그러한 표현은 결과적으로 애니메이션 『반딧불의 묘』에 미군의 폭력성과 철저하게 파괴된 가엾은 남매의 '형제애'만을 남긴다.

여기서 "가해자가 아닌 피해자라는 메시지"[21]를 숨겼다고 과장해

---

20) 高畑勳, 「「火垂るの墓」と現代の子供たち」. 인용은 『映畵を作りながら考えたこと』, 418~419쪽.
21) 「군국주의는 만화를 먹고 산다」, 『한겨레21』(2000. 9. 20).

읽어낼 필요는 없다. 그러나 소설에서 보았던 14살 소년의 피해의식이 세쓰코라는 애니메이션 캐릭터를 통해 더욱 확대, 재생산된 것은 분명하다. 더욱 심각한 문제는 이 애니메이션이 대중매체를 통해 '반전'의 대표작으로 선전됨으로써 모든 비극의 원천을 책임자 없는 '전쟁'으로 귀결시킨다는 점이다. 나아가 '과거' 전쟁에 관한 수많은 담론을 창작 주체의 의도와는 무관하게 피해자에 집중시키는 계기를 제공하기까지 한다는 점이다.

Ⅳ. 드라마 『반딧불의 묘』의 '가족'

한국에서 상영될 예정이었던 『반딧불의 묘』가 한일관계의 악화로 중단되었던 2005년 11월 니혼 텔레비전에서는 종전(終戰) 60주년을 기념해 『반딧불의 묘』가 드라마로 제작되었다. 마쓰시마 나나코(松嶋菜々子)라는 일본의 대표적 국민 여배우가 주인공을 맡아 세이타 남매를 내쫓았던 친척 아주머니를 열연한다. 일본의 문화청(文化廳) 예술제 참가 목적으로 제작된 이 드라마는 각본을 쓴 이노우에 유미코(井上由美子)가 방송개인상을 수상하였는데, 그녀는 전쟁이 무엇인지를 알리기 위해[22] 각본을 썼다고 한다.

소설을 최대한 재현한 애니메이션과는 달리, 드라마에서는 이노우에 자신의 전쟁관을 표현하기 위해 소설이나 애니메이션의 상당부분을 개작(改作)하였다. 물론 전시 하에서 어린 세이타 남매가 힘들게 살아가는 모습과 주변의 무관심 속에 죽어갔다는 '반딧불의 묘'의 기본 콘텐츠는 변함이 없다.

---

22) "우리들은 사실 전쟁을 모릅니다. 그렇지만 바로 그 이유 때문에 전쟁을 전할 작품을 만들고 싶었습니다."(「日本テレビ製作 DVD 팸플릿」, 2006. 2).

그러나 친척 아주머니의 딸을 내레이터로 삼았다는 점, 즉 현재 시점에서 친척 아주머니 딸이 자신의 기억을 중심으로 과거를 회상하면서 패전 이전 상황과 두 남매의 죽음, 그리고 그 이후를 다룬다는 점, 또 그로 말미암아 살아남은 자의 이야기를 들을 수 있다는 점에서 커다란 변화가 나타난다. 비록 딸이지만 친척 아주머니에 대해 비판적인 내레이터는 세이타와 비슷한 나이 또래로 설정된다. 이처럼 친척 아주머니의 딸 또한 노사카나 다카하타의 세이타와 마찬가지로 전쟁 책임 문제에서 비교적 자유로운 입장에 선다.

그리고 이 드라마의 또 다른 특징은 "공습으로 집과 부모를 잃은 두 어린이를 보살피는 여성을 주인공"[23]으로 삼았다는 점이다. 소설이나 애니메이션에서 악한이었던 친척 아주머니가 "두 어린이를 보살피는 여성"으로 둔갑한다. 텍스트 '반딧불의 묘' 이야기에서 늘 주변 인물이었던 미망인 친척 아주머니가 전쟁 시대의 주역으로 등장한 셈이다.

친척 아주머니 사와노 히사코(澤野久子)는 퇴역한 남편 겐조(源造)와 함께 도쿄에서 니시노미야(西宮)의 만치다니(滿池谷)로 피난을 내려와 생활한다. 도쿄의 공습을 피해 낯선 지역에서 이제 막 새로운 생활을 시작하지만 전황의 악화와 남편의 군대 재징집으로 사와노 히사코는 궁핍한 생활로 내몰린다. 히사코는 다리가 불편한 시동생, 천식인 막내 데이조(貞造)를 비롯한 1남 3녀의 자녀와 열악한 환경 속에서 일가의 살림을 꾸려가야만 했다.

이처럼 주변인이었던 친척 아주머니를 집중적으로 다뤘다는 점과 더불어, 드라마의 또 다른 차이점은 주요 등장인물들이 명확하게 성(姓)을 가진다는 점이다. 남편 잃은 '미망인'에 불과했던 먼 친척 아주머니에게 사와노라는 성이 부여된 것처럼 두 주인공 세이타 남매에게

---

23) URL : http : //www.ntv.co.jp/hotaru/index.html.

도 요코가와(橫川)라는 성이 주어진다.

이런 성씨와 함께 스토리를 풍부하게 만들기 위해 주요 등장인물의 주변에 '가족'이 비중있게 등장한다. 세이타 남매는 해군 대령인 아버지 요코가와 기요시(橫川淸)와 어머니 교코(京子)의 슬하에서 무엇 하나 부족함 없이 행복한 나날을 보낸다. 히사코 또한 비록 가난하지만 목수 일을 하는 자상한 남편과 명랑하고 활기찬 자식들과 행복한 일상을 영위한다.

이처럼 드라마는 소설이나 애니메이션에서 거의 찾아볼 수 없었던 '가족'이 한층 강화된 모습으로 나타난다. 결국 전쟁은 두 집안의 가장을 전쟁터로 빼앗아 가지만 아버지이자 남편인 가장을 대신하여 세이타와 히사코는 각각의 남아있는 가족을 지켜 나간다.

이때 세이타와 히사코는 서로의 가족을 위해 크게 충돌한다. 부모 대신 두 남매를 맡은 히사코는 전황이 나빠지고 경제적인 상황이 악화됨에 따라 더욱 궁지에 몰린다. 그 와중에 그녀는 세이타 남매와 결별하게 되는데 남편 겐조의 전사가 결정적인 계기가 된다.

겐조의 전사 소식이 알려졌을 때, 시동생 요시에(善衛)가 형의 죽음에 관해 묻자 히사코는 다음과 같이 말한다.

히사코 : 지상전에서 포병 제74연대가 돌격 명령을 받아 전원 옥쇄(玉碎)랍니다. 훌륭한 마지막이었답니다. 뭐가 훌륭하단 말인지. 어째서 죽는 것이 훌륭한 일이죠?

세이타 : 히사코 아주머니. 아저씨는 제국 육군의 한 사람으로서 영광스럽게 돌아가셨습니다. 슬퍼할 일이 아니라 기뻐할 일이라 여겨집니다.

히사코 : 기뻐한다고?

세이타 : 아버지가 일본은 이긴다고 말씀하셨습니다. 아저씨의 죽음을

헛되이 하지 않을 겁니다. 해군 대령으로서 반드시 원수를 갚아 줄
거라 생각합니다.
  히사코 : 원수 같은 거 갚아 주지 않아도 돼!

  이 충돌을 계기로 두 가정은 따로 살림을 꾸리고, 결국 두 남매는 가
출해 방공호 동굴에서 생활한다. 이때 드라마 속 세이타는 다카하타
감독이 경계하였던 군국소년의 모습을 온전히 유지한다. 전쟁에서의
일본 승리에 대한 믿음, 아버지가 "해군 대령으로서 반드시 원수를 갚
아 줄 거"란 군국소년 세이타의 순진한 위로의 말은 오히려 히사코를
분노케 했다.
  군국소년 세이타의 모습은 드라마 곳곳에 에피소드처럼 삽입된 동
네주민들의 전쟁 찬미의 광신적 분위기와 함께 동시대 울트라 내셔널
리즘의 실상을 보여준다. 애니메이션에서 "천황 폐하 만세"를 외쳤던
사람이나 자기 집이 함께 불탄 것을 다행으로 여겼던 마을 주민과 드
라마 속 세이타는 정서적으로 완전한 공감대를 형성한다.
  드라마에서 기성의 가치 질서에 대한 세이타의 암묵적 대항의식은
더 이상 찾아볼 수 없다. 그리고 국가권력에 대해 순진하고 무지한 세
이타처럼 마을주민 그 누구한테서도 천황제 군국주의에 대해 주저하
거나 저어하는 기색은 엿볼 수 없다. 남편을 잃은 히사코만이 전쟁기
간 중 유일하게 비판적 언설을 내뱉는다.
  앞서 인용한 부분은 일견 이데올로기적인 대립 양상처럼 보이지만,
실은 순진한 14살 소년의 아버지에 대한 자부심과 남편을 잃은 히사코
의 슬픔이라는 두 가족의 감성적 대립차원에서 이해될 수 있다. 특히
히사코의 비판의식은 문제의 핵을 교묘하게 빗겨간다. 히사코는 군국
주의적 동시대 사회통념에 내포된 기만성에 분노하지만, 그 분노는 남
편의 죽음을 초래한 궁극적인 원인에 대한 비판, 천황제 국가권력의

핵심에 대한 비판에는 이르지 못한다. 그녀에게는 그러한 거대담론보다는 가족의 기둥인 가장의 허망한 죽음과 이로 인한 가정 파탄의 위기가 더욱 중요하다.

드라마 전개 상 히사코를 비롯한 주요 등장인물이 국가권력을 비판한 내용은 드라마가 끝날 때까지 거의 찾아 볼 수 없다. 다만 위 인용문의 밑줄 친 부분과 함께 아래의 인용문은 드라마에서 히사코가 국가권력을 비판한 유일한 부분이다.

> 히사코 : 하루종일 빈둥거리기만 하면서 밥은 먹겠다는 건 무리한 말이지. 나쓰나 하나도 근로동원에 나가고, 나나 어린 유키, 데이조조차 도나리구미에서 밭일을 돕는단다. 아무 일도 하지 않는 사람은 세이타 상, 너 뿐이라고.
> 세이타 : 전 세쓰코를 지키고 있어요. 아버지는 나라를 지키고, 나는 세쓰코를 지키는 거라고요.
> 히사코 : 군인은 나라 따위 지키지 않아. 싫어하는 사람을 억지로 전쟁에 끌고 가서 벌레처럼 죽일 뿐이야. 모냐? 그 눈은. 그렇게 불만이라면 밥 따로따로 하자꾸나.

앞서 인용한 문장에서도 마찬가지이지만, 히사코가 비판하는 대상은 천황도 아니고, 국가를 전쟁의 소용돌이로 내몰았던 위정자나 권력기관도 아니며 근로동원에 참여해 스스로 전쟁의 일익을 담당한 평범한 일본국민도 아니다. 오직 전쟁을 직접 수행하는 '군인'이 비판의 대상이다.

그런데 여기서 한 가지 모순이 생긴다.

히사코의 남편 또한 국가를 위한 전쟁에 직접 참여한 군인이기 때문이다. 그러나 "군인은 나라 따위 지키지 않아"라 외치는 그녀에게 겐조는 군인이기에 앞서 아버지이고 남편으로 한 가족의 가장에 불과하다.

가족이란 이데올로기 앞에 히사코의 남편은 군인으로서의 의미는 상
실된다.

　이는 가족을 위해 전장에 나간 세이타의 아버지에게도 똑같이 적용
가능하다. 세이타가 세쓰코를 지키듯이 아버지는 나라를 지켰지만, 두
사람이 궁극적으로 지키고자 하는 것은 바로 가족에 다름 아니다. 전
장에서의 군인들의 행위가 어떠한 것이었든 가족은 그 모든 것을 묵인
하고 덮어준다.

　드라마 속 세이타 남매의 죽음과 관련하여 애니메이션에서 희미하
게나마 남아있던 친척 아주머니 히사코의 책임은 '가족'이란 이데올로
기 앞에 흔적도 없이 사라져 버렸다.24) 오히려 그녀는 가장이 부재한
열악한 환경 속에서 온갖 역경을 딛고 가족을 지켜낸 영웅으로 형상화
된다. 그리고 가족의 생존을 위해 세이타 남매를 내쫓았던 히사코의
행동과 결정은 용서 받는다.

　이로써 노사카25)는 물론, 다카하타 감독, 그리고 각본 작가 이노우
에조차 예상하지 못했던 결과, 즉 식민지 지배나 침략 전쟁에 동조 또
는 묵인했던 일본국민의 윤리적 책임을 방기하는 결과를 초래한다. 전

---

24) 드라마의 마지막까지 히사코를 비롯하여 그 누구도 세이타 남매에 대해 '사
　　죄'를 표하지 않는다. 히사코가 세이타가 죽은 후 발견한 사탕깡통을 들여다
　　보며 "고맙다"고 감사의 뜻을 표하는 장면이 있다. 두 남매 덕분에 히사코의
　　가족이 살 수 있었음에 대한 고마움일 것이다. 히사코에게 속죄의 마음은 없
　　다.

25) 노사카는「ドラマに寄せて」,『ザ・テレビジョン』No.44号(2005. 10. 26)에서
　　"ドラマは, 原作を離れて自由である. ぼくの小説が戰後六十年経った現在,
　　違う形となり, 今を生きる人たちに, 戰爭の惨たらしさを少しでも伝えられ
　　れば, 原作者として有難いこと"라 말한다. 또 그 한편으로 아마도 이라크 전
　　쟁에 관한 대중매체의 보도에 관해 말하고 싶었던 듯 "新聞やテレビなどマ
　　スコミで報道されている内容について, 鵜呑みにしてはいけない. それが正し
　　いのかどうか, まず疑ってみること"라 주장하는데, 이는 이 TV드라마『반딧
　　불의 묘』에도 해당된다 하겠다.

쟁이란 거대한 폭력의 불가항력적 상황과 가족에 대한 무조건적인 절대가치의 부여는 소설이나 애니메이션에서 아슬아슬하게 피해나갔던 평범한 일본국민의 전쟁 찬조에 대한 윤리적 죄의식을 무감각하게 만들어 버렸다. 심지어 면죄의식을 조장하여 과거 역사와 침략전쟁에 대한 책임자의 죄를 은폐시키거나 망각시킬 관점까지 잉태한다.

이 드라마는 전쟁이라는 절대적 폭력의 현실이 그 어떠한 윤리적 책임도 무효로 만들 수 있음을 여실히 보여준다. 가족 이데올로기에 대한 무비판적이고 무조건적인 시인은 국가권력에 대한 비판의식의 부재, 전쟁에 대한 불가피성의 인정이란 결과를 불러왔다. 결국 이 드라마는 가족을 통해 전쟁의 잔인함을 폭로하여 '반전'의 이상을 그리고 싶었지만, 이를 극복하지 못하고 전쟁 폭력을 시인하는 자기모순에 빠져버린 것이다.

V. 맺음말

전쟁에 책임질 어떠한 행위도 하지 않았지만, 패전을 전후하여 가장 혹독한 상황에 처할 수밖에 없었던 14살 노사카 소년의 피해의식은 '반딧불의 묘'라는 훌륭한 반전평화의 텍스트를 만들어 냈다. 이후 '반딧불의 묘'는 지속적으로 재생산되며 다양한 형태로 변화했지만, '피해의식'에서 출발한 세이타 남매의 전쟁 이야기는 결국 거대한 전쟁의 폭력성을 극복하지 못하고 그 속에 매몰된다. 여기에 일본 대중들의 과거 전쟁에 대한 인식상의 한계, 나아가 '반전' 평화를 주장하는 일본 대중문화의 한계를 찾아볼 수 있다.

'새로운 역사교과서를 만드는 회' 멤버 중에 젊은이들의 절대적인 지지를 받는 우익 만화가 고바야시 요시노리(小林よしのり)는 『전쟁론

(戰爭論)』(1998. 7~2003. 7)에서 "전쟁에 갈 것인가, 아니면 일본인임을
관둘 것인가"란 질문을 던진다. 전범을 포함해 과거 전쟁에 참여했던
일본인의 수많은 조상은 '일본인'임을 포기할 수 없었기 때문에 전쟁
에 참여했고, 전쟁기간 동안 나름대로 치열히 살았기 때문에 그 의의
를 인정해 줘야 한다고 주장한다. 마치 히로히토 천황이 "타국의 주권
을 배격하고 영토를 침략하는 행위는 본디 짐의 뜻이 아니었다."며 스
스로가 피해자임을 선언했던 것처럼 그 시대를 살아갔던 모든 사람들
은 시대와 전쟁의 피해자라는 것이다.

　일본의 미군정 사령관 맥아더가 1951년 미국의회 연설에서 일본의
문명이 12살 소년 정도의 수준이라고 말했다고 한다. 맥아더의 편협한
오리엔탈리즘을 옹호할 마음은 추호도 없으나 '반딧불의 묘'라는 텍스
트의 변천과정을 살펴보건대, 전쟁기간 중 14살 소년이 겪었을 고난과
피해의식 속에서 일본인들은 과거 전쟁에 대한 정신적인 안식처를 찾
는 듯하다. TV드라마『반딧불의 묘』나『전쟁론』, '새역모'의 주장에서
볼 수 있는 전쟁의 불가피성과 그에 대한 추인(追認)의 논리, 즉 전쟁
이란 불가항력적인 것, 피할 수 없는 것으로 그러한 전쟁에 참여한 자
들은 어쩔 수 없었다는 현실 긍정의 논리는 스스로의 현실을 객관화시
켜 이를 부감할 수 있는 능력의 결여를 의미한다. 눈앞에 보이는 것에
만 구애받았던 14살 소년의 인식 상의 한계를 뛰어넘어 과거 시공간을
상대화하여 상상할 수 있는 균형감각과 성숙된 시선이 필요하다고 할
것이다.

참고문헌

1. 자료

スタジオジブリ 編,『スタジオジブリ作品關連資料集Ⅱ』(德間書店, 1996. 8).

野坂昭如,『アメリカひじき・火垂るの墓』(新潮社, 1972. 1).

2. 연구서

고모리 요이치(小森陽一), 송태욱 옮김,『1945년 8월 15일, 천황 히로히토는 이
　　　렇게 말하였다』(뿌리와 이파리, 2004. 7).

清水節治,『戰災孤兒の神話』(教育出版センター, 1995. 11).

靑木保,『日本文化論の変容』(中央公論社, 1990. 7).

米村みゆき編,『ジブリの森へ-高畑勳・宮崎駿を讀む』(森話社, 2003. 12).

ジョン・ダワー(John W. Dower),『敗北を抱きしめて(上)』(岩波書店, 2004. 1).

高畑勳,『映畵を作りながら考えたこと』(德間書店, 1991. 8).

3. 연구논문

伊藤忠,「『火垂るの墓』論-おぞましい<劇空間>の隱れた作者」,『近代文學
　　　研究』(1987. 8).

梅澤亞由美,「特集・戰爭と私小說・野坂昭如の「私小說」」,『私小說研究』(2003.
　　　3. 31).

越前谷宏,「野坂昭如「火垂るの墓」と高畑勳『火垂るの墓』」,『日本文學』(2005.
　　　4).

菊地昌典,「野坂昭如-昭和一桁世代の反國家的原型-「火垂るの墓」と戰爭
　　　体驗」,『國文學』(1974. 12).

栗坪良樹,「「火垂るの墓」-<生き恥>のはじまり」,『解釋と鑑賞』(1972. 6).

清水哲男,「野坂昭如-燒跡派の韜晦的反抗」,『現代の眼』(1973. 10).

利澤行夫,「野坂昭如における浪漫的庶民性」,『國文學』(1972. 6).

찾아보기

284

288

연구참여자 약력 및 논저 (논문 게재순)

박진수 | 경원대학교 부교수
「한국, 일본의 근대 소설과 '언문일치체'」, 「고바야시 다키지 "1928.3.15"와 프롤레타리아
리얼리즘론」 등 다수의 논문이 있음

박난영 | 수원대학교 부교수
『혁명과 문학의 경계에 선 아나키스트 바진』, 『가』 등 저서와 역서, 「중일전쟁시기 바진의
전쟁관」 등 다수의 논문이 있음

박양신 | 한림대학교 한림과학원 HK연구교수
「통감정치와 재한 일본인」, 「明治시대(1868~1912) 일본 삽화에 나타난 조선인 이미지」 외
다수의 논문이 있음

박종린 | 성균관대학교 동아시아학술원 연구교수
「1920년대 사회주의사상의 수용과 一月會」, 「바쿠닌과 슈티르너의 아나키즘과 식민지 조선」
등 다수의 논문이 있음

정문상 | 경원대학교 조교수
『중국의 국민혁명과 상해학생운동』 저서와 「문화대혁명을 보는 한국사회의 한
시선 : 리영희 사례」 외 다수의 논문이 있음

김승욱 | 서울시립대학교 도시인문학연구소 HK교수
「상해 상인사회 동향네트워크의 근대이행」, 「공자비판의 정치학」 등 다수의 논문이 있음

최성실 | 경원대학교 아시아문화연구소 책임연구원
『육체, 비평의 주사위』, 『근대, 다중의 나선』 등 저서와 다수의 논문 및 비평이 있음

표세만 | 군산대학교 조교수
『정치의 상상 상상의 정치』(2005. 11) 저서와 「동아시아 근대 '네이션' 개념의 수용과
변용」(2005. 9) 등 다수의 논문이 있음

반전으로 본 동아시아 사상·운동·문화적 실천

박진수·정문상 외

2008년 8월 20일 초판 1쇄 발행

펴낸이·오일주
펴낸곳·도서출판 혜안
등록번호·제22-471호
등록일자·1993년 7월 30일

⊕ 121-836 서울시 마포구 서교동 326-26번지 102호
전화·3141-3711~2 / 팩시밀리·3141-3710
E-Mail hyeanpub@hanmail.net

ISBN 978 - 89 - 8494 - 350 - 6 93910

값 23,000 원